掌尚文化

Culture is Future

尚文化·掌天下

教育部人文社会科学研究一般项目
"科技创新人才工作获得感的影响机制与提升策略研究"（21YJA630019）

Sense of
Gain at Work
Theoretical Construction and
Applied Research

工作获得感

理论建构与应用研究

古银华 著

经济管理出版社

ECONOMY & MANAGEMENT PUBLISHING HOUSE

图书在版编目（CIP）数据

工作获得感：理论建构与应用研究 ／ 古银华著.
北京：经济管理出版社，2025. 6. -- ISBN 978-7-5243-0351-0

Ⅰ．F272.92

中国国家版本馆 CIP 数据核字第 2025823PK8 号

组稿编辑：王　倩
责任编辑：王　倩
责任印制：许　艳
责任校对：王淑卿

出版发行：经济管理出版社
　　　　　（北京市海淀区北蜂窝 8 号中雅大厦 A 座 11 层　100038）
网　　址：www. E-mp. com. cn
电　　话：(010) 51915602
印　　刷：唐山玺诚印务有限公司
经　　销：新华书店
开　　本：720mm×1000mm/16
印　　张：16. 5
字　　数：333 千字
版　　次：2025 年 6 月第 1 版　　2025 年 6 月第 1 次印刷
书　　号：ISBN 978-7-5243-0351-0
定　　价：98. 00 元

前　言

　　提升人民的获得感是建设新时代中国特色社会主义的重要课题，它不仅为评价改革成效提供了全新标准，而且为破解新时代社会主要矛盾提供了基本方略。然而，企业是社会的细胞，提升企业员工的获得感既是提升人民获得感的重要组成部分，也是促进企业改革与发展的本义。工作获得感是"获得感"在组织情境中的具体应用，它与工作生活质量、工作幸福感和工作满意度等衡量员工生活水平的常见指标不同，它是衡量员工生活水平的中国本土化新指标，用于反映员工对其在工作中获得的各种实惠的主观感受。先前关于获得感的研究主要集中在农民工、大学生等群体，对组织情境中的企业员工关注不足。同时，随着社会经济的快速发展，以知识型为特征的新生代员工逐渐成为职场主力，他们不仅关注物质层面的获得，更注重精神层面的获得。如何提升工作获得感是员工个体和企业迫切需要解决的问题。可见，对中国组织情境下工作获得感的影响因素和路径进行探索，在理论和实践层面都具有十分重要的意义。因此，本书以 ERG 理论①、社会交换理论、组织支持理论等为理论基础，综合运用结构化问卷调查、专家小组讨论等研究方法，对工作获得感的内涵维度与测评工具、作用机制与影响机制、传导作用与调节作用以及提升策略进行系统研究。

　　本书主要包括以下研究内容：

　　第一，工作获得感理论基础研究。本部分（第一章至第二章）旨在梳理工作获得感研究的理论基础，主要回答"工作获得感的渊源是什么？探究工作获得感有哪些基础理论？"等基础性问题。通过文献研究，梳理工作获得感的起源与发展，挖掘工作获得感研究的理论基础。

　　第二，工作获得感的内涵维度与测评工具研究。本部分（第三章）旨在探索工作获得感的内涵维度，并构建工作获得感测量体系，主要回答"工作获得感是什么？如何测量？"等问题。首先，通过文献研究法界定工作获得感的内涵。

---

　　① ERG 理论全称为生存（Existence）、相互关系（Relatedness）和成长（Growth）三核心需要理论。

其次，基于物质和精神视角开发了二维度的工作获得感量表，共 11 个题项，其中物质获得感 5 个题项、精神获得感 6 个题项。最后，基于 ERG 理论开发了三维度的工作获得感量表，共 15 个题项，其中生存获得感 5 个题项、关系获得感 4 个题项、成长获得感 6 个题项。

第三，工作获得感的相关机制与提升策略研究。本部分（第四章至第八章）旨在从多个角度探索工作获得感的相关机制，主要回答"如何提升工作获得感？工作获得感如何发挥效用？发挥何种效用？"等问题。基于社会交换理论、组织支持理论、归属需求理论等，对上千名企业员工进行结构式问卷调查，分别研究了工作获得感的作用机制（第四章）、影响机制（第五章）、传导作用（第六章）、调节作用（第七章），并在此基础上提出工作获得感的提升策略（第八章）。

本书的理论意义在于：首先，探索工作获得感的内涵维度，在一定程度上为组织情境中获得感的系统研究奠定了基础；其次，开发了工作获得感量表，为本领域的实证研究提供了测量工具；最后，构建并验证了员工获得感的作用机制、影响机制、传导作用以及调节作用的理论模型。

本书的实践意义在于：首先，从国家层面来讲，对科教兴国战略、人才强国战略和"提升人民获得感"方略起到一定的促进作用；其次，从组织层面来讲，为党政机关或用人单位完善员工管理服务提供了对策建议；最后，从个体层面来讲，有利于提高员工的工作和生活质量。

目　录

第一章　绪论 ⋯⋯⋯⋯⋯⋯⋯⋯⋯⋯⋯⋯⋯⋯⋯⋯⋯⋯⋯⋯⋯ 1

　　第一节　研究背景 ⋯⋯⋯⋯⋯⋯⋯⋯⋯⋯⋯⋯⋯⋯⋯⋯⋯ 1

　　第二节　研究内容 ⋯⋯⋯⋯⋯⋯⋯⋯⋯⋯⋯⋯⋯⋯⋯⋯⋯ 2

　　　　一、问题提出 ⋯⋯⋯⋯⋯⋯⋯⋯⋯⋯⋯⋯⋯⋯⋯⋯⋯ 2

　　　　二、主要研究内容 ⋯⋯⋯⋯⋯⋯⋯⋯⋯⋯⋯⋯⋯⋯⋯ 3

　　第三节　研究意义 ⋯⋯⋯⋯⋯⋯⋯⋯⋯⋯⋯⋯⋯⋯⋯⋯⋯ 4

　　　　一、理论意义 ⋯⋯⋯⋯⋯⋯⋯⋯⋯⋯⋯⋯⋯⋯⋯⋯⋯ 4

　　　　二、实践意义 ⋯⋯⋯⋯⋯⋯⋯⋯⋯⋯⋯⋯⋯⋯⋯⋯⋯ 4

　　第四节　技术路线与研究方法 ⋯⋯⋯⋯⋯⋯⋯⋯⋯⋯⋯⋯ 5

　　第五节　结构安排与研究创新 ⋯⋯⋯⋯⋯⋯⋯⋯⋯⋯⋯⋯ 6

　　　　一、结构安排 ⋯⋯⋯⋯⋯⋯⋯⋯⋯⋯⋯⋯⋯⋯⋯⋯⋯ 6

　　　　二、研究创新 ⋯⋯⋯⋯⋯⋯⋯⋯⋯⋯⋯⋯⋯⋯⋯⋯⋯ 7

第二章　理论基础与文献综述 ⋯⋯⋯⋯⋯⋯⋯⋯⋯⋯⋯⋯⋯⋯ 8

　　第一节　理论基础 ⋯⋯⋯⋯⋯⋯⋯⋯⋯⋯⋯⋯⋯⋯⋯⋯⋯ 8

　　　　一、ERG 理论 ⋯⋯⋯⋯⋯⋯⋯⋯⋯⋯⋯⋯⋯⋯⋯⋯⋯ 8

　　　　二、社会交换理论 ⋯⋯⋯⋯⋯⋯⋯⋯⋯⋯⋯⋯⋯⋯⋯ 9

　　　　三、组织支持理论 ⋯⋯⋯⋯⋯⋯⋯⋯⋯⋯⋯⋯⋯⋯⋯ 11

　　　　四、归属需求理论 ⋯⋯⋯⋯⋯⋯⋯⋯⋯⋯⋯⋯⋯⋯⋯ 12

　　　　五、资源保存理论 ⋯⋯⋯⋯⋯⋯⋯⋯⋯⋯⋯⋯⋯⋯⋯ 12

　　　　六、积极情绪拓展—建构理论 ⋯⋯⋯⋯⋯⋯⋯⋯⋯⋯ 14

　　　　七、计划行为理论 ⋯⋯⋯⋯⋯⋯⋯⋯⋯⋯⋯⋯⋯⋯⋯ 14

　　　　八、社会认同理论 ⋯⋯⋯⋯⋯⋯⋯⋯⋯⋯⋯⋯⋯⋯⋯ 15

　　第二节　获得感的起源 ⋯⋯⋯⋯⋯⋯⋯⋯⋯⋯⋯⋯⋯⋯⋯ 16

第三节　获得感的内涵 ………………………………………… 16

第四节　工作获得感的提出与发展 …………………………… 17

第五节　工作获得感与相关概念辨析 ………………………… 19

　　一、工作获得感与工作幸福感 …………………………… 19

　　二、工作获得感和工作满意度 …………………………… 20

　　三、工作获得感和相对剥夺感 …………………………… 20

第六节　工作获得感的结构与测量 …………………………… 21

第七节　工作获得感的实证研究 ……………………………… 23

　　一、前因变量 ……………………………………………… 23

　　二、结果变量 ……………………………………………… 24

　　三、提升策略 ……………………………………………… 24

第三章　工作获得感的内涵维度与量表开发 ………………… 26

第一节　工作获得感的内涵维度 ……………………………… 26

　　一、工作获得感的内涵 …………………………………… 26

　　二、工作获得感的维度 …………………………………… 27

　　三、美好生活指数与获得感 ……………………………… 27

第二节　基于物质和精神视角的工作获得感量表开发 ……… 28

　　一、问题提出 ……………………………………………… 28

　　二、研究方法 ……………………………………………… 29

　　三、量表开发过程 ………………………………………… 29

　　四、研究结果 ……………………………………………… 32

　　五、对量表的精简与优化 ………………………………… 35

第三节　基于ERG理论的工作获得感量表开发 ……………… 37

　　一、量表编制流程 ………………………………………… 37

　　二、构建题项库 …………………………………………… 38

　　三、问卷调查与数据收集 ………………………………… 42

　　四、项目分析 ……………………………………………… 44

　　五、探索性因素分析 ……………………………………… 50

　　六、验证性因素分析 ……………………………………… 53

　　七、信度与效度检验 ……………………………………… 56

第四节　工作获得感量表开发结果 …………………………… 60

　　一、基于物质和精神视角的工作获得感量表（完整版） …… 60

　　二、基于物质和精神视角的工作获得感量表（精简版） …… 61

三、基于 ERG 理论的工作获得感量表 ·········· 62

第四章　工作获得感的作用机制研究 ·········· 64

第一节　问题提出 ·········· 64

第二节　理论模型 ·········· 66

第三节　研究假设的提出 ·········· 68

　一、工作获得感与创造力的关系 ·········· 68

　二、组织承诺的中介作用 ·········· 69

　三、主管承诺的中介作用 ·········· 71

　四、承诺倾向的调节作用 ·········· 72

第四节　研究设计 ·········· 74

　一、问卷设计 ·········· 74

　二、测量工具 ·········· 74

第五节　预调研 ·········· 77

　一、小样本数据收集与初步处理 ·········· 77

　二、小样本的基本人口统计 ·········· 78

　三、小样本各测量条款的描述性统计 ·········· 79

　四、各量表的信度检验 ·········· 80

　五、各量表的效度检验 ·········· 81

　六、整体数据的探索性因素分析与共同方法偏差检验 ·········· 83

　七、问卷修正与完善 ·········· 85

第六节　正式调研数据收集与质量评估 ·········· 86

　一、大样本的基本人口统计 ·········· 86

　二、大样本各测量条款的描述性统计 ·········· 87

　三、各量表的信度检验 ·········· 88

　四、各量表的效度检验 ·········· 89

　五、区分变量效度的验证性因素分析 ·········· 91

　六、共同方法偏差检验 ·········· 97

　七、控制变量的影响分析 ·········· 97

第七节　回归分析 ·········· 104

　一、相关性分析 ·········· 105

　二、多重共线性检验 ·········· 105

　三、直接效应检验 ·········· 106

第八节　并列多重中介效应检验 ·········· 108

第九节　调节效应检验 ……………………………………………………… 110

第十节　假设检验结果汇总 ………………………………………………… 112

第五章　工作获得感的影响机制研究 …………………………………… 113

第一节　问题提出 …………………………………………………………… 113

第二节　理论模型 …………………………………………………………… 115

第三节　研究假设的提出 …………………………………………………… 117

　　一、承诺型人力资源管理实践与工作获得感的关系 ………………… 117

　　二、主管下属关系的中介作用 ………………………………………… 117

　　三、领导政治技能的调节作用 ………………………………………… 119

　　四、主动性人格的调节作用 …………………………………………… 119

第四节　研究设计 …………………………………………………………… 121

　　一、研究样本 …………………………………………………………… 121

　　二、问卷设计 …………………………………………………………… 121

　　三、测量工具 …………………………………………………………… 122

　　四、控制变量设计 ……………………………………………………… 124

第五节　小样本测试与问卷完善 …………………………………………… 125

　　一、各量表的信度检验 ………………………………………………… 125

　　二、各量表的效度检验 ………………………………………………… 129

　　三、整体数据的探索性因素分析与共同方法偏差检验 ……………… 131

　　四、问卷修正与完善 …………………………………………………… 132

第六节　数据初步分析 ……………………………………………………… 133

　　一、描述性统计分析 …………………………………………………… 133

　　二、各量表的信度检验 ………………………………………………… 134

　　三、各量表的效度检验 ………………………………………………… 136

　　四、变量区分效度的验证性因素分析 ………………………………… 138

　　五、控制变量的影响分析 ……………………………………………… 139

第七节　研究假设检验 ……………………………………………………… 143

　　一、相关性分析 ………………………………………………………… 143

　　二、多重共线性检验 …………………………………………………… 144

　　三、主效应检验 ………………………………………………………… 144

　　四、中介效应检验 ……………………………………………………… 145

　　五、调节效应检验 ……………………………………………………… 147

第八节　假设检验结果汇总及最终模型 …………………………………… 148

第六章　工作获得感的传导作用研究 ……………………………… 150

　第一节　问题提出 …………………………………………………… 150

　第二节　理论与假设 ………………………………………………… 151

　　一、家长式领导与员工任务绩效的关系 ………………………… 151

　　二、家长式领导与工作获得感的关系 …………………………… 152

　　三、工作获得感与任务绩效的关系 ……………………………… 153

　　四、工作获得感的中介作用 ……………………………………… 153

　　五、组织支持的调节作用 ………………………………………… 154

　第三节　研究方法 …………………………………………………… 156

　　一、研究设计 ……………………………………………………… 156

　　二、测量工具 ……………………………………………………… 157

　　三、数据收集与初步处理 ………………………………………… 160

　第四节　数据质量评估 ……………………………………………… 161

　　一、各量表的信度检验 …………………………………………… 161

　　二、各量表的效度检验 …………………………………………… 162

　第五节　回归分析 …………………………………………………… 165

　　一、相关性分析 …………………………………………………… 165

　　二、区分变量效度的验证性因素分析 …………………………… 166

　　三、共同方法偏差检验 …………………………………………… 167

　　四、主效应检验 …………………………………………………… 168

　第六节　中介效应检验 ……………………………………………… 169

　第七节　调节效应检验 ……………………………………………… 172

　第八节　假设检验结果汇总及最终模型 …………………………… 174

第七章　工作获得感的调节作用研究 ……………………………… 176

　第一节　问题提出 …………………………………………………… 176

　第二节　理论与假设 ………………………………………………… 178

　　一、九型人格与员工创造力的关系 ……………………………… 178

　　二、组织认同的中介作用 ………………………………………… 180

　　三、工作获得感的调节作用 ……………………………………… 182

　　四、理论模型构建 ………………………………………………… 185

　第三节　研究设计 …………………………………………………… 186

　　一、问卷设计的步骤 ……………………………………………… 186

二、测量工具的选取 ·· 186

三、研究样本与数据收集 ·· 190

第四节　小样本测试与问卷完善 ·································· 190

一、数据检验步骤及方法 ·· 190

二、各量表的信度检验 ·· 191

三、各量表的效度检验 ·· 194

四、问卷修正及完善 ·· 198

第五节　正式调研数据收集与质量评估 ······················ 198

一、大样本的基本人口统计 ······································ 199

二、大样本各测量条款的描述性统计 ························ 200

三、各量表的信度检验 ·· 201

四、各量表的效度检验 ·· 201

五、共同方法偏差检验 ·· 203

六、变量区分效度检验 ·· 205

第六节　研究假设检验 ·· 206

一、相关性分析 ··· 206

二、多重共线性检验 ·· 206

三、主效应检验 ··· 207

四、中介效应检验 ··· 209

五、调节效应检验 ··· 212

第七节　假设检验结果汇总及最终模型 ······················ 216

第八章　主要结论与管理策略 ·· 218

第一节　研究结论 ··· 218

一、界定工作获得感的内涵与结构维度 ··················· 218

二、开发工作获得感量表 ·· 219

三、验证工作获得感的作用机制 ······························ 220

四、验证工作获得感的影响机制 ······························ 221

五、验证工作获得感的传导作用 ······························ 221

六、验证工作获得感的调节作用 ······························ 222

第二节　工作获得感的提升策略 ·································· 223

一、创新人力资源管理实践 ······································ 223

二、塑造和调整领导风格 ·· 224

三、提升领导政治技能水平 ······································ 224

四、满足员工物质需求 ………………………………………… 225

五、满足员工关系需求 ………………………………………… 225

六、满足员工发展需求 ………………………………………… 226

七、提升员工综合素养 ………………………………………… 226

第三节 研究局限和研究展望 ………………………………… 227

一、研究局限 ………………………………………………… 227

二、研究展望 ………………………………………………… 228

参考文献 ………………………………………………………… 229

第一章　绪论

第一节　研究背景

2015 年 2 月 27 日，习近平总书记在中央全面深化改革领导小组第十次会议上指出"要把改革方案的含金量充分展示出来，让人民群众有更多获得感"，首次提出了"获得感"这一概念。与此同时，习近平总书记在发表 2016 年新年贺词以及在看望参加全国政协十二届四次会议的民建、工商联委员时一次又一次反复提及"获得感"，由此，"获得感"一词迅速流行开来。近年来，"获得感"不仅成为党中央诸多会议屡屡强调的重要概念，而且成为社会讨论和学界研究的焦点。同时，随着人们的普遍使用，"获得感"成为《中国语言生活状况报告（2016）》中的十大新兴词语。由于"获得感"本意是指基于人们实际获得收益的一种积极的主观感受（周盛，2018），因此将其与"幸福感"等同样是评价类的词语相比，两者有相似性，但"幸福感"等词偏重主观感知（曹现强、李烁，2017），而"获得感"则强调要以实实在在所得为基础，故有所区别。工作作为人们日常生活不可或缺的一部分，其本意就是为获取收入，因此劳动者在工作中除了关注其主观感受外，更注重实际获得，所以用获得感来衡量劳动者在工作中的所得所感是适宜的。但目前对获得感的研究中，大多集中在对整体人民群众、特定弱势群体及高校思政课程三类研究对象，定性阐述其获得感的现状、影响因素和提升路径，以及少量对群众获得感进行测量分析的定量研究，鲜少有学者将目光聚焦于组织管理领域来探究企业员工的工作获得感。先前研究和实践证明，"提升工作获得感"是各类组织拴心留人和激励人才的一剂良药（Gu et al.，2020；朱平利、刘娇阳，2020），然而，究竟什么是工作获得感？工作获得感包含哪些维度？如何测量？获得感有哪些影响因素？各影响因素与获得感之间的内在逻辑关系是怎样的？这一系列基础问题都尚未得到很好的解决。因此，探索工作获得感带来的影响意义重大且势在必行。

第二节　研究内容

一、问题提出

工作获得感（Sense of Gain at Work，SGW）是衡量员工生活水平的新指标（朱平利、刘娇阳，2020），用于反映员工对其在工作中获得的各种实惠的主观感受（Gu et al.，2020）。2015 年 2 月 27 日，习近平总书记在中央全面深化改革领导小组第十次会议上提出"要把改革方案的含金量充分展示出来，让人民群众有更多获得感"。自此，"获得感"作为衡量中国改革成效和民生水平的重要评价标准，成为社会各界关注的"热词"之一。随后，Gu 等（2020）、曾鸿钧和彭词（2016）、朱平利和刘娇阳（2020）等学者将其纳入组织情境，衍生出"工作获得感"概念。衡量员工生活水平的常见指标还有工作生活质量、工作幸福感和工作满意度等。然而，工作获得感不同于这些概念（Wang et al.，2022）。工作生活质量侧重于组织视角，反映组织对员工生活福利和工作环境的重视程度（Grote and Guest，2017）；而工作获得感侧重于员工视角，反映员工对组织关怀的感知度（朱平利、刘娇阳，2020）。工作幸福感侧重于精神方面，描述员工在组织中感知到的积极情绪体验（Oerlemans and Bakker，2018）；而工作获得感侧重于物质方面，描述员工在组织中感知到的各种实惠（Gu et al.，2020）。工作满意度重点反映员工对收获与期待之间的比较（Spector，2022），而工作获得感重点反映员工对付出与回报之间的比较（Gu et al.，2020）。因此，工作获得感也是一个值得各国学者共同关注的新概念。

先前研究对工作获得感的内涵维度、测量评价及提升路径等方面进行了探索，并呈现出以下四大趋势：①研究对象从笼统的国民转向具体的群体；②学科视角从单一的政治学转向社会学、管理学、心理学等学科共同参与；③研究方法从定性研究转向定性与定量相结合；④研究影响从国内向国外辐射。对工作获得感的研究才刚刚起步，还存在以下主要问题：①内涵维度准确性不高。先前研究对工作获得感的本质属性挖掘不够，尚未找到其与工作幸福感、工作安全感和工作满意度等相关概念的本质区别。②测量体系针对性不强。当前工作获得感的测量体系主要针对农民工，而基于组织情境中的员工的工作获得感测量体系还有待开发。③对策研究科学性不足。先前研究对工作获得感的影响机制探索不够，缺乏理论挖掘和实证研究，致使提升对策的科学性和应用性欠佳。④研究群体广度不够。当前，研究群体主要集中在农民工（杨金龙、王桂玲，2019）、全体人民（郑风田、陈思宇，2017）、大学生（Feng and Zhong，2021）等，对组织情境中的公务员、教师、企业家等研究较少。因此，本书将基于 ERG 理论、社会交换理论、组织支持理论等相关理论，综合运用文献研究和问卷调查等研究方法，对工作获得感的内涵维度、测评工具、相关机制（作用机制、影响机制、传导作用、调节作用等）以及提升策略进行系统研究。

二、主要研究内容

本书综合运用文献研究和问卷调查等定性与定量相结合的研究方法，采用一系列实证分析技术手段，对工作获得感的内涵维度、测评工具、相关机制和提升策略等进行系统探索。

本书主要包括以下研究内容：

第一，工作获得感理论基础研究。本部分（第一章至第二章）旨在梳理工作获得感研究的理论基础，主要回答"工作获得感的渊源是什么？探究工作获得感有哪些基础理论？"等基础性问题。通过文献研究，梳理工作获得感的起源与发展，挖掘工作获得感研究的理论基础。

第二，工作获得感的内涵维度与测评工具研究。本部分（第三章）旨在探索工作获得感的内涵维度，并构建工作获得感测量体系，主要回答"工作获得感是什么？如何测量？"等问题。首先，通过文献研究法界定工作获得感的内涵。其次，基于物质和精神视角开发了二维度的工作获得感量表，共 11 个题项，其中物质获得感 5 个题项、精神获得感 6 个题项。最后，基于 ERG 理论开发了三维度的工作获得感量表，共 15 个题项，其中生存获得感 5 个题项、关系获得感 4 个题项、成长获得感 6 个题项。

第三，工作获得感的相关机制与提升策略研究。本部分（第四章至第八章）旨在从多个角度探索工作获得感的相关机制，主要回答"如何提升工作获得感？工作获得感如何发挥效用？发挥何种效用？"等问题。基于社会交换理论、组织支持理论、归属需求理论等，对上千名企业员工进行结构式问卷调查，分别研究工作获得感的作用机制（第四章）、影响机制（第五章）、传导作用（第六章）、调节作用（第七章），并在此基础上提出工作获得感的提升策略（第八章）。

第三节　研究意义

一、理论意义

本书的理论意义在于以下三个方面：

1. 将获得感引入组织管理研究领域

获得感属于政治学等宏观领域概念，本书将其引入微观的组织管理领域，形成"工作获得感"概念，并做了一系列基础性研究，为该新领域的研究奠定了基础和提供了参考。

2. 开发工作获得感的测量工具

测量工具是量化研究的先决条件。本书分别基于物质和精神视角和 ERG 理论开发了工作获得感量表，为研究不同群体或组织情境下的工作获得感提供了测量工具。

3. 构建并验证工作获得感的相关理论模型

本书基于社会交换理论、组织支持理论、归属需求理论等，构建并验证了工作获得感的作用机制、影响机制、传导作用以及调节作用的理论模型，促进了工作获得感理论的发展。

二、实践意义

本书的实践意义分别体现在国家、组织和个体三个层面。

1. 国家层面

本书的研究对"科教兴国"等国家战略的实施有一定促进作用。本书重点探索如何提升员工的工作获得感，有利于激发员工的积极性，并引导员工合理流动，将对科教兴国战略、人才强国战略和"提升人民获得感"方略的实施起到一定的促进作用。

2. 组织层面

本书为党政机关或用人单位完善员工管理服务提供了对策建议。本书将探索工作获得感的相关机制，如影响机制、传导作用等，为各级机关或各类组织拴心留人和激励人才提供科学依据。

3. 个体层面

本书有利于提高员工的工作生活质量。工作获得感是衡量劳动者美好生活的重要指标,本书将从组织因素、领导因素、个体特征等多因素探索工作获得感的提升路径,从而提高其工作生活质量。

第四节 技术路线与研究方法

本书综合运用文献研究和问卷调查等多种研究方法,采取项目分析、因子分析、信效度分析等技术手段。本书的研究分基础研究、工作获得感内涵维度与测评工具、相关机制三个阶段进行,具体的技术路线与研究方法见图1-1。

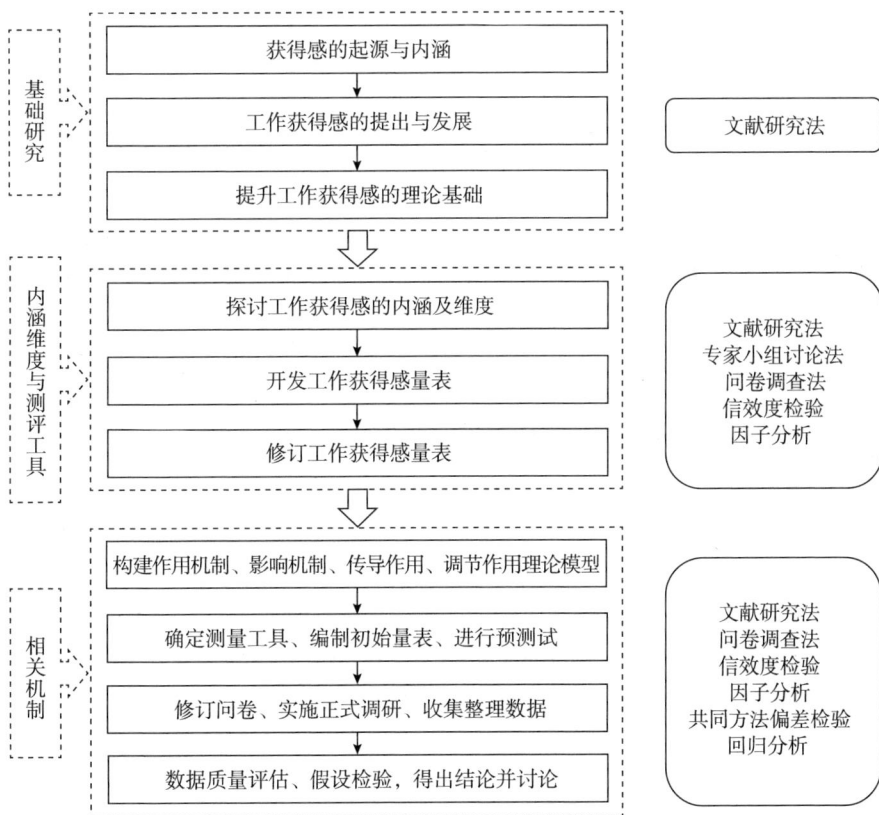

图1-1 本书的技术路线与研究方法

本书主要运用了以下两种研究方法:

1. 文献研究法

本书以"获得感""工作获得感"等为关键词进行搜索，以中国知网、Web of Science、百度学术等网络数据库，以及学校图书馆图书等为渠道查询、获取文献资料。为保证全面准确地获取文献，本书从两个方面进行文献筛选：一方面，搜索有关变量或理论的所有综述类研究，快速了解相关变量和理论的起源、发展过程、主要研究学者、代表观点以及最新的研究方向和进展等，并追溯综述研究中提到的重要文献资料，进一步详细阅读；另一方面，搜索将有关变量作为主要研究变量的实证类研究，特别关注最新的综述研究之后发表的权威文献资料，进一步增强对核心变量以及相关变量之间关系的理解。

2. 结构化问卷调查法

问卷调查法是在学术研究中被广泛使用的数据收集方法之一。本书主要在两个阶段使用结构化问卷调查法：一是开发工作获得感量表，二是验证工作获得感的作用机制、影响机制、传导作用以及调节作用。在问卷发放时，首先应该明确调查对象、调查范围、问卷数量。本书在经费预算内，尽可能扩大样本收集的范围，在多个城市的多家企业中展开调查，以确保样本代表总体的可靠性。课题组成员负责与企业负责人对接，及时解答问卷在填写过程中的问题，以便被访者能够准确地理解并回答问题。问卷收集结束后，及时导出数据，根据科学的数据筛选标准进行数据清洗、净化、质量评估，并根据预调研结果修改并形成正式调查问卷，然后再进行大样本数据的收集。

第五节 结构安排与研究创新

一、结构安排

本书共八章，根据各章之间的逻辑关系，可分为基础研究、工作获得感内涵维度与测评工具、相关机制、提升策略四个部分。结构安排和各章逻辑关系如图1-2所示。

本书的具体结构安排如下：

（1）基础研究。包括绪论（第一章）、理论基础与文献综述（第二章）。

（2）工作获得感的内涵维度与测评工具研究。包括工作获得感的内涵维度与量表开发（第三章）。

（3）工作获得感的相关机制研究。包括工作获得感的作用机制研究（第四

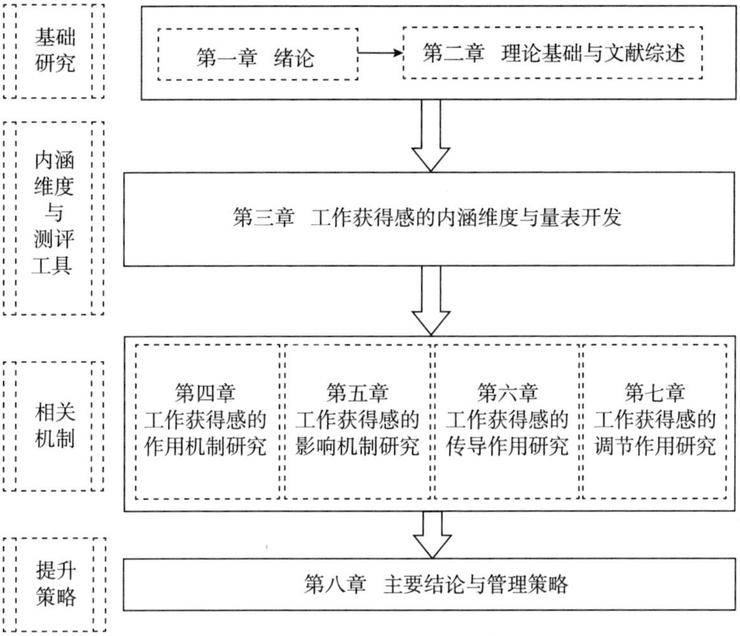

图 1-2 本书的结构安排与各章逻辑关系

章）、工作获得感的影响机制研究（第五章）、工作获得感的传导作用研究（第六章）、工作获得感的调节作用研究（第七章）。

（4）工作获得感的提升策略研究。包括主要结论与管理策略（第八章）。

二、研究创新

本书的创新之处体现在学术思想、学术观点、研究方法三个方面：

（1）学术思想方面。本书主张宏观（政治学、社会学等）与微观（管理学、心理学）相结合的多学科研究视角，将宏观学科领域的获得感研究纳入微观学科领域，不但能提高获得感研究的完整性和系统性，而且能促进不同学科的交叉融合，这在获得感研究领域具有一定的前瞻性。

（2）学术观点方面。本书从影响机制、作用机制、传导作用和调节作用等多角度进行工作获得感的实证研究，基于组织和领导双视角探索工作获得感的提升策略，这在该研究领域具有一定的开拓性。

（3）研究方法方面。运用定性研究（专家小组讨论法）和定量研究（结构化问卷调查法）相结合的研究方法，这在工作获得感研究领域具有新颖性。

第二章 理论基础与文献综述

第一节 理论基础

一、ERG 理论

1969 年，在《人类需要新理论的经验测试》一文中，美国耶鲁大学教授克雷顿·奥尔德弗（Clayton Alderfer）在马斯洛提出的需求层次理论的基础上进行了更接近实际经验的研究，提出了一种新的人本主义需要理论。Alderfer（1969）认为，在管理实践中员工具有生存、关系和成长三种核心需要，即生存（Existence）的需要、相互关系（Relatedness）的需要和成长发展（Growth）的需要，这三种需要的英文首字母分别为 E、R、G，因此通常将生存—关系—成长理论简称为 ERG 理论。

具体而言，生存的需要与人们基本的物质生存需要有关，即生理和安全需求（如衣、食、行等），关系到人的存在或生存，这实际上相当于马斯洛理论中的前两个需求。相互关系的需要，即指人们对保持重要的人际关系的要求。这种社会和地位的需要的满足是在与其他需要相互作用中达成的，与马斯洛的社会需要和自尊需要分类中的外在部分是相对应的。成长发展的需要表示个人谋求发展的内在愿望，包括马斯洛的自尊需要分类中的内在部分和自我实现层次中所包含的特征，即个人自我发展和自我完善的需求，这种需求通过创造性地发展个人的潜力和才能、完成挑战性的工作得到满足，这相当于马斯洛需求层次理论中第四、第五层次的需求。简而言之，生存需要是指与人的生存密切相关的各种需要；关系需要是指维持人与人之间友善关系的愿望；成长需要是指个体希望得到发展的愿望（Arnolds and Boshoff，2002）。

在马斯洛需求层次理论中，马斯洛认为每个人对这五层次的顺序都是相同的。但是，奥尔德弗的 ERG 理论更强调个体差异的特殊性（宋志鹏、张兆同，2009）。因此，ERG 理论更适用于针对某类特殊群体的研究。此外，马斯洛需求层次理论强调只有满足了低层次需求，下一个层次的需求才会成为主导需要，但是 ERG 理论并不认为这个层次是刚性的，三种需要可以同时发生（Alderfer，1969）。

ERG 理论提出"需要满足""需要加强""需要受挫"三个概念，也充分涵盖了"受挫—回归"思想：当某个需求满足不充分时，个人需求停留，向本层需要的质、量发展；充分满足低层次需求后，对高层次需求指向增强；高层次需求满足受挫，会导致低层次需求膨胀，比如，当人际关系得不到满足时，会导致其对更多的薪资等低层次需求的加强。

目前，ERG 理论已经被广泛应用于管理领域，为企业的管理提供了理论依据。已有研究表明，ERG 理论大多用于激励机制研究、职业倦怠分析、需求分析以及工作满意度、职业幸福感等方面的研究，研究对象主要集中于教师（田京、马健生，2017）、知识型员工（张勉、李海，2007；赵中华、孟凡臣，2019）、公务员（杨晓辉，2017）、企业员工[①]等群体。

二、社会交换理论

社会交换理论（Social Exchange Theory，SET）是对工作场所行为解释最具影响力的概念范畴之一（Cropanzano and Mitchell，2005），其涵括了人类学、社会学以及社会心理学等多个领域的理论。交换理论认为资源的持续流动取决于其是否能够获得有价值的回报（Emerson，1976），因此，社会交换理论是以交换的视角去解释人类社会互动行为的理论体系。

在社会交换理论流派中，具有代表性的有行为主义交换理论[②]和结构主义交换理论[③]。Homans（1958）的行为主义交换理论是基于 Skinner 的行为心理学和经济学的交换原理构建的，认为社会交换行为具有普遍性规律。Homans 将心理因素纳入社会交换理论中，恢复了人的主体性，认为个体会理性地追求自身利益最大化，并将行为理性作为交换的基本原则。Blau（1964）的结构主义交换理论则认为并非所有人类活动都是交换，交换是"个体是出于从交换的另一方那里获

---

① 黄红梅、陈科、刘爱军：《基于 ERG 理论的 A 公司员工培训需求分析》，《北方经贸》2016 年第 10 期。

② Homans G C．"Social behavior as exchange"，*American Journal of Sociology*，Vol. 63，No. 6，1958，pp. 597-606.

③ Blau P M．*Exchange and power in social life*，New York：Wiley，1964.

取某种回报的目的而发生的资源行为，这种行为在对方做出报答时才发生"。

社会交换有一个基本原则，便是交换双方会随着时间的推移而互相信任和彼此忠诚。因此，为了达到这种稳定关系，双方均需遵循一定的准则。在组织行为研究中，学者们使用的社会交换理论便是基于某种交换准则进行的。社会交换理论准则包括互惠准则（Gouldner，1960）、谈判准则（Cook et al.，1983）和其他准则［Meeker（1979）的六种交换规则］等。其中互惠有两个方面的原则，即应该帮助曾经帮助过自己的人和不应该伤害那些曾经帮助过自己的人。

对于社会交换的内容，资源理论①给出了六种交换资源，即金钱（Money）、商品（Goods）、服务（Services）、地位（Status）、信息（Information）和爱（Love）。在组织学领域，一般将上述六种资源归为两类，即经济结果和社会情感结果。经济结果一般指那些有形的、能够带来财务等实际需求满足的资源形式。而社会情感结果则是满足人们更高层次的社会和自尊需要②。

对于社会交换理论有很多不同的观点，但学术界大都一致认可社会交换包括一系列产生责任的互动（Emerson，1976），这些互动相互依赖，且随另一方的反应而发生（Blau，1964）。社会交换理论也强调在特定情景下，这些相互依赖的互动可能产生高质量的关系，如高质量的领导—下属关系。

在管理研究中，工作场所关系是社会交换理论最受关注的研究部分（Shore and Barksdale，1998），该理论认为某种工作场所因素导致了人际之间的联系，构成了社会交换关系③。雇主关怀照顾员工，员工回报有益组织的积极工作态度和有效工作行为结果，以此形成公平的、有益的社会交换关系，从而推动社会发展进步。

通过工作场所交换关系研究发现，员工能与他们的上级（Liden et al.，1997）、同事（Ensher et al.，2001；Flynn，2003）、组织（Moorman et al.，1998）以及客户（Sheth and Parvatlyar，1995）等形成不同类型的社会交换关系，其中员工—组织关系（Employee-Organization Relationships）更是工作场所交换关系研究的焦点和主题。

在员工—组织关系中，组织被拟人化为一个实体（Levinson et al.，1962），参与到社会交换关系中，为员工提供工作支持，而员工则回报自己的努力（March and Simon，1993）。但组织并不具备"人"的认知能力，因此，员工常常将组织"代理人"的行为视为组织本身的行为（Guest，1998a，1998b）。而在工作场所中，上级无疑就是组织最直接的代理人（Tekleab and Taylor，2003）。

---

① Foa U G and Foa E B, *Societal structures of the mind*, Charles C Thomas, 1974.

② Shore L M, Tetrick L E and Barksdale K, *Social and economic exchanges as mediators of commitment and performance*, Unpublished manuscript, 2001.

③ Cropanzano R, Rupp D E, Mohler C J, et al., "Three roads to organizational justice", In G. Ferris Eds. *Research in personnel and human resources management*, Emerald Group Publishing Limited, 2001, pp. 1-113.

而在员工—组织关系中，基于社会交换理论又延伸出了组织支持理论（Perceived Organizational Support，POS）（Eisenberger et al.，1986）、领导—成员交换理论（Leader-Member Exchange，LMX）（Settoon et al.，1996）、组织公平理论（Organizational Equity Theory）（Adams，1965）等。其中，组织支持理论从互惠原则角度对员工—组织行为进行了解释，认为当员工感知到组织是支持性的时，员工也会开展回报行为，比如高组织支持，会促使员工表现出更高的工作绩效（Eisenberger et al.，2001）、更多的组织公民行为（Lynch et al.，1999），以及更少的旷工行为（Eisenberger et al.，1986）。

三、组织支持理论

Hugo Munsterberg 在《心理学与工业效率》一书中指出，管理者要重视个体的心理规律、多方面需求与真实感受（邵芳，2014），这一观点强调组织应该为员工提供多方面的支持。Eisenberger 等在 1986 年正式提出组织支持理论，随后越来越多相关研究开始关注组织支持理论，其内涵和维度不断得到完善和深化。

组织支持理论的基础是社会交换理论和互惠原则。该理论强调组织支持与员工付出的内在联系，认为当组织为员工提供整体的支持，且员工感受到来自组织的支持、帮助、关心和保证时，员工可以获得良好的激励，良好的交换关系促使员工有更高的付出水平和更好的工作表现（Eisenberger et al.，1986）。组织支持是一种相对客观的因素，包括物质支持、精神支持（刘小平，2011），特别是对员工在困难情境下的支持；员工感受是员工对组织综合判断的结果，包括组织对员工贡献程度的看法和对员工利益的关心程度，感受到的支持越多，员工积极回报组织的可能性就越大，会产生如愿意留在组织、愿意为组织做贡献、工作更加努力、对组织更加忠诚等积极的态度和行为，从而进一步换来组织给予的福利和奖赏。组织支持理论强调员工和组织之间互利互惠形成了平衡且稳固的交换关系（邵芳，2014），即组织的支持和员工的付出二者同时存在，从而建立良好的心理契约，当有一方不存在时，如员工没有感觉到组织给予的支持时，之前建立的心理契约就会受到破坏，进而引发员工的消极行为。另外，组织支持理论还强调组织需要先提高对员工的承诺，员工才会对组织产生承诺，这一观点说明组织对员工承诺的重要性。

中国学者进一步探讨了组织支持理论在中国情境下的内涵，其中具有代表性的观点是由凌文辁等（2006）提出的，他们认为组织支持理论中员工的组织支持感由三个因素组成：一是工作支持，即员工希望在工作中得到成长、实现自我价值，反映了员工的成就需求；二是价值认同，即员工希望得到组织的尊重和认可，反映了员工对自尊的需求；三是利益关心，即员工希望组织能够给予物质生活保障，反映了生存需求。这三种心理需求与 ERG 的需求理论相似，因此组织支持感为组织激励员工、了解员工工作动机提供了重要参考途径。

当前研究也研讨了组织支持感的前因变量和结果变量，影响员工对组织支持感知的因素包括公平方面（如保证工作透明化、程序公正、组织公平）、工作方面（如开展自主工作）、成长方面（如提供发展机会、上级支持、员工参与）、物质方面（如来自组织的奖赏）、关系方面（如领导成员交换）等（Rhoades et al.，2001）。员工感知到组织支持后会受到激励，进而产生一些积极的影响，如提高对组织和上级的期望值、对组织产生情感承诺、提高对组织的忠诚和义务感、提高工作的努力程度、提高工作绩效、增加组织公民行为等。

四、归属需求理论

"归属需求"（The Need to Belong）在 1995 年被提出，它既是人类最基本的动机之一，也是驱动所有社交行为的根源动力，普遍性和可替代性是其区别于其他需求的主要特征。它是个体进行社交行为的基本动机，目的是达到和实现社交联系的可获得性、可持续性、可发展性。建立在此核心思想上，归属需求理论（Need-to-Belong Theory）被正式提出，该理论在解释个体的动机方面具有一定的理论意义，学者将该理论应用到组织情境中阐释对个体行为和态度的影响。

根据归属需求理论的主要思想，在归属需求的驱动下，个体希望与组织环境中的其他个体产生社交行为，而员工感知得到的组织资源分配有效性能够实现其社交联系的需求，从而能提升个体的组织嵌入感，发展个体的组织归属感（Baumeister and Leary，1995）。归属需求的资源属性会对组织资源产生一定的作用，充分尊重员工、构建和谐的工作氛围、减少组织情境中的排斥行为、引导员工树立正确的组织价值观，能够在物质层面和精神层面满足个体的需求，实现个体被尊重、关系和认同的需要。这有助于个体对组织归属感的提升，进一步巩固员工与组织之间的情感联系，提升员工与下属之间的上下级关系质量，同时还能够激发员工积极的工作情绪。研究认为，承诺型人力资源管理实践能够满足员工的归属需求，员工能够强烈感知到来自组织的支持，使员工感受到尊重、关心和自我价值，这在一定程度上能够加强员工与领导之间的主管下属关系，进而促使员工在工作场所得到积极情绪感知，如工作幸福感。

五、资源保存理论

资源保存理论最初是一种压力理论，解释了压力产生的来源（Hobfoll，1989，2001）。该理论认为，一方面现有资源的实际损失和新资源获取失败会给个体带来压力，为了减少这一负面影响，个体会积极维护现有资源；另一方面现有资源存在损失的可能性也会让个体感到压力，为了应对未来可能发生的损失，个体会积极利用其所拥有的资源获取新的资源。该理论中资源的含义受到个体主观价值感知的影响，只要个体认为该事物能帮助其实现目标即可，而不是看其是否能够真正帮助个体实现目标（Halbesleben et al.，2014）。资源包括四种类别，即物质资源（如金钱、开展工作的工具）、条件资源（如职级、学历）、个体特征资源（如乐观、主动）和能量资源（如时间、能力）。资源保存理论被广泛地应用在学术研究中，研究表明，巨大的工作压力会导致员工产生离职意愿；而丰富的工作资源能够给员工带来积极的情绪、提升员工对组织的信任，进而提升员工的工作投入和工作绩效。

资源保存理论的基本观点包括一个基本假设、五项原则和三条推论。基本假设表明个体具有努力获取、保持、培育和保护其所珍视的资源的倾向。五项原则分别是损失优先、资源投资、获得悖论、资源绝境、资源车队和通道。损失优先（Primacy of Loss）原则表明个体会努力采取行动以避免资源损失的发生，因为相对于获得资源，损失资源造成的影响更大、更快、更久。资源投资（Resource Investment）原则表明个体通常会利用其所拥有的资源进行持续的投资，一方面可以避免资源受损，另一方面也可以在损失时更快地恢复。获得悖论（Gain Paradox）原则表明当资源损失时，增加资源对个体的价值更大，犹如"久旱逢甘霖"。资源绝境（Resource Desperation）原则表明当个体处于资源耗尽的绝境时，会在无意间启动自我防御机制，这种机制会使个体做出非客观的判断，从而保护自己、排解压力、应对焦虑。资源车队和通道（Resource Caravans and Resource Caravan Passageways）原则表明，资源之间有或多或少的内在联系，绝非完全独立存在的。三条推论分别是初始资源效应、资源损失螺旋和资源获得螺旋。初始资源效应（Initial Resource Effect）表明，个体的资源储备与其未来遭受资源损失的可能性和抵御资源损失的韧性密切相关，即个体在一开始拥有的资源越多，其抵御风险的能力越强，捕获新资源的机会越多、能力越强；反之，拥有较少初始资源的个体则更容易遭受资源损失，且获取新资源的能力也相对更弱。资源损失螺旋（Resource Loss Spirals）表明，最初的资源损失会引发资源的进一步损失，并且资源损失螺旋的发展会更加迅猛，消极影响也会更加强烈。这是因为：首先，遭遇资源损失的个体很难再进行有效的资源投资，因而难以阻止资源损失；其次，如果个体的资源正在损失，会引发其紧张和压力反应，其将很难顺利保持现有资源的价值，同时用于阻止资源损失的资源也会更少，从而资源损失的可能性会更大，最终进入恶性循环的螺旋中。资源获得螺旋（Resource Gain Spirals）表明，如果个体在一开始能够获得一些资源，其将更容易获得更多的资源，但是这种获得发展相对较慢。这是因为处于资源获得状态的个体在进行资源投资时更具优势，但资源获得的力量和速度不如资源损失，因而资源获得螺旋的发展会相对较缓慢（Hobfoll et al.，2018）。

六、积极情绪拓展—建构理论

情绪是个体针对某具体对象产生的心理反应，而积极情绪被认为是组织在工作场所中可利用的重要资源之一，如感激、快乐等。积极情绪拓展—建构理论是由 Fredrickson（1998）提出的，该理论现已成为解释积极情绪如何给个人和组织带来积极作用的基础理论，认为积极情绪和消极情绪在特定环境中具有相反的作用效果。例如，当人们经历恐惧时，消极情绪会促使人们快速做出决定，而积极情绪则能够拓展个体瞬间的思维—行动范围，建构持久的个人资源（智力资源、生理资源、心理资源和社会资源），进而给个体带来长期的适应性益处。积极情绪拓展—建构理论的核心内容包含十种最具代表性的积极情绪、两个核心假设和两个辅助假设。十种最具代表性的积极情绪分别为快乐（Joy）、兴趣（Interest）、宁静（Serene）、满足（Contentment）、爱（Love）、感激（Gratitude）、希望（Hope）、逗乐（Amusement）、鼓舞（Inspiration）和敬佩（Awe）。两个核心假设：①拓展假设（The Broaden Hypothesis）。与其他状态相比，积极的状态能够拓展个体瞬间思维—行动范围，如拓展个体思维和行动的范围，对个体产生即时的积极影响。大量实验研究表明，积极情绪有利于提升个体认知的灵活性、整合性，使个体的思维开放、有效率、具有前瞻性和高水平；积极情绪使个体保持对各个方面的兴趣，从而促进个体行为的多样化倾向（Fredrickson，1998）。②建构假设（The Build Hypothesis）。被拓展的思维—行动范围有利于构建持久的个人资源，包括智力、生理、心理、社会资源等，从而给个体带来长期的积极影响。不管是积极情绪的拓展功能还是建构功能都有利于员工在职场中的快速成长，以及进一步地体会到更高层次的积极情绪工作场所中的幸福感。因而，积极情绪一方面能够促进个体对环境的适应，另一方面随着建构功能的持续还可以促进组织运行良好。两个辅助假设：①撤销假设（The Undoing Hypothesis）。撤销假设是指积极情绪可以抑制或者撤销消极情绪带来的后续效应。②螺旋上升假设（The Upward Spiral Hypothesis）。螺旋上升假设是指积极情绪不仅会使个体当前感觉良好，还会增加其在未来适应良好以及感觉良好的可能性。

七、计划行为理论

计划行为理论（Theory of Planned Behavior，TPB）可回溯到多属性态度模型，多属性态度模型阐述了态度、意向、行为之间的关联和影响（Fishbein，1963）。随后，学者在其基础上加入"主观规范"，建立了理性行为理论，随后继续加入"知觉行为控制"，得以形成并扩展了计划行为理论（Ajzen，1991）。

该理论关注态度—行为联系，在内涵上反映了个体的行为态度（Attitude Toward the Behavior）、主观规范（Subjective Norm）、感知的行为控制（Perceived Behavioral Control）及可以预测其不同类型的行为意向（Intention），而意向又直接作用于行为（Behavior）表达，由此可以解释实际行为中较大比例的差异。

在该理论中，行为态度是个体对实施某种行为的喜好程度，其通常是行为信念的函数；主观规范是个体做出是否采取某种行为的决策时对于社会压力的感知，反映周遭环境中个体或群体对行为执行者所带来的影响；感知的行为控制是个体对实施某种行为的难易程度的知觉，反映其对促成或妨碍因素的事前感知；行为意向则是个体对实施某种行为的自我判断，反映其心理倾向或意愿程度。同时，个体持有的信念（Belief）是关于上述个体行为意图三项变量的潜在情绪认知基础，而人格、价值观、情绪等因素会对行为信念的树立产生影响，进而实现对行为意愿、倾向和执行的最终牵制。

为具备更佳的模型解释力，计划行为理论自提出以来历经挑战也不断得到完善，其应用从社会心理学向营销学、管理学等领域不断扩散，如已经出现在对个体消费意愿、支付意向、社会学习行为，以及特定行为心理倾向和实际表现的相关性分析中（Hosen et al.，2022；Shin and Kim，2015；林叶、李燕萍，2016；张凯丽等，2018）。现有研究指出，个体内在的性格特质和认知能力影响其态度与主观规范的形成（喻登科等，2021）。

八、社会认同理论

社会认同理论（Social Identity Theory，SIT）源于种族中心主义的群体间行为研究，强调个体对群体的不同态度（内部偏好和外部偏见）。在 20 世纪 70 年代，该理论由 Tajfel（1978）基于最简群体范式的研究提出，表达的主要内涵是当个体感知到其归属于特定的群体，会将自身视作群体的一员，而心理或情感层面的"认同"则是联结其后续行为的基础。

具体而言，社会认同涉及三项基本心理过程（Tajfel，1982）：其一是社会分类，即个体的标签化过程，及对群体进行内外类界定；其二是社会比较，即个体的群体间差异性评价；其三是积极区分，即个体的自我激励性需要满足。Turner等（1987）在完善社会认同理论时提出了自我归类理论，表明人们在对他人进行分类时会自动区分内群体和外群体。

社会认同理论自问世以来不断发展，早期在社会心理学领域得到高度关注和广泛使用，随后关注度仍经久不衰，涉及企业管理、心理健康、消费者行为等研究领域，现已成为组织行为学和管理学领域的重要理论之一。在相关文献中，研究人员较多选用社会认同理论作为基础，以解释特定行为方式为何及如何发生；也有不少研究使用社会认同理论开展对更具体和细化对象的探讨，如领导认同或组织认同等（高中华、赵晨，2014）。其中，高水平的组织认同与个体态度或行为的正向关联已被不少研究所证实（Arshad et al.，2021；熊会兵、陶玉静，2024）。

总的来说，社会认同使个体认识到自己属于某个特定群体，并且认识到作为该群体的一员对自身具有重要的情感影响和价值意义（Tajfel，1978）。组织成员内在价值观、动机、欲望等要素在一定程度上赋予个体对待团队或群体的态度和认知，而个体的情感认知又会对其绩效表现和工作行为产生不可避免的影响。

第二节　获得感的起源

"获得感"（Sense of Gain）作为一个中国本土化新概念，其表现为个体对"客观获得"的"主观感受"（曹现强、李烁，2017）。这一概念的首次提出是在2015年的中央全面深化改革领导小组第十次会议上，习近平总书记指出，"要把改革方案的含金量充分展示出来，让人民群众有更多获得感"。由此，"获得感"作为一个新概念便出现在人们的视野。获得感作为新时代国家治理的良策方针和社会发展的最优衡量标尺（王浦劬、季程远，2018；郑风田、陈思宇，2017），自提出以来便受到各界人士的广泛关注与热烈讨论。

获得感是"获得"和"感"的统一，"获得"是对客观具体事物的获取和对抽象事物的获得；而"感"则是因受外界事物影响而有所感知的一种主观状态，描述的是一种主观情感（丁元竹，2016；张品，2016）。获得可以包含物质层面获得（如收入水平、健康状况、人际关系等）和精神层面获得（如文化自信、自我价值等）两个方面，获得感正是基于对某种利益需求获得后而产生的可以长久维持的满足感（辛秀芹，2016；阎国华，2018）。

第三节　获得感的内涵

当前国内关于获得感的内涵研究主要的观点有：①获得感具有中国特色。获得感不同于幸福感等外来概念（郑风田、陈思宇，2017；曹现强、李烁，2017），幸福感更强调个体的主观心理感受（王斯敏等，2015），而获得感更强调具体的实惠（钟婧，2017），比幸福感更具外部指向性（邢占军等，2017）。②获得感体现了"共享发展"和"包容发展"。获得感具有"共享性"和"包容性"的特点，主张包括弱势群体在内的（曹现强、李烁，2017）所有民众公平公正地共享发展成果（郑风田、陈思宇，2017）。③获得感是一种"主观感受"。获得感是对自身收益的主观评价（王道勇，2017）、内在满足感（阎国华，2018）和愉悦感（唐钧，2017）。④获得感要以"付出参与"为前提，以"客观获得"为基础。获得感来自付出和参与（唐钧，2017），以"实质性获得"（阎国华，2018；齐卫平，2017）、"客观获得"（丁元竹，2016；辛秀芹，2016）为基础。⑤获得感反映了多个"需求层次"。"获得感"不但体现在物质层面，还体现在精神层面（郑风田、陈思宇，2017；曾维伦，2017）；不但反映经济利益需求，还反映政治权利（蒋永穆等，2016）、社会文化（赵玉华等，2016）、生态环境（林怀艺等，2016）、尊严荣誉（林怀艺等，2016）和实现自我价值（周海涛等，2016；翟慎良，2016）等方面的需求。

"获得感"是描述我国公民生活状态的本土化新概念，在国外尚不存在直接对应的概念。国外常用主观生活质量（Objective Life Quality）、幸福感（Sense of Happiness）等概念评价公民的生活状况，用工作生活质量（Quality of Work Life）和工作幸福感（Happiness at Work）等概念评价员工的生活状况。国外关于"工作生活质量"和"工作幸福感"的内涵研究，可为探索员工获得感的内涵提供研究经验和比较对象。关于工作生活质量的内涵研究主要有三类观点：①感受论。强调工作生活质量是个人在组织工作中所获得的物质和精神方面的满足感（Delamotte and Walker，1974）。②理念论。强调工作生活质量是一种关于人和组织的工作理念（Daniel，1983）。③措施论。强调工作生活质量是满足员工需求的整体性改善计划（Kirkman，1989）。关于工作幸福感的内涵研究主要有三类观点：①快乐论取向。认为工作幸福感是个体对工作体验到的更多积极情绪的满意感（Bakker and Oerlemans，2011）和目标感（Robertson and Flint-Taylor，2009）。②完善论取向。认为工作幸福感是个体对工作人际匹配、工作旺盛感、工作胜任感、工作认可知觉和工作卷入愿望 5 个维度的主观积极体验（Dagenais-Desmarais and Savoie，2012）。③整合取向。这类观点认为应将快乐论取向和完善论取向进行整合（Fisher，2010）。

第四节　工作获得感的提出与发展

对获得感的细化研究有助于更加深入把握各个群体、各个方面的人民获得感

（郑凤田、陈思宇，2017）。学者们对获得感的细化方面已经展开了丰富的研究，如教师获得感、老年人数字获得感、农民获得感、居民获得感、员工工作获得感、青年人获得感、民办高校大学生学习获得感等（黄艳敏等，2017；杨金龙、王桂玲，2019；朱平利、刘娇阳，2020）。工作是人民生产生活中的一个重要方面，另外，不劳无获，人们只有付出艰辛的劳动才会有收获，工作就是获得感产生的基础（熊建生、程仕波，2018），因此工作获得感是获得感的重要层面和组织部分，体现了"获得感"在组织语境中的特殊性。"获得感"第一次进入管理学领域是曾鸿钧、彭词这两位学者在对天津市电力公司员工进行访谈后，提出对员工最重要的激励就是使员工有获得感（曾鸿钧、彭词，2016；金雅雪，2017），但文章仅从评价成效出发，提出了增加员工的获得感，能有效实现企业的人本管理，没有对工作获得感进行更深入的探索。

　　由获得感的双重属性可知，工作获得感也具有两重含义，学者们普遍认为工作获得感是客观获得与主观感知有机结合的产物（杨金龙、王桂玲，2019），其中客观获得不同于绝对的"已得"，绝对的"已得"是指物质和经济方面的有形获得，而工作获得感还包括参与权、表达权、监督权等权利以及文化生态等社会发展的成果和自我实现的机会（曹现强、李烁，2017）；主观感知是工作获得感的核心，是对个人利益的主观评价，是一种内心满足和愉悦的个人意识，它虽然受到个体主观感知的影响，但不是一个抽象泛化的术语，而是以客观上因努力而实实在在的获得为基础的（丁元竹，2016；马振清、刘隆，2017；杨金龙、王桂玲，2019），不同个体在面对客观上质量相同的有形或无形的获得时，会产生程度不同的获得感（杨金龙、王桂玲，2019）。此外，员工在工作中获得物质和精神方面的福利（如薪酬福利、成长的机会和舒适的环境）时，不仅会产生"绝对获得"的知觉，还会产生"相对获得"的感受（杨金龙、王桂玲，2019；朱平利、刘娇阳，2020），相对获得就反映了员工对于工作中客观获得的公平感知。总的来说，工作获得感是一种多层次的需求（郑凤田、陈思宇，2017）。

　　总的来看，现有工作获得感的内涵界定主要来自对获得感概念的借鉴（见表2-1），主要观点有：第一，工作获得感是个体对工作中实际回报和价值实现的综合感受与评估（杨金龙、王桂玲，2019），是反映工作生活质量（Grote and Guest，2017）的本土化指标。第二，工作获得感不同于工作幸福感等外来概念（曹现强、李烁，2017），工作幸福感更强调个体在工作过程中的情绪体验（Oer-lemans and Bakker，2018），而工作获得感更强调在工作中得到的各种实惠（钟婧，2017）。第三，工作获得感体现了"共享发展"和"包容发展"理念（郑凤田、陈思宇，2017），是劳动者对自身收益的主观评价（王道勇，2017）和内在满足感（阎国华，2018）。第四，工作获得感要以"付出参与"（Gu et al.，2020；唐钧，2017）或是"人才所发挥的资源禀赋得到产权确认"（利巽、张体勤，2023）为前提，以"实质性获得"（丁元竹，2016）和"客观获得"（辛秀芹，2016）为基础。

表 2-1　获得感及工作获得感相关概念界定

作者（年份）	获得感及工作获得感相关概念界定
丁元竹（2016）	获得感是以获得为基础而形成的主观感觉
张品（2016）	"获得感"是指因物质层面和精神层面的获得而产生的可以长久维持下来的满足感，它强调在为我基础上的一种实实在在的得到
赵玉华和王梅苏（2016）	获得感不仅仅局限于物质利益与经济利益上的"获得"，还包括获得知情权、参与权、表达权等政治权利以及文化、生态、社会等方面的发展成果
王浦劬和季程远（2018）	人民群众的"获得感"是其切身利益和根本利益实现状况和实现程度的主观感受
王媛媛（2019）	工作获得感是企业员工在工作中能得到的感受和体验
杨金龙和王桂玲（2019）	工作获得感是员工在工作中对实际付出而获得的回报和价值实现的综合评估和感受，表现为个体因工作付出带来的利益需求满足
朱平利和刘娇阳（2020）	员工工作获得感是员工对自己在工作中的实际付出回报与价值实现的综合感受或评估
Gu 等（2020）	员工工作获得感是员工对在工作中因付出而客观获得的各种实惠的主观感受
利巽和张体勤（2023）	人才获得感体现为人才对其发挥的资源禀赋所获得的客观回报及价值实现的主观心理感受

资料来源：笔者根据相关文献整理。

第五节　工作获得感与相关概念辨析

一、工作获得感与工作幸福感

"工作获得感"在某种层面上表现为一种主观感知，因此与其相对应的概念有"工作幸福感"。工作幸福感是指个体在工作中积极情绪的普遍表达，以及个体在工作中表现和发展其潜能的一种感知（Ilies et al.，2015；Sousa and Porto，2015），是在对工作状况进行评价后所表现出来的内在体验感受（邢占军、牛千，

2017）。研究表明，工作幸福感与事业成就、经济收入、工作表现以及帮助他人等有关（Singh and Aggarwal，2018）。并且，与工作获得感相似，工作幸福感也分为物质性和精神性两个层面（许龙等，2017）。

工作获得感与工作幸福感存在一定的联系区别。在逻辑层面上，工作获得感是基础条件，为创造工作幸福感提供可能（马振清、刘隆，2017；石晶，2017），而工作幸福感则是个体工作获得感得到一定实现后的一种表现形式（朱平利、刘娇阳，2020）。然而，即使二者紧密联系，我们也不能简单地将它们等同起来。首先，工作幸福感更注重个体内在的一个情感感知，与工作获得感相比显得更主观、更抽象。工作获得感则强调在实实在在获得的基础上的一种主观判断，比幸福感更强调"实惠"，更具有现实意义（曹现强、李烁，2017）。其次，工作幸福感更注重于强化个体的存在，其受个体内心情感活动变幻莫测的影响更大，具有很大的个体差异性。最后，在测量方面，由于工作幸福感的抽象性，使其在量化和测算上具有一定的难度。而工作获得感表现为一种客观的、实际的获得，因此更容易被衡量。总之，工作获得感和工作幸福感都受到主观心理因素的影响，但二者的侧重点不同。工作获得感强调在工作中得到的各种实惠，而工作幸福感主要关注员工在工作中产生的积极情绪（Fisher，2010）。

二、工作获得感和工作满意度

对于工作满意度，有学者将其理解为个体会对工作或工作经历做出一定评价，并在评价后表现出一种积极情感状况（Fisher，2010），通常它是指对工作本身的一种评价，其受工作特征、工作绩效等直接影响（Salas – Vallina et al.，2017）。工作满意度强调的是一种比较态度，是一个相对的主观感知状态，较为抽象，其本质是基于对工作的实际结果与预期结果的比较。而工作获得感既是对"相对获得"的感知，也是对"绝对获得"的情感判断（阎国华，2018）。同时，工作获得感强调的是实实在在的"获得"（郑风田、陈思宇，2017），衡量标准较为客观。另外，工作获得感表现为一种综合的主观情绪感知，既有对工作层面的，也有对人际关系、知识获取、成就获得等更深层次的评价感知。相比之下，工作满意度更偏向于对工作本身的一种评价。同时，一般认为企业员工的获得感越高，则其对工作的满意度就越高，对企业也越认同。

三、工作获得感和相对剥夺感

工作获得感和相对剥夺感是一对含义相反的概念。在工作场所中，员工认为自己的薪酬福利等未达到预期，或者将自己的付出与回报的比值与同事对比后产生主观的得失感知（杨金龙、王桂玲，2019），员工会认为自己受到了不公平的待遇，便产生相对剥夺感。相对剥夺感就是员工对企业分配公平、公正的感受。工作获得感与相对剥夺感的不同之处在于参照对象不同。工作获得感是"工作付出"与"工作回报"之间的合理性与公正性，与自身需求的满足情况紧密相关，参照的对象是自身；而相对剥夺感参照的对象是社会、其他相关群体，如同公司的其他员工、不同公司同岗位的员工等。

第六节　工作获得感的结构与测量

　　先前研究对工作获得感的维度做了较多探索，但始终未达成共识（朱平利、刘娇阳，2020），因此工作获得感也尚未有相对权威的测量工具。在以往的研究中，研究者大多从宏观领域切入对获得感进行探究，对于维度划分和测量工具也是基于自己的研究视角开发的量表，未经过实证研究的验证。近年来，随着获得感研究深入至个体和组织等微观层面，学术界也开始对工作获得感的维度划分及其相应的测量工具进行探究。当前，工作获得感维度划分的主要观点有：①从工作内容来看，其可划分为工作收入、工作安全、工作环境、工作时间和工作晋升5个维度（杨金龙、王桂玲，2019）。②从回报类别来看，其可划分为物质获得和精神获得等维度（Gu et al.，2020；Wang et al.，2022；乔玥等，2019；王媛媛，2019）。③从需求类别来看，其可划分为经济利益（罗叶等，2021）、政治权利（蒋永穆、张晓磊，2016）、社会文化（赵玉华、王梅苏，2016）、生态环境（林怀艺、张鑫伟，2016）、尊严荣誉（朱平利、刘娇阳，2020）和实现自我价值（周海涛等，2016）等维度。④从构成要素来看，其可划分为获得体验、获得环境、获得内容、获得途径与获得分享5个维度（董洪杰等，2019；谭旭运等，2020）。在实证研究中，（工作）获得感具体的维度划分如表2-2所示。工作获得感现有的主要测量工具包括：①《中国经济生活大调查（2017—2018）》中"美好生活指数"的28个获得感指标。②《中国家庭追踪调查（CFPS）》中的5个工作满意度指标（杨金龙、王桂玲，2019）。③董洪杰等（2019）编制的包含五个维度、共计28个题项的《中国人获得感量表》，其中，获得体验有6个题项、获得环境有6个题项、获得内容有6个题项、获得途径有5个题项、获得共享有5个题项。④朱平利和刘娇阳（2020）的包含四个维度、共计13个题项的员工工作获得感量表，其中，工作尊严感有3个题项、薪酬满足感有3个题项、能力提升感有4个题项、职业憧憬有3个题项。⑤田贝和高冬东（2020）基于半结构化访谈编制的四个维度、共计16个题项的《企业员工工作获得感量表》，其中，工作吸引力有 5 个题项、人际关系有 4 个题项、薪酬福利有 4 个题项、个人未来发展有 3 个题项。⑥Gu 等（2020）基于美好生活指数开发的两个维度、共计 14 个题项的员工工作获得感量表，其中，员工物质获得感有 5 个题项、员工精神获得感有 9 个题项。Wang 等（2022）对该量表进行了优化，得到了共计 11 个题项的员工工作获得感量表，其中，员工物质获得感有 5 个题项、员工精神获得感有 6 个题项。

表 2-2　获得感及工作获得感的结构划分

结构维度	代表学者	维度划分
两维度	郑风田和陈思宇（2017）； 乔玥等（2019）； Gu 等（2020）； Yu 等（2023）	物质获得感、精神获得感
	黄艳敏等（2017）	实际收入、公平收入
	赵卫华（2018）	绝对获得感、相对获得感
	王浦劬和季程远（2018）	横向获得感、纵向获得感
三维度	秦国文（2016）	理论获得感、现实获得感、预期获得感
	王思斌（2017）	物质利益、精神赞悦、社会关系支持
	文宏和刘志鹏（2018）	经济获得感、政治获得感、民生获得感
	王恬等（2018）	经济获得感、政治获得感、民生获得感
	王媛媛（2019）	生理获得、心理获得、物质获得
四维度	周海涛等（2016）	认同程度、满足状况、参与机会、成就水平
	董瑛（2017）	政治获得感、经济获得感、精神获得感、社会获得感
	吕小康等（2018）	职业憧憬、社会安全感、社会公正感、政府工作满意度
	朱平利和刘娇阳（2020）； Shi 等（2023）	工作尊严感、薪酬满足感、能力提升感、职业憧憬
	田贝和高冬东（2020）	工作吸引力、人际关系、薪酬福利、个人未来发展
	康飞和张颖（2021）	物质资本获得、人力资本获得、社会资本获得、心理资本获得
	万佳和夏海鸥（2023）	工作回报获得感、价值认同获得感、组织支持获得感、自我超越获得感
五维度	杨金龙和王桂玲（2019）	工作收入获得感、工作安全获得感、工作环境获得感、工作时间获得感、工作晋升获得感
	谭旭运等（2020）； 董洪杰等（2019）	获得体验、获得环境、获得内容、获得途径、获得分享

续表

结构维度	代表学者	维度划分
六维度	丰露（2021）	工作价值感、工作能力感、薪酬满足感、决策参与感、发展公平感和工作归属感

资料来源：笔者根据相关文献整理。

第七节　工作获得感的实证研究

目前对于获得感的研究大多仍停留在社会改革发展方面，管理学领域的相关实证研究还比较缺乏。现有关于工作获得感的研究可以分为前因变量研究、结果变量研究和提升策略研究三类。

一、前因变量

现有研究发现，工作特征、雇主品牌、组织支持感、授权型领导、教练型领导、支持性人力资源实践以及内外部激励能有效提升员工的工作获得感。工作获得感是在工作场所中的一种体验感，工作本身会影响这种体验感的质量。工作特征的积极心理体验具有正向的预测作用（Johari et al.，2018），根据工作特征模型，技能多样性能增加员工的能力获得感，任务的重要性能激发员工对自身职业的憧憬，工作自主性与工作反馈则有助于提升员工的工作尊严感，从而促使员工产生工作获得感（朱平利、刘娇阳，2020）。雇主品牌是指组织作为雇主一方，为了吸引新员工和留住老员工而建立的品牌，其工具性（有形因素，如薪酬和工作条件）维度能提高员工的工作获得感（陈建安等，2021）。具有较高组织支持感的员工，能在工作中拥有更多的资源和更多的学习机会，同时感知到组织对其价值的认可，进而使其产生更多的积极情绪（Luturlean et al.，2019），不断提升个人能力，并对未来的职业发展充满信心，从而增加个人工作投入，产生更高水平的工作获得感。另外，不同领导风格也会对员工的工作获得感产生影响。授权型领导通过赋予员工工作自主权，员工工作能力得以提升，且授权也意味着得到上级的信任和认可，这有助于提升员工的内在动机（刘追、池国栋，2019）和工作尊严感（朱平利、刘娇阳，2020），进而提高其工作获得感。而教练型领导则会通过向下属传达明确的绩效期望和提供建设性反馈意见、积极给予下属相应的资源与支持以及让员工做出实现和发展潜力的挑战等复杂多样的教练行为，来促进下属实现工作目标（Grant and Hartley，2013），从而满足下属的成就需求和强化下属的组织归属感，进而提升其工作获得感（Gu et al.，2020；Wang et al.，2022）。此外，Gu 等（2020）研究发现，从员工角度出发的支持性人力资源实践会从公平奖惩、决策参与和成长机会三个方面为员工提供组织支持，满足其员工的需求，进而影响员工的态度、行为和绩效，并客观上从工作中获得更多的实惠，从而提高员工工作获得感。最新的研究成果表明，外部激励（如工资、奖金、福利待遇）和内部激励（工作对个人兴趣的满足、工作带来乐趣和享受）均有利于提升人才获得感（利觉、张体勤，2023）。

二、结果变量

工作获得感正向预测员工的工作幸福感、组织公民行为、绩效，对员工的离职倾向/意向有显著的负向影响。工作获得感是员工对自己在工作中的实际付出回报与价值实现的综合感受或评估（朱平利、刘娇阳，2020）。其强调的是员工在工作中实实在在得到的各种实惠与利益（Gu et al.，2020；Wang et al.，2022），组织只有不断满足员工的合理需求，让组织发展成果惠及员工，给予其应有的物质待遇和适当的精神激励，才能提升员工的工作幸福感。具有较高工作获得感的员工，意味着在工作中的实际付出能得到应有的回报，因而其工作参与度会更高，在工作场所中也会产生更多的积极情绪和体验，从而表现出更多的组织公民行为（Belwalkar et al.，2018），进而对其创新绩效产生积极影响（利觉、张体勤，2023）。根据心理契约理论，当员工认为组织无法提供与自身贡献对等的支持时，其心理契约会破裂，从而产生离职倾向。反之，当组织能提供相应的支持时，员工会选择留在组织中（Lo and Aryee，2003）。工作获得感在一定程度上是组织支持的表征，当员工具有较高水平的工作获得感时，就说明组织能够达到员工对其的心理预期，从而降低员工的离职意愿。另外，工作获得感不仅能给员工带来更多的积极情绪体验（Bakker，2015），还能提升其工作满意度（Wright and Huang，2012）。在这种充满积极情绪和高满意度的氛围中，员工会在团队中产生更多的认知交流，进而激发其创造力（Shi et al.，2023）。

三、提升策略

工作获得感的提升对策研究则主要包括以下几个方面：①两个方向，即增加获得感和减少剥夺感（谭旭运等，2020；郑风田、陈思宇，2017）。就针对农村居民而言，增加获得感主要有以下几条途径：一是提高城市化比例；二是参考城市社会保障制度，建立了农村居民的社会保障体系；三是解决住房问题，保障进城农民居有定所。减少剥夺感则可以从以下两个方面入手：一是提高农民收入，培养职业农民；二是培养进城农民的职业技能，提供与城市居民相同的就业机会。②三个层面，即推动包容性发展、改善民生和实现政治权利（曹现强、李烁，2017），其中，发展是前提，改善民生是主要内容，而实现公民政治权利则是落实"获得感"的重要保障。③三个步骤，即识别主体特征、调节要素分配和激发劳动者创造性（王浦劬、季程远，2018）。④三项举措，即畅通参与渠道（张安驰，2020）、推行供给侧改革（胡洪曙、武锶芪，2019）和推进制度建设（齐卫平，2017）。⑤四个环节（利龑、张体勤，2023），即建立健全灵活自主的人才激励机制（如自由工作时间、自主资源支配等）、实施多元化的人才激励策略（如差异化激励举措、外部激励和内部激励并重等）、完善合规畅通的人才流动保障机制（如规范人才市场竞争、破除人才流动障碍等）、持续优化人才发展环境（如知识共享、包容失败等）。

第三章　工作获得感的内涵维度与量表开发

第二章对获得感和工作获得感的概念、结构维度等进行了系统的文献梳理。本章将从微观视角切入，首先，探讨组织情境中获得感的内涵维度并开发相应的工作获得感量表；其次，基于 ERG 理论，从生存需要、关系需要和成长需要三个方面探索工作获得感的内涵维度，并在此基础上开发三维度的工作获得感量表。该研究为后续工作获得感作用、影响等机制的探究奠定基础。本章旨在回答"工作获得感是什么？"以及"如何测量工作获得感？"等问题。

第一节　工作获得感的内涵维度

一、工作获得感的内涵

2015 年 2 月，习近平总书记在中央全面深化改革领导小组第十次会议上首次提出了"获得感"的概念。近年来，获得感研究备受青睐。获得感是基于中国社会情境提出的、描述中国公民生活状态的本土化新概念（蒋永穆、张晓磊，2016）。获得感是以"参与和付出"为前提、以"客观获得"为基础的一种"主观感受"（丁元竹，2016；唐钧，2017），是客观获得与主观感受的有机统一（马振清、刘隆，2017）。"客观获得"并不仅仅局限于物质利益与经济利益上的"获得"，还包括获得知情权、参与权、表达权、监督权等权利，以及能够实现自我价值的机会等（曹现强、李烁，2017）。作为"主观感受"，同等质量的客观获得对不同的个体可能会产生不同的体验，获得感是对自身收益的主观评价，是对内在满足感以及愉悦感的"主观感受"（唐钧，2017）。此外，获得感还反映了多个"需求层次"（张品，2016），不仅体现在物质层面（比如物质生活水平提升、经济利益需求实现等），还体现在精神层面（比如公平追求梦想、生活有尊严、自我价值实现等）。

"工作获得感"是获得感概念在组织情境中的应用，既要体现获得感的本质特征，又要反映其在组织情境中的特殊性。目前学术界对工作获得感暂无统一的概念界定。本研究在梳理获得感相关文献的基础上，将"工作获得感"界定为：员工对在工作中因付出而客观获得的各种实惠的主观感受。该定义包括三层含义：①"工作付出"是工作获得感的前提；②"各种实惠"是工作获得感的基础；③"主观感受"是工作获得感的核心。

二、工作获得感的维度

工作获得感是一个与工作息息相关的多维度综合概念。现有研究表明，工作获得感不仅包含员工在物质和精神层面的获得（乔玥等，2019；Yu et al.，2023），还反映了员工在当前和未来维度的实际获得（朱平利、刘娇阳，2020；Shi et al.，2023），更加反映了个体在工作收入、工作安全感、工作环境、人际关系、决策参与和个人未来发展等多个方面的需求（杨金龙、王桂玲，2019；田贝，2020；丰露，2021）。

本研究首先从组织情境中的广义视角出发，验证工作获得感包含物质获得感和精神获得感两个维度。进一步地，再基于生存—关系—成长理论，即 ERG 理论，从员工获得的具体内容出发，细化工作获得感的结构维度。ERG 理论认为个体拥有动态变化的复杂需求结构，即个体在同一时间不止有一种需求且三种需求的重要性因人而异（Alderfer，1969）。目前，该理论已被广泛运用于组织管理研究中（Arnolds and Boshoff，2002）。

Alderfer（1969）提出，组织中的员工具有生存、相互关系和成长发展三种核心需要。组织想要调动员工积极性，有效实现员工激励，就得使员工的这三种核心需要得到满足。在此基础上，本研究认为工作获得感除了可以从回报类别角度被笼统地划分为物质获得感和精神获得感两个维度外，还可以进一步依据具体的需求类别细分为生存获得感、关系获得感和成长获得感三个维度。其中，生存获得感（Existence Gain）源于与人的生存密切相关的各种需要的满足；关系获得感（Relatedness Gain）源于维持人与人之间友善关系愿望的实现；成长获得感（Growth Gain）源于个体希望得到发展的愿望的实现。

三、美好生活指数与获得感

2018 年 3 月 7 日晚，《中国经济生活大调查（2017—2018）数据发布之夜》在央视财经频道正式播出，此次大调查由中央电视台、国家统计局、中国邮政集团公司、北京大学国家发展研究院联合发起，与链家、腾讯、阿里巴巴等 10 多家互联网公司组成大数据联盟，将主观感受数据与客观行为数据深度融合，重磅推出"美好生活指数"系列数据产品，旨在客观反映全面建设社会主义现代化国家新征程，准确了解中国人民对美好生活的需要，生动呈现中国人民对美好生活的感受。其中，《中国经济生活大调查（2017—2018）数据报告》分别从收入、投资、消费、工作休闲、幸福感等多个角度对人民期待的生活和工作状态进行了全面解读。

"美好生活指数"包含了经大量访谈和大数据模型检验提取出来的 38 个指标，由获得感、幸福感和安全感三部分组成，它们分别是心态情绪、健康状况、收入水平、家庭和谐、榜样力量、生态环境、法治观念、文化自信、业余生活、自我价值、物价水平、社会保障、教育培训、住房条件、人际交往、福利水平、消费便利、养老质量、社会认同、晋升空间、孩子成长、精神追求、薪酬水平、团队文化、工作强度、政府服务意识、政府办事效率、同事关系、诚信状况、行业前景、交通状况、治安状况、个人信息安全、食品安全、政商关系、道德规范、廉政反腐、财产安全。

第二节　基于物质和精神视角的工作获得感量表开发

一、问题提出

在日益激烈的人才争夺中，关怀员工能够帮助企业赢得竞争优势。随着社会不断发展，员工在组织中的地位越来越重要，组织在重视员工贡献的同时也应关心他们的福祉，这已成为一个全球性的观念（Eisenberger et al.，1986；Allen et al.，2003）。获得感是基于中国社会情境提出的，用于描述公民生活状态的本土化新概念，具体指人们在社会发展过程中对自身实际获得情况的主观评价（曹现强、李烁，2017）。工作获得感是指员工对在工作中因付出而客观获得各种实惠的主观感受，贴切地反映员工在客观上对需求的满足，主观上对组织的认可，影响着员工的态度、行为与绩效。可见，企业关注与提升员工工作获得感有着十分重要的意义。

然而，近年来获得感的概念与内涵界定尚未统一，学者们从不同的角度有着不同的理解。普遍认为获得感是建立在"客观获得"基础上的"主观感受"（丁元竹，2016）。在政治民生领域，获得感多指人民群众因共享改革成果而产生的幸福感，这种感知具有客观性和广泛性。从客观性来看，获得感强调的是一种实实在在的"得到"，其衡量标准更为客观；从广泛性来看，获得感是多层次的需求，主要表现在物质生活水平提升的物质层面和自我价值实现的精神层面，即不仅要让人民在收入、教育、养老、医疗保险等方面有切实的改善，还要让每个人享受公正公平追求梦想的权利（郑风田、陈思宇，2017）。当前获得感的大多研究主要集中于政治学和社会学等领域，但仅仅从国家大义等宏观视角探究获得感难免显得空洞，缺乏活力（郑风田、陈思宇，2017）。另外，获得感的本质是一种主观感受，需要从微观视角进行研究。企业作为社会的单元结构，它的发展离不开企业员工（曾鸿钧、彭词，2016）。因此，提升企业员工的工作获得感是促进企业革新、发展、创造、进步的重要举措，同时也是提升人民获得感的重要途径。工作获得感是获得感在组织情境中的应用，更加贴切地反映员工客观上对需求的满足程度和主观上对组织的认可程度（蒋永穆、张晓磊，2016）。但目前有关工作获得感的研究十分鲜见，尚未清楚界定工作获得感的概念，并未揭示工作获得感的影响机制，甚至缺乏测量工具，这对深入探索工作获得感造成了巨大的阻碍。基于此，本研究从微观视角出发，旨在回答"工作获得感是什么？以及如何测量？"等问题。

二、研究方法

本研究采用定性与定量相结合的方式开发工作获得感量表（Hinkin，1998）。首先，根据工作获得感概念的理论边界，确定工作获得感测量指标覆盖的范围，发展与之匹配的初始题项。其次，邀请人力资源管理方面的专家、企业家和博士生对初始题项进行讨论与优化。再次，进行小范围试填，对不易理解或有歧义的表述进行调整。又次，发放第一批问卷进行预测试，并对样本数据进行探索性因素分析、信度检验，初步形成工作获得感的量表。最后，收集第二批数据对工作获得感初始量表进行验证性因素分析，从而形成正式量表。

三、量表开发过程

1. 工作获得感指标

"美好生活指数"中与"获得感"关联度最为密切的共有 28 个指标。按照关联程度由强到弱排序，这 28 个指标分别是心态情绪、健康状态、收入水平、家庭和谐、榜样力量、生态环境、法治观念、文化自信、业余生活、自我价值、物价水平、社会保障、教育培训、住房条件、人际交往、福利水平、消费便利、养老质量、社会认同、晋升空间、孩子成长、精神追求、薪酬水平、团队文化、工作强度、政府服务意识、同事关系和政府办事效率。

本研究将基于这 28 个"获得感"指标来确定"工作获得感"指标。采用专家小组法，从组织情境视角逐一审视这些指标，将它们分为保留、转换和剔除三种情况。第一，保留可以直接纳入组织情境的指标，包括"心态情绪""健康状态""榜样力量""业余生活""自我价值""晋升空间""福利水平""薪酬水平""工作强度"和"同事关系"。第二，通过转换为可以应用于组织情境中的指标，包括：将"收入水平"转换为"薪酬水平"，将"生态环境"转换为"工作环境"，将"法制观念"转换为"规章制度"，将"社会保障"转换为"医疗保障"，将"教育培训"转换为"员工培训"，将"住房条件"转换为"住房保障"，将"人际交往"转换成"同事关系"，将"养老质量"转换为"养老保障"，将"社会认同"转换为"组织认同"，将"精神追求"转换成"自我价值"，将"家庭和谐"和"孩子成长"一并转换为"工作家庭促进"，将"文化自信"和"团队文化"一并转换为"组织文化"，将"政府服务意识"和"政府服务效率"一并转换为"管理服务"等。第三，剔除无法纳入组织情境的指标，包括"物价水平"和"消费便利"。最终，形成了由 20 个指标构成的工作获得感指标体系。

2. 初始量表

首先，将工作获得感指标逐一展开形成 20 条初始题项，如"健康状态"指标形成的初始题项表述为"我在该单位工作能保持健康的状态"。其次，由人力资源管理专家、企业家、博士生对形成的初始指标和题项进行讨论与审核，对题项的描述进行反复修改。再次，基于工作获得感是对多层次需求的满足，本研究将工作获得感划分为物质获得感与精神获得感两个维度。物质获得感包括工作中的收入、住房、养老与医疗保障等物质方面带来的获得感，共 10 个题项。精神获得感包括工作中的理想、追求、平等权利、实现自我价值等精神方面带来的获得感，共 10 个题项。最后，通过小范围试填和修订，形成了由物质获得感和精神获得感两个维度构成的初始量表，共 20 个题项（见表 3-1）。

表 3-1　工作获得感初始量表

编号	工作获得感指标	指标来源（获得感）	题项	范畴
SGW101	健康状态	健康状态	我在该单位工作能保持健康的身体状况	物质获得感
SGW102	薪酬水平	收入水平薪酬水平	我满意该单位的薪酬水平	
SGW103	福利水平	福利水平	我满意该单位的福利水平	
SGW104	养老保障	养老质量	我满意单位提供的养老保障措施	
SGW105	住房保障	住房条件	我满意该单位提供的住房保障措施	

编号	工作获得感指标	指标来源（获得感）	题项	范畴
SGW106	医疗保障	社会保障	我满意该单位提供的医疗保障措施	物质获得感
SGW107	工作环境	生态环境	我满意该单位的工作环境	
SGW108	工作强度	工作强度	我满意该单位的工作强度	
SGW109	员工培训	教育培训	我满意该单位提供的员工培训	
SGW110	晋升空间	晋升空间	我满意该单位提供的晋升机会	
SGW201	组织认同	社会认同	当他人在评价该单位时，我感觉就像是在评价我自己	精神获得感
SGW202	心态情绪	心态情绪	我在该单位工作能获得愉快的心情	
SGW203	规章制度	法治观念	该单位有完善的规章制度并严格执行	
SGW204	组织文化	文化自信团队文化	我满意该单位的文化氛围	
SGW205	同事关系	人际交往同事关系	我满意该单位的同事关系	
SGW206	业余生活	业余生活	我满意该单位组织的业余活动	
SGW207	管理服务	政府服务意识政府服务效率	我满意该单位对员工的服务意识和服务效率	
SGW208	自我价值	自我价值精神追求	我在该单位工作能实现自我价值	
SGW209	榜样力量	榜样力量	该单位的榜样能激励我奋发向上	
SGW210	工作家庭促进	家庭和谐孩子成长	在该单位工作有利于促进我的家庭关系和谐	

3. 研究样本

本研究使用初始量表面向中国员工发放了第一批问卷，共发出 240 份纸质问卷，回收有效问卷 201 份（有效回收率为 83.75%）。问卷采用李克特五点评分，从 1 非常不符合到 5 非常符合。有效问卷的人口统计分布如下：第一，性别。男性（67.2%）、女性（32.8%）。第二，年龄。25 岁及以下（28.9%）、26—30 岁（30.8%）、31—35 岁（17.9%）、36—40 岁（6.5%）、41—45 岁（6.5%）、46 岁及以上（9.5%）。第三，受教育程度。高中（中专）及以下（9.5%）、大专（32.3%）、本科（46.3%）、硕士及以上（11.9%）。第四，在该单位的工龄。不超过 1 年（18.9%）、1—3 年（33.8%）、4—6 年（18.4%）、7—9 年（12.9%）、10—12 年（7.5%）、13 年及以上（8.5%）。第五，职位。高层管理人员或高层技术人员（12.4%）、中层管理人员或中层技术人员（34.8%）、基层管理人员或基层技术人员（37.3%）、其他人员（15.4%）。

四、研究结果

本研究利用 SPSS 25.0 软件和 AMOS 25.0 软件对收集的数据进行探索性因素分析、信度分析、验证性因素分析，以及采用主成分分析法和最大方差法验证量表。

1. 探索性因素分析

本研究使用 SPSS 25.0 软件对工作获得感初始量表进行探索性因素分析。为了检验调查数据是否适合作因子分析，对样本数据进行了适当性检验和 Bartlett 球形度检验，结果显示 KMO 值为 0.902>0.70，Bartlett's 球形度检验的近似卡方值为 2218.987（df=190，p<0.001），表明很适合对工作获得感的量表进行探索性因素分析（Kaiser and Rice，1974）。

本研究采用主成分分析法和最大方差旋转法，结合碎石图，提取了两个公因子。首先，以 0.40 为因素负荷量临界值剔除以下两类题项（Hinkin，2005），一是在所有因子上的因素负荷量均小于 0.40，二是在所有因子上的因素负荷量均大于 0.40。其次，在一个共同因子中，如果有不同维度的题项并存，应保留题项较多的维度，而删除其他维度中因素负荷量最大的题项。按照以上规则，本研究依次剔除 SGW201、SGW101、SGW108、SGW107、SGW109 和 SGW110 共 6 个题项后，得到了由物质获得感（因素一，5 个题项）和精神获得感（因素二，9 个题项）两个维度构成的工作获得感量表，共 14 个题项，累积解释总方差达到 60.759%（见表 3-2），符合要求（Hinkin，1998）。

表 3-2　探索性因素分析结果

编号	题项	因素一	因素二
SGW102	我满意该单位的薪酬水平	0.298	**0.697**
SGW103	我满意该单位的福利水平	0.272	**0.817**
SGW104	我满意该单位提供的养老保障措施	0.122	**0.799**
SGW105	我满意该单位提供的住房保障措施	0.164	**0.774**
SGW106	我满意该单位提供的医疗保障措施	0.291	**0.802**
SGW202	我在该单位工作能获得愉快的心情	**0.709**	0.301
SGW203	该单位有完善的规章制度并严格执行	**0.715**	0.111
SGW204	我满意该单位的文化氛围	**0.813**	0.199
SGW205	我满意该单位的同事关系	**0.665**	0.086
SGW206	我满意该单位组织的业余活动	**0.737**	0.185

编号	题项	因素一	因素二
SGW207	我满意该单位对员工的服务意识和服务效率	**0.708**	0.286
SGW208	我在该单位工作能实现自我价值	**0.691**	0.240
SGW209	该单位的榜样能激励我奋发向上	**0.752**	0.344
SGW210	在该单位工作有利于促进我的家庭关系和谐	**0.682**	0.272
特征值		6.704	1.802
解释的方差变量（%）		47.888	12.871
解释累积变异量（%）		47.888	60.759

注：①N=201；②提取方法：主成分分析法；③旋转法：具有 Kaiser 标准化的正交旋转法；④旋转在 5 次迭代后收敛。

2. 信度分析

为确保工作获得感量表所对应的条目均有高度的一致性，本研究进一步进行可靠性检验，分析上述量表的 Cronbach's α 系数，并以 0.70 作为内部一致性信度系数的判断标准（Guielford，1965）。同时，如果发现某一条目删除有助于增加对应维度量表的信度系数，则该条目应予以删除；修正后的题项与总分相关系数（Corrected-Item Total Correlation，CITC）需要达到 0.50（Churchill，1979）。结果显示物质获得感量表 Cronbach's α 系数为 0.871，CITC 值均大于 0.617；精神获得感量表 Cronbach's α 系数为 0.905，CITC 值均大于 0.567，均未发现有删除某条目时可增加该分量表的信度，说明工作获得感量表的信度较高。

3. 验证性因素分析

本研究使用 14 题项的工作获得感量表面向中国员工发放了第二批问卷，共发出 200 份纸质问卷，回收有效问卷 172 份（有效回收率为 86.00%）。问卷采用李克特五点评分，从 1 非常不符合到 5 非常符合。有效问卷的人口统计分布如下：第一，性别。男性（65.1%）、女性（34.9%）。第二，年龄。25 岁及以下（28.5%）、26—30 岁（37.2%）、31—35 岁（18.0%）、36—40 岁（9.9%）、41—45 岁（4.1%）、46 岁及以上（2.3%）。第三，受教育程度。高中（中专）及以下（9.9%）、大专（41.3%）、本科（39.9%）、硕士及以上（9.9%）。第四，在该单位的工龄。不超过 1 年（26.2%）、1—3 年（33.7%）、4—6 年（17.4%）、7—9 年（14.0%）、10—12 年（6.4%）、13 年及以上（2.3%）。第五，职位。高层管理人员或高层技术人员（12.2%）、中层管理人员或中层技术人员（30.8%）、基层管理人员或基层技术人员（43.6%）、其他人员（13.4%）。

验证性因素分析采用 AMOS 25.0 软件处理数据，通过对 172 份有效数据进行分析，模型的整体模型拟合情况较为理想。$\chi^2/df = 1.907$（小于 3），RMSEA = 0.073（小于 0.08），SRMR = 0.048（小于 0.08），GFI = 0.928（大于 0.9），AGFI = 0.850（大于 0.85），PGFI = 0.645（大于 0.5），NFI = 0.860（大于 0.85），IFI = 0.928（大于 0.9），CFI = 0.927（大于 0.9），TLI = 0.912（大于 0.9）。可见，拟合优度指标都在可接受的范围内，说明设定模型的结构是合理的（Browne and Cudeck，1992；Byrne，2001；Mulaik et al.，1989）。本研究进一步通过因子载荷情况来检验其效度。验证性因子分析的变量载荷情况如图 3-1 所示。结果表明，各个观测变量在相应的潜变量上的标准化载荷系数在 0.50—0.88，均大于或等于 0.50，而且全部通过了 t 检验，在 p<0.001 的水平上显著，说明该量表收敛效度较好。

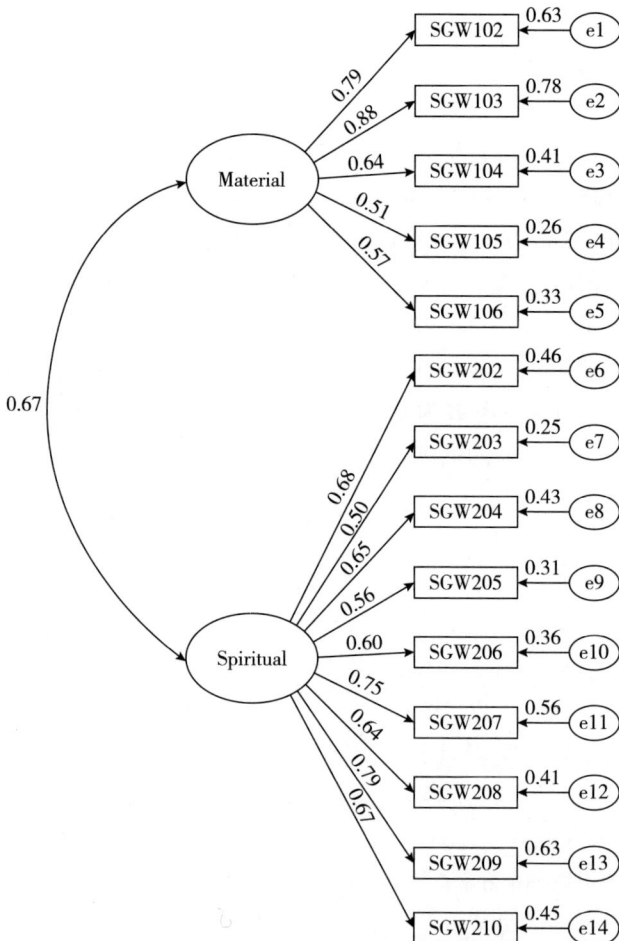

图 3-1 工作获得感二维结构方程模型标准化路径系数

注：①N=172；②Material 代表物质获得感，Spiritual 代表精神获得感。

综上所述，本研究定义了工作获得感的概念，并开发了工作获得感量表。本研究将工作获得感界定为：企业员工对在工作中因付出而客观获得各种实惠的主观感受。该定义包括三层含义："工作付出"是工作获得感的前提；"各种实惠"是工作获得感的基础；"主观感受"是工作获得感的核心。

工作获得感包括物质层面和精神层面两个方面。物质获得感是员工在薪酬与福利水平、养老、住房和医疗保障等物质方面产生的获得感；精神获得感是员工在组织文化、同事关系、业余活动、自我价值和榜样力量等精神方面产生的获得感。在此基础上，本研究采用定性与定量相结合的方式开发了工作获得感量表，共计14个题项，其中物质获得感有5个题项，精神获得感有9个题项，累积解释总方差达到60.759%。

五、对量表的精简与优化

1. 量表存在的原因

当前开发的工作获得感量表还存在以下问题：

第一，物质获得感包含5个题项，精神获得感包含9个题项，两个维度各自的题项数目有较大差距。而且，根据 Hinkin（2005）的建议，每一维度的最佳题项数量为4—6条，可见，当前精神获得感维度的题项偏多。

第二，在进一步的测试中发现该量表题项存在横跨因子现象，即同一题项在物质获得感和精神获得感两个维度上的因素负荷量均在0.40以上。

鉴于以上两个方面的原因，本研究对14题项的工作获得感量表进行精简和优化。

2. 量表优化过程

通过对289份有效问卷进行探索性因素分析（KMO值为0.932>0.70，Bartlett球形度检验的卡方近似值为2046.361，df = 55，p<0.001），采用 Floyd 等（1995）的建议，先剔除负荷量在所有因子上均小于0.50的题项，再剔除负荷量在两个及以上因子均大于或等于0.40的题项（横跨因子），本研究共剔除"我在该单位工作能实现自我价值""该单位的榜样能激励我奋发向上""在该单位工作有利于促进我的家庭关系和谐"3个题项后，萃取出两个共同因子，与设想的因子结构完全一致，累积解释的百分比从67.190%提高到了68.858%（见表3-3）。

表 3-3　探索性因子分析结果

编号	题项	因素一	因素二
SGW11	我满意该单位的薪酬水平	0.331	**0.746**
SGW12	我满意该单位的福利水平	0.344	**0.797**
SGW13	我满意该单位提供的养老保障措施	0.249	**0.779**
SGW14	我满意该单位提供的住房保障措施	0.325	**0.733**
SGW15	我满意该单位提供的医疗保障措施	0.333	**0.757**
SGW21	我在该单位工作能获得愉快的心情	**0.747**	0.360
SGW22	该单位有完善的规章制度并严格执行	**0.706**	0.306
SGW23	我满意该单位的文化氛围	**0.797**	0.342
SGW24	我满意该单位的同事关系	**0.817**	0.218
SGW25	我满意该单位组织的业余活动	**0.738**	0.392
SGW26	我满意该单位对员工的服务意识和服务效率	**0.772**	0.339
特征值		4.008	3.566
解释的方差变量（%）		36.439	32.418
解释累积变异量（%）		36.439	68.858

注：①N=289；②提取方法：主成分分析法；③旋转法：具有 Kaiser 标准化的正交旋转法；④旋转在 5 次迭代后收敛。

进一步地，采用 AMOS 25.0 软件进行验证性因素分析，发现优化后的工作获得感量表的整体模型拟合情况较为理想。$\chi^2/df = 2.765$，RMSEA = 0.078，SRMR = 0.033，GFI = 0.928，NFI = 0.943，IFI = 0.963，CFI = 0.962，TLI = 0.952。可见，拟合优度指标都在可接受的范围内，说明设定模型（优化后的工作获得感量表）的结构更加合理（Browne and Cudeck，1992；Byrne，2001）。本研究进一步通过因子载荷情况来检验其效度。验证性因子分析的变量载荷情况如图 3-2 所示。结果表明，各个观测变量在相应的潜变量上的标准化载荷系数在 0.71 至 0.85，均大于 0.70，而且全部通过了 t 检验，在 p<0.001 的水平上显著，说明该量表收敛效度较好。

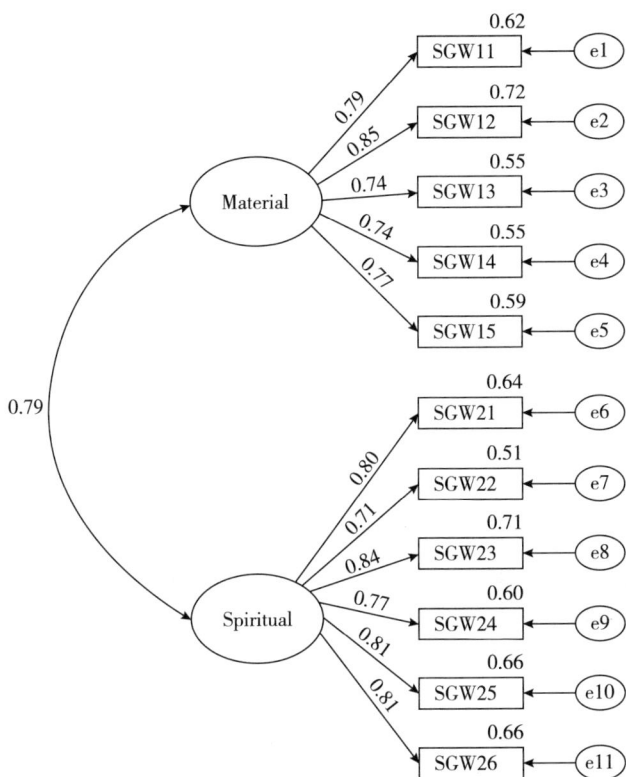

图 3-2 工作获得感二维结构方程模型标准化路径系数

注：①N＝289；②Material 代表物质获得感，Spiritual 代表精神获得感。

第三节 基于 ERG 理论的工作获得感量表开发

一、量表编制流程

基于《中国经济生活大调查（2017—2018）数据报告》"美好生活指数"和 ERG 理论，本研究将通过定性与定量相结合的方式，开发工作获得感量表，量表编制流程如下：

（1）明确工作获得感的概念、内涵与维度。

（2）基于《中国经济生活大调查（2017—2018）数据报告》"美好生活指

数"构建工作获得感指标的题项库。

（3）采取专家讨论，提炼出可以纳入工作情境中用来表征工作获得感的指标。

（4）再次通过专家小组法，基于 ERG 理论确定工作获得感初始题项及维度划分。在此基础上，邀请专家对各维度题项的内容效度进行评估，并通过专家评分来进一步优化量表。

（5）分批次向企业员工发放问卷，进行数据收集，通过项目分析、探索性因素分析、验证性因素分析、信效度检验等方法对量表进行验证，最终形成工作获得感正式量表。

二、构建题项库

1. 指标选取

安全感是最为基础的获得感（Feng and Zhong，2021），幸福感是获得感的具体表现形式（Shi et al.，2023），因而本研究将"美好生活指数"中的 38 个指标全部纳入工作获得感初始指标库。采用专家小组法，逐一研判这些指标，保留符合以下两个条件的：①属于组织情境；②能反映企业员工需要（如重视个人成长与自我价值实现），最终保留了 20 个指标，如表 3-4 所示。

表 3-4　组织情境中的工作获得感指标

序号	指标	是否属于组织情境且能反映员工需要	序号	指标	是否属于组织情境且能反映员工需要
1	心态情绪	是	14	榜样力量	是
2	健康状况	是	15	文化自信	否
3	收入水平	是	16	业余生活	是
4	家庭和谐	是	17	精神追求	是
5	生态环境	否	18	自我价值	是
6	法治观念	否	19	福利水平	是
7	物价水平	否	20	消费便利	否
8	社会保障	否	21	社会认同	否
9	教育培训	是	22	晋升空间	是
10	住房条件	否	23	薪酬水平	是
11	人际交往	是	24	团队文化	是
12	养老质量	否	25	工作强度	是
13	孩子成长	是	26	政府服务意识	否

序号	指标	是否属于组织情境且能反映员工需要	序号	指标	是否属于组织情境且能反映员工需要
27	政府办事效率	否	33	个人信息安全	否
28	同事关系	是	34	食品安全	否
29	诚信状况	是	35	政商关系	否
30	行业前景	是	36	道德规范	是
31	交通状况	否	37	廉政反腐	否
32	治安状况	否	38	财产安全	否

2. 维度划分

基于 ERG 理论，将工作获得感的维度划分为生存获得感、关系获得感和成长获得感。在这一阶段，本研究邀请了 5 位管理学专家，采用背对背的方式将保留下来的 20 个指标进行逐一归类，要求每个指标只能在三个维度中选择一个。统计发现，共有 17 个指标被 4 位及以上专家纳入同一维度，因而这些指标的维度划分直接确定下来。业余生活、诚信状况和道德规范 3 个指标的维度划分存在较大分歧，通过充分讨论后再次归类，直到达成一致意见为止。最终的指标归类情况如下：①生存获得感（7 个指标），包括心态情绪、健康状况、收入水平、福利水平、薪酬水平、业余生活、工作强度；②关系获得感（6 个指标），包括家庭和谐、人际交往、团队文化、同事关系、诚信状况、道德规范；③成长获得感（7 个指标），包括教育培训、孩子成长、榜样力量、精神追求、自我价值、晋升空间、行业前景（见表 3-5）。

表 3-5 工作获得感量表设定的初始题项

序号	指标	题项	编码	范畴
1	心态情绪	在该单位工作，我感到心情愉快	SGW11	
2	健康状况	在该单位工作，有利于我的身体健康	SGW12	
3	收入水平	在该单位工作，我获得了满意的收入	SGW13	
4	福利水平	在该单位工作，我获得了满意的福利	SGW14	生存获得感
5	薪酬水平	在该单位工作，我获得了满意的工资	SGW15	
6	业余生活	在该单位工作，我能获得了满意的业余生活	SGW16	
7	工作强度	我满意该单位的工作强度	SGW17	

序号	指标	题项	编码	范畴
8	家庭和谐	在该单位工作，有利于我的家庭和谐	SGW21	关系获得感
9	人际交往	在该单位工作，我与直接上司的关系良好	SGW22	
10	团队文化	我满意该单位的团队文化	SGW23	
11	同事关系	在该单位工作，我拥有良好的同事关系	SGW24	
12	诚信状况	我满意该单位的诚信状况	SGW25	
13	道德规范	我满意该单位的道德规范氛围	SGW26	
14	教育培训	我满意该单位提供的培训	SGW31	成长获得感
15	孩子成长	在该单位工作，有利于促进我的孩子成长	SGW32	
16	榜样力量	在该单位工作，我从榜样身上获得了力量	SGW33	
17	精神追求	我在该单位工作能实现精神追求	SGW34	
18	自我价值	我在该单位工作能实现自我价值	SGW35	
19	晋升空间	我在该单位工作能获得晋升空间	SGW36	
20	行业前景	我满意该单位的行业前景	SGW37	

3. 设定初始题项

首先，对各指标进行编码，以 SGW11 为例："SGW"代表工作获得感；第一个"1"代表第一个维度，即生存获得感；第二个"1"代表第一个维度生存获得感中的第一个题项。其次，结合组织情境，对 20 个指标进行描述以形成量表初始题项（见表 3-5），如"心态情绪"指标形成的初始题项表述为"在该单位工作，我感到心情愉快"；"家庭和谐"指标形成的初始题项表述为"在该单位工作，有利于我的家庭和谐"；"教育培训"指标形成的初始题项表述为"我满意该单位提供的培训"。可见，"生存获得感"维度包含 7 个题项（1—7 题），"关系获得感"包含 6 个题项（8—13 题），"成长获得感"包含 7 个题项（14—20 题）。

4. 试填

初始题项设定后，为了使每个题项表达的意思能够被准确理解，本研究邀请了 13 位大学生（其中：硕士研究生 6 名、本科生 7 名）进行试填。13 位大学生被要求独立阅读这 20 个题项，将感觉表达意思不够明确的题项进行标记。然后通过网络会议进行讨论，分别听取 13 位大学生对所标记题项的理解，共同分析导致不易理解或被曲解的原因，共同商榷更加准确的表达。

通过试填，对题项 2、题项 6、题项 13、题项 14、题项 17、题项 18、题项 19 和题项 20 共计 8 个题项进行了调整，具体修改情况如表 3-6 所示。

表 3-6　通过试填对初始题项的修改情况

序号	修改前	修改后
2	在该单位工作，有利于我的身体健康	在该单位工作，有利于我的身心健康
6	在该单位工作，我能获得满意的业余生活	在该单位工作，我拥有充足的业余时间
13	我满意该单位的道德规范氛围	我满意该单位的道德氛围
14	我满意该单位提供的培训	该单位提供的培训有利于我的成长
17	我在该单位工作能实现精神追求	在该单位工作，激发了我的精神追求
18	我在该单位工作能实现自我价值	在该单位工作，有利于实现我的自我价值
19	我在该单位工作能获得晋升空间	该单位提供了良好的晋升空间
20	我满意该单位的行业前景	我对该单位的行业前景充满信心

5. 专家内容效度检验

进行试填是为了提高题项意思表达的准确度，而进行专家效度检验是为了提高题项意思表达的相关性。工作获得感量表分为生存获得感、关系获得感和成长获得感三个维度，每个概念及指标扩充为题项之后，其表达的意思可能会发生变化，因而需要检验其是否仍然属于原本的维度。

基于此，本研究邀请了领域内的 7 位专家（2 名企业家、2 名管理学教师、2 名管理学博士生、1 名管理学硕士生）评估题项的内容效度。具体的实施步骤如下：

第一，通过"问卷星"将这 20 个题项做成在线问卷，每个题项后面标注其对应的维度，并在每个题项下面设置了"1、2、3、4"四个选项，其中 1 代表相关性低、2 代表相关性较低、3 代表相关性较高、4 代表相关性高。请 7 位专家在了解各个维度定义后，各自对每个题项进行相关性评分，判断该题项能在多大程度上反映其所属维度的某一方面内容。

第二，统计和筛选。对专家的选择进行统计。由表 3-7 可知，所有题项的 I-CVI 指数（评分为 3 和 4 的专家比例）均在 0.86 以上，量表水平的 S-CVI/AVE 指数（所有题项的 I-CVI 指数的平均值）为 0.94，均达到可接受的值（Polit et al.，2007）。

表 3-7　工作获得感题项内容效度评分结果

序号	题项	I-CVI
1	在该单位工作，我感到心情愉快	0.86
2	在该单位工作，有利于我的身心健康	1.00

续表

序号	题项	I-CVI
3	在该单位工作，我获得了满意的收入	1.00
4	在该单位工作，我获得了满意的福利	1.00
5	在该单位工作，我获得了满意的工资	1.00
6	在该单位工作，我拥有充足的业余时间	0.86
7	我满意该单位的工作强度	0.86
8	在该单位工作，有利于我的家庭和谐	1.00
9	在该单位工作，我与直接上司的关系良好	1.00
10	我满意该单位的团队文化	0.86
11	在该单位工作，我拥有良好的同事关系	1.00
12	我满意该单位的诚信状况	0.86
13	我满意该单位的道德氛围	0.86
14	该单位提供的培训有利于我的成长	1.00
15	在该单位工作，有利于促进我的孩子成长	0.86
16	在该单位工作，我从榜样身上获得了力量	1.00
17	在该单位工作，激发了我的精神追求	1.00
18	在该单位工作，有利于实现我的自我价值	1.00
19	该单位提供了良好的晋升空间	1.00
20	我对该单位的行业前景充满信心	0.86
	S-CVI/AVE	0.94

注：I-CVI 为每个题项的内容效度得分，即评分为 3 和 4 的专家比例；S-CVI/AVE 为工作获得感量表整体的内容效度得分，即所有题项的 I-CVI 指数的平均值。

三、问卷调查与数据收集

1. 问卷设计与调研过程

为了对工作获得感量表的初始题项进行项目分析和探索性因素分析等进一步检验，本研究选取了中国企业员工作为研究样本进行第一阶段的问卷收集。本调查问卷发放历时两周，共回收来自 15 家企业的有效问卷 253 份。具体步骤如下：

第一，在"问卷星"上设计好问卷。经过专家小组讨论保留下来的 20 个题项（见表3-7），每个题项下设5个选项，1代表"非常不符合"、2代表"不太符合"、3代表"说不清楚"、4代表"比较符合"、5代表"非常符合"。此外，还增加了年龄、性别、受教育程度、工作年限、岗位职级5个基本人口统计变量，另外还有1个题项是调研者单位名称（记录调研者）。

第二，与成都范围内企业的人力资源主管取得联系，告知调研目的，并出示身份证明，通过沟通以获取人力资源主管的支持，并由人力资源主管将线上问卷链接或二维码随机发送给本单位符合条件的员工进行填写。

2. 样本的基本人口统计

样本的基本人口统计包括性别、年龄、受教育程度、工作年限、岗位职级5个方面，具体统计信息如表3-8所示。

表3-8　第一阶段调研对象基本信息

统计项目	选项编码	选项内容	样本数量	百分比（%）
性别	1	男	69	27.3
	2	女	184	72.7
年龄	1	25周岁及以下	93	36.8
	2	26—35周岁	112	44.3
	3	36—45周岁	37	14.6
	4	46周岁及以上	11	4.3
受教育程度	1	本科学历	173	68.4
	2	研究生学历	80	31.6
工作年限	1	不满1年	43	17.0
	2	1—2年	58	22.9
	3	3—5年	66	26.1
	4	6—10年	52	20.6
	5	11—15年	19	7.5
	6	超过15年	15	5.9
岗位职级	1	高层管理/高级职称	11	4.3
	2	中层管理/中级职称	49	19.4
	3	基层管理/初级职称	95	37.5
	4	其他	98	38.7

注：①N＝253；②此次回收样本中无56周岁及以上员工，因此该表中"年龄"统计部分将"46—55周岁"与"56周岁及以上"合并为"46周岁及以上"。

四、项目分析

1. 项目分析检验标准与流程

（1）检验标准。

量表项目分析检验的是探究高分组和低分组的受试者在每个题项的差异或进行题项间同质性检验。其主要目的在于检验编制的量表或测验个别题项的适切或可靠程度（吴明隆，2010）。为进一步提升问卷质量，减少条目冗余，本研究采用"极端组比较"和"同质性检验"2个方法的6个项目对20个题项进行初步分析与检验。具体分析程序与标准如下：

A. 极端组比较

项目分析的判别指标中，最常用的是临界比值法（Critical Ration），该方法又称为极端值法，主要目的在于求出问卷个别题项的决断值——CR值（或临界比）。量表临界比是根据测验总分区分出高分组受试者与低分组受试者后，再基于t检验求高分组和低分组在每个题项的平均数差异的显著性。最后，将未达显著水平的题项删除，其主要操作步骤如下：

第一，量表题项的反向计分。有些量表题项包括1个或多个反向题，反向题计分刚好与正向题题项相反，因而在进行计分之前，需要将反向题重新编码计分。

第二，求出量表总分。将量表中所有受试者填写的题项得分进行加总，以求出各受试者在量表上的总分。

第三，量表总分高低排序。根据受试者量表的总得分加以排序，降序或升序排序均可，以求出高分组和低分组的临界点。

第四，找出高分组与低分组上下27%的分数。依据量表总得分的排序结果，找出前27%（高分组）的得分，以及后27%（低分组）的得分。如有500位受试者，则第135位受试者的得分即为高分组临界点分数。27%分组法理念是来自测验编制的鉴别度分析方法，在常模参照测验中，如果测验分数值呈现正态分布，则以27%作为分组时所得到的鉴别度的可靠性最大。在量表极端组检验中，采用25%~33%的分组标准均可，若受试者样本量较大，则可以采取高于27%的分组标准；若受试者样本量较小，则建议采用低于27%的分组标准。本研究受试者分数均呈现正态分布，则采用27%的分组标准。

第五，依据临界分数将量表得分分为两组。根据高分组与低分组受试者的临界点分数，给属于高分组的受试者新增一个变量编码为1，低分组新增一个变量编码为2。

第六，检验高分组与低分组在每个题项上的差异性。采用独立样本t检验，求出高分组与低分组受试者在各个题项平均数的差异显著性。

第七，将 t 检验结果未达显著性的题项删除。根据平均数差异显著性，删除未达显著性的题项。如果题项均达到显著水平，可以进一步以临界比值的大小作为题项删除的准则。为了提高题项鉴别的功能，通常以临界比值大于 3.00 作为题项筛选的依据（吴明隆，2010）。

B. 题项与总分相关系数

量表与总分的相关系数包含修正前的题项与总分相关系数与修正后的题项与总分相关系数。修正前的题项与总分相关系数（Correlation Coefficient）是通过计算各题项与整个量表之间的相关性来判断该题项是否测量量表中的某一心理特质。一般情况下，各题项与整个量表之间的相关系数要达到 0.40 以上，才表示该题项与量表构念之间的关系较为密切，则该量表题项可以保留（李茂能，2006；吴明隆，2010）。

量表中有些测量条款能真实反映测量目的，而有些属于降低量表信度的垃圾测量条款（Garbage Items）。检测垃圾测量条款常用修正后的题项与总分相关系数（Corrected-Item Total Correlation，CITC）分析法。一般认为，CITC 值小于 0.50 的题项可以考虑删除（Cronbach，1951）。也有学者提出，CITC 值小于 0.30 的题项才考虑删除（卢纹岱，2000）。在实际应用中，不少研究者综合了以上标准，并根据如下两个原则考虑题项的去留：第一，当某题项的 CITC 值小于 0.30，直接删除；第二，当某题项的 CITC 值小于 0.50 但大于 0.30 时，如果删除该题项后整个量表的 Cronbach'α 系数将增大，则删除该题项，反之则保留。

C. 信度检验

信度（Reliability）可用真实分数的方差占测量分数方差的比例来表示，它反映的是量表的一致性或稳定性。通常一份量表在测得相同的特质或潜在构念时，题项数量越多，量表的信度会越高。对李克特量表进行信度检验采用最为广泛的是 Cronbach's α 系数（又称内部一致性系数）。信度检验旨在审查题项删除后，整体量表的信度系数变化情况，如果题项删除后的量表整体信度系数要高于原先信度系数（Cronbach's α 系数），则说明该题项与其余题项所要测量的属性或心理特质可能不相同，表明该题项与其他题项的同质性不高，可以考虑删除该题项。

D. 共同性

共同性（Communities）表示的是题项能够解释共同特质或属性的变异量。如果共同性系数值越高，则表示题项能够测量某一共同特质或属性的程度越多；如果共同性系数值越低，则表示题项能够测量某一共同特质或属性的程度越少。一般而言，共同性系数值需要大于 0.20，如果小于 0.20，则表示该题项与共同因素间的关系不密切，因而该题项可以考虑删除（吴明隆，2010）。

E. 因素负荷量

因素负荷量（Factor Loading）表示的是各题项与因素（心理特质）关系的程度，题项在共同因素的因素负荷量越高，则说明题项与共同因素（总量表）的关系越密切，即其同质性越高；反之，若题项在共同因素的因素负荷量越低，则题项与共同因素（总量表）的关系越不密切，即其同质性越低。在提取共同因素时，限制因素抽取的数目为 1。一般情况下，因素负荷量需要大于0.45（相对应共同性大于 0.20），则表示题项与共同因素的关系密切，如果题项的因素负荷量小于 0.45，则可以考虑删除该题项（吴明隆，2010）。

（2）项目分析检验结果。

工作获得感量表的项目分析结果如表 3-9 所示。

表 3-9　工作获得感量表的项目分析结果

指标与标准 题项	极端组比较 决断值 （CR） ≥3.000	题项与总计相关性		同质性检验			未达标 指标数	备注
		修正前 ≥0.400	修正后 ≥0.500	删除项 后的 α 值 ≤量表 α 值	共同性 ≥0.200	因素 负荷量 ≥0.450		
SGW11 在该单位工作，我感到心情愉快	12.911***	0.690**	0.656	0.937	0.483	0.695	0	保留
SGW12 在该单位工作，有利于我的身心健康	13.104***	0.691**	0.653	0.937	0.477	0.691	0	保留
SGW13 在该单位工作，我获得了满意的收入	15.012***	0.747**	0.709	0.936	0.548	0.740	0	保留
SGW14 在该单位工作，我获得了满意的福利	17.766***	0.762**	0.724	0.936	0.567	0.753	0	保留
SGW15 在该单位工作，我获得了满意的工资	14.690***	0.722**	0.681	0.936	0.511	0.715	0	保留
SGW16 在该单位工作，我拥有充足的业余时间	10.990***	0.582**	0.520	0.940	0.311	0.558	0	保留
SGW17 我满意该单位的工作强度	13.927***	0.707**	0.669	0.937	0.497	0.705	0	保留
SGW21 在该单位工作，有利于我的家庭和谐	15.298***	0.694**	0.652	0.937	0.470	0.685	0	保留
SGW22 在该单位工作，我与直接上司的关系良好	9.866***	0.582**	0.541	0.939	0.361	0.601	0	保留

续表

指标与标准 题项	极端组比较 决断值 （CR） ≥3.000	题项与总计相关性		同质性检验			未达标 指标数	备注
		修正前 ≥0.400	修正后 ≥0.500	删除项 后的 α 值 ≤量表 α 值	共同性 ≥0.200	因素 负荷量 ≥0.450		
SGW23 我满意该单位的团队文化	13.557 ***	0.688 **	0.654	0.937	0.490	0.700	0	保留
SGW24 在该单位工作，我拥有良好的同事关系	11.153 ***	0.596 **	0.561	0.939	0.380	0.616	0	保留
SGW25 我满意该单位的诚信状况	11.768 ***	0.679 **	0.645	0.937	0.490	0.700	0	保留
SGW26 我满意该单位的道德氛围	11.440 ***	0.624 **	0.589	0.938	0.417	0.646	0	保留
SGW31 该单位提供的培训有利于我的成长	12.842 ***	0.714 **	0.675	0.937	0.515	0.718	0	保留
SGW32 在该单位工作，有利于促进我的孩子成长	12.192 ***	0.599 **	0.525	#0.941	0.320	0.566	1	删除
SGW33 在该单位工作，我从榜样身上获得了力量	17.778 ***	0.761 **	0.728	0.936	0.587	0.766	0	保留
SGW34 在该单位工作，激发了我的精神追求	16.035 ***	0.771 **	0.736	0.935	0.598	0.774	0	保留
SGW35 在该单位工作，有利于实现我的自我价值	17.178 ***	0.778 **	0.745	0.935	0.603	0.777	0	保留
SGW36 该单位提供了良好的晋升空间	16.487 ***	0.733 **	0.692	0.936	0.532	0.730	0	保留
SGW37 我对该单位的行业前景充满信心	16.853 ***	0.713 **	0.676	0.937	0.518	0.720	0	保留

注：①N=253；②＊＊＊表示 $p<0.001$，＊＊表示 $p<0.01$，#表示未达标；③该量表整体的 Cronbach's α 系数为 0.940。

　　首先，从极端组比较的临界比值来看，20 个题项均呈现出显著性（$p<0.001$），这表明，工作获得感量表的 20 个题项均具有良好的区分性，且所有题项的决断值在 9.866—17.778，均大于要求的 3.00。因此，所有题项均达到该评价标准。

　　其次，从修正前的题项与总分相关系数可以看到，各题项与量表总分间的相关系数得分在 0.582—0.778（$p<0.01$），均大于要求的 0.40。从修正后的题项与总分相关系数可以看到，各题项与量表总分间的相关系数得分在 0.520—0.745，

均大于要求的 0.50。因此，所有题项均达到该评价标准。

最后，从信度分析结果可以看到，量表整体的 Cronbach's α 系数为 0.940，各题项的删除项后的 Cronbach's α 系数在 0.935—0.941，删除 SGW32 后，量表整体的 Cronbach's α 系数会由 0.940 提高至 0.941。因此，当前有一个题项未达到该评价标准。

从共同性来看，20 个题项的共同性系数值在 0.311—0.603，均大于要求的 0.20。因此，所有题项均达到该评价标准。

从因素负荷量可以看到，20 个题项的因素负荷量在 0.558—0.777，均大于要求的 0.50。因此，所有题项均达到该评价标准。

通过以上六个指标的判定，总体上认为工作获得感量表的初始题项与总量表之间的相关性较好。依据"六个指标全部达标"为题项保留标准，本研究通过项目分析仅删除 SGW32 一个题项。

2. 信度检验

（1）检验标准。

一般认为，Cronbach's α 系数大于 0.70 时，量表信度较高（Nunnally，1978）。而 Lance 等（2006）指出，检验研究模型的可行性时 Cronbach's α 系数达到 0.70 就可以了，但基础研究或应用研究中的信度要求是 0.80，如果将测量结果用于重要决策时信度要求是高于 0.90 的（陈晓萍等，2012）。本研究的检验属于模型可行性分析阶段，因此，本研究此处整个量表采用 0.80 的标准，每个维度采用 0.70 的标准。

（2）信度检验结果。

工作获得感量表整体及各个维度的信度分析结果如表 3-10 所示。由表 3-10 可知，工作获得感量表整体 Cronbach's α 系数为 0.940，其中：第一个维度"生存获得感"的 Cronbach's α 为 0.885；第二个维度"关系获得感"的 Cronbach's α 系数为 0.851；第三个维度"成长获得感"的 Cronbach's α 系数为 0.892。这说明，工作获得感量表整体及各个维度均具有良好的信度。

表 3-10　另一阶段调研工作获得感量表整体及各个维度的信度分析

维度	题项数	Cronbach's α 系数	
生存获得感	7	0.885	
关系获得感	6	0.851	0.940
成长获得感	6	0.892	

注：N=253。

3. 是否适合做因子分析检验

（1）检验标准。

吴明隆（2010）指出，效度（Validity）是反映量表能够测到所欲测的心理或行为特质的程度。也就是指测量结果能在多大程度上测量了需要测量的内容。量表的效度反映了测验结果的正确性或可靠性，是数据的实际测量值与理想值之间的差异大小。美国心理学会指出，效度分为内容效度、效标关联效度和构念效度。其中，构念效度是指测量工具能够在多大程度上测量到理论上的构念或特质（Anastasi，1985）。本研究将采用最为常用的因子分析（Factor Analysis）方法来检验构念效度。检验前，需要根据 KMO（Kaiser-Meyer-Olkin）值和 Bartlett's 球形度检验的 p 值来判断量表的各个题项是否适合做因子分析。Kaiser 和 Rice（1974）指出，根据 KMO 值的大小，是否适合做因子分析分为以下几种情况：勉强可以进行因子分析（KMO>0.60）、尚可进行因子分析（KMO>0.70）、适合进行因子分析（KMO>0.80）和极适合进行因子分析（KMO>0.90）。吴明隆（2010）提出，检验 KMO 值在 0.60 以上才适宜进行因子分析。另外，做因子分析还需要满足 Bartlett's 球形度检验的 p 值小于 0.001 的要求。

（2）因子分析检验结果。

进行探索性因素分析之前，对该量表是否适合进行探索性因素分析进行检验。首先，该阶段调研的样本数量为 253 份，达到测量题项数量的 5 倍以上，符合要求；删除题项 SGW32 后，还剩 19 个题项。对这 19 个题项进行 KMO 值和 Bartlett's 球形度检验，结果如表 3-11 所示。由表 3-11 可知，KMO 值为 0.917，Bartlett's 球形度检验的 p 值为 0.000。根据 Kaiser 和 Rice（1974）的标准，本量表剩下的题项极适合进行因子分析（KMO>0.90），并且 Bartlett's 球形度检验的 p 值小于 0.001 的要求也得到了满足。因此，下面就对工作获得感量表进行探索性因素分析。

表 3-11 工作获得感量表 KMO 和 Bartlett's 球形度检验结果

KMO 和 Bartlett's 球形度检验		
取样足够度的 Kaiser-Meyer-Olkin 度量		0.917
Bartlett's 球形度检验	近似卡方	3337.751
	df	171
	Sig.	0.000

注：N=253。

五、探索性因素分析

1. 探索性因素分析的基本原则

吴明隆（2010）指出，在探索性因素分析时，"萃取"方框中应选取"因子个数（N）"，并在后面的空格输入初始量表的维度数，即限定抽取固定个数的共同因素。此外，"旋转法"应选择"最大方差法（V）"。

吴明隆（2010）还指出，以下情况的题项应考虑删除：

（1）在一个共同因素中，如果有不同维度的题项并存，可保留题项较多的维度，而删除其他维度中因素载荷量最大的题项；如果两个维度题项一样多，则删除因素载荷量最大的题项。

（2）在因素分析中每个维度最少的测量题项要在3个以上，因此，如果某个共同因素中只有一个题项，可以考虑先将该题项删除。

（3）如果一个题项在两个共同因素转轴后的共同因素载荷量都大于0.45，可删除此题项；如果该题项符合原先的理论架构，也可以保留；如果此维度的题项较多，即使符合原先的理论架构也可以将其删掉。

（4）一般因素载荷量大小的取舍标准为0.45以上，也可放宽到0.40以上，即低于这个标准的题项应该删除。

（5）不同的删题程序或删除的题项变量不同，所得的因素结构可能不同，如果是删除某个题项后因素结构更加混乱，可把被删的题项重新纳入，再选择删除别的题项。

（6）如果是经过多次探索删题结果后，量表的因素构面还是无法合理命名，或因素构面所包含的测量题项与原先的差异很大，则可以采用以各维度的题项进行单因素维度的因素分析，用主轴/主成分萃取方法，限定萃取一个共同因子，保留因素载荷量较高的前面几个题项。

2. 探索性因素分析过程

对工作获得感量表进行探索性因素分析时，"萃取"方框中选取了"因子个数（N）"，并在后面的空格输入维度数3，即限定抽取3个共同因素。此外，"旋转法"选择了"最大方差法（V）"。按照以上删除题项的规则对题项进行筛选，具体的探索性因素分析过程如表3-12所示。

依次删除SGW14、SGW15、SGW23和SGW21四个题项后，得到正式工作获得感量表，其总方差解释结果如表3-13所示。

表 3-12　探索性因素分析过程

分析步骤	题项数量	各维度题项聚拢情况			累积解释总方差（%）
		维度一	维度二	维度三	
删除未通过信度检验的 SGW32	19	分散聚合子在因子1、因子2	分散聚合子在因子1、因子3	主要聚合子在因子2	64.907
删除 SGW14	18	分散聚合子在因子1、因子2	分散聚合子在因子2、因子3	分散聚合子在因子1、因子3	65.266
删除 SGW15	17	主要聚合子在因子2	分散聚合子在因子2、因子3	主要聚合子在因子1	65.809
删除 SGW23	16	主要聚合子在因子2	分散聚合子在因子2、因子3	主要聚合子在因子1	66.520
删除 SGW21	15	主要聚合子在因子2	主要聚合子在因子3	主要聚合子在因子1	67.560

注：N=253。

表 3-13　工作获得感量表总方差解释

成分	解释的总方差								
	初始特征值			提取平方和载入			旋转平方和载入		
	特征值	解释方差的百分比（%）	累积解释方差的百分比（%）	特征值	解释方差的百分比（%）	累积解释方差的百分比（%）	特征值	解释方差的百分比（%）	累积解释方差的百分比（%）
1	7.480	49.870	49.870	7.480	49.870	49.870	4.010	26.731	26.731
2	1.382	9.215	59.085	1.382	9.215	59.085	3.118	20.785	47.516
3	1.271	8.475	67.560	1.271	8.475	67.560	3.007	20.044	67.560
4	0.749	4.995	72.555						
5	0.666	4.439	76.995						
6	0.553	3.689	80.684						
7	0.511	3.406	84.089						
8	0.448	2.988	87.078						
9	0.398	2.653	89.731						
10	0.354	2.359	92.089						
11	0.333	2.223	94.312						
12	0.282	1.883	96.195						
13	0.211	1.409	97.604						
14	0.196	1.303	98.908						
15	0.164	1.092	100.000						

注：N=253；②提取方法：主成分分析法；③提取标准：特征值大于1。

3. 探索性因素分析结果

工作获得感量表探索性因素分析结果如表 3-14 所示。由表 3-14 可知，工作获得感量表共包含 15 个题项，各个条目相应因素上的负荷在 0.591—0.836，累积方差贡献率达 67.560%，比较理想（Hinkin，1998）。研究结果表明，工作获得感呈现三因素结构，符合本研究开发的初始量表维度，分别为生存获得感、关系获得感和成长获得感，表明工作获得感是员工在工作中因生存获得、关系获得以及成长获得得到满足而形成的主观感受。其中，因素 2 为生存获得感，具体反映了员工在组织中对自己健康状况、心态情绪、收入水平、工作强度以及业余生活等获得的整体感知，共包含 5 个题项，各个条目相应因素上的负荷在 0.591—0.836，方差贡献率达 9.215%；因素 3 为关系获得感，具体包含员工对组织中同事关系、道德氛围、诚信状况及与上司关系等整体评价的感知情况，共包含 4 个题项，各个条目相应因素上的负荷在 0.645—0.808，方差贡献率达 8.475%；因素 1 为成长获得感，具体体现了员工在组织中自我价值实现、晋升机会、精神追求、榜样激励、行业前景以及培训教育等获取程度的感知，共包含 6 个题项，各个条目相应因素上的负荷在 0.623—0.807，方差贡献率达 49.870%。同时，工作获得感量表整体的 Cronbach's α 系数为 0.925，各维度的 Cronbach's α 系数在 0.831—0.913。可见，量表整体及各维度均具有良好的信度。

表 3-14 工作获得感量表探索性因素分析结果

题项	因素 1	因素 2	因素 3
SGW35 在该单位工作，有利于实现我的自我价值	**0.807**	0.299	0.205
SGW36 该单位提供了良好的晋升空间	**0.797**	0.304	0.103
SGW34 在该单位工作，激发了我的精神追求	**0.796**	0.262	0.259
SGW33 在该单位工作，我从榜样身上获得了力量	**0.756**	0.260	0.276
SGW37 我对该单位的行业前景充满信心	**0.716**	0.205	0.303
SGW31 该单位提供的培训有利于我的成长	**0.623**	0.222	0.391
SGW12 在该单位工作，有利于我的身心健康	0.171	**0.836**	0.226
SGW11 在该单位工作，我感到心情愉快	0.205	**0.810**	0.216
SGW13 在该单位工作，我获得了满意的收入	0.371	**0.696**	0.147
SGW17 我满意该单位的工作强度	0.297	**0.603**	0.334
SGW16 在该单位工作，我拥有充足的业余时间	0.245	**0.591**	0.084
SGW24 在该单位工作，我拥有良好的同事关系	0.108	0.240	**0.808**
SGW25 我满意该单位的诚信状况	0.273	0.229	**0.801**

题项	因素 1	因素 2	因素 3
SGW26 我满意该单位的道德氛围	0.276	0.145	**0.786**
SGW22 在该单位工作，我与直接上司的关系良好	0.314	0.158	**0.645**
特征值	7.480	1.382	1.271
解释变异量（%）	49.870	9.215	8.475
解释累积变异量（%）	49.870	59.085	67.560

注：①N=253；②提取方法：主成分分析法；③旋转法：具有 Kaiser 标准化的正交旋转法；④旋转在5 次迭代后收敛；⑤提取标准：特征值大于 1；⑥系数按大小排序。

六、验证性因素分析

1. 验证性因素分析的基本原则

探索性因素分析的目的是建立工作获得感量表的建构效度，本节将采用验证性因素分析检验该建构效度的适切性与真实性。具体而言，验证性因素分析是在先前探索性因素分析获得一致因子的情况下，检验所搜集的数据是否按事先预定的结构方式产生作用，从而说明因子的理论模型拟合实际数据的能力。验证性因素分析的基本假设是误差项的期望值为 0：$E(\delta)=0$；误差项的方差等于测量误差：$Var(\delta)=\Theta$；潜在因素的期望值等于 0：$E(\xi)=0$；潜在因素与测量误差无关：$Cov(\delta, \xi)=0$（李茂能，2006）。此外，拟合优度是检验一个验证性因素分析模型是否成立的重要指标，拟合优度是根据数据得出的模型参数与理论模型的参数值的吻合程度，是检验样本协方差矩阵与估计的协方差矩阵间的相似程度的统计量，理论期望值为 1。实际操作中，因子模型的拟合优度越接近于 1，说明样本协方差矩阵与估计的协方差矩阵相似程度越大，因子模型拟合度越好。

本书的验证性因素分析在 AMOS 25.0 软件中进行。在进行验证性因素分析使用结构方程模型方法时，需要对模型的整体适配度指标进行评估。常用的评估指标及判断标准如表 3-15 所示。

表 3-15 结构方程模型的整体配适度指标

指标	简写	适配标准或临界值	备注
绝对测量指标			
卡方值	χ^2	p>0.05（未达显著水平）	大样本情况下，χ^2 值是个参考指标

续表

指标	简写	适配标准或临界值	备注
常规化卡方值 （卡方/自由度）	χ^2/df	<2.00（严谨） <3.00（普通） <5.00（宽松）	数值越接近 0 模型适配度越佳
适配度指标值	GFI	>0.90 或 0.85	数值越接近 1 模型适配度越佳
渐进残差均方平方根	RMSEA	<0.08（普通） <0.05（良好）	90% 的置信区间介于 0.06 至 0.08 之间
残差均方平方根	RMR	<0.05	数值越接近 0 模型适配度越佳
标准化 RMR	SRMR	<0.08（普通） <0.05（良好）	数值越接近 0 模型适配度越佳
Akaike 信息准则	AIC	数值越小越好	适用于多个模型的比较， 较少用于单一模型的检验
Bayes 信息准则	BIC	数值越小越好	适用于多个模型的比较， 较少用于单一模型的检验
增值适配度测量值			
规模适配度指标	NIF	≥0.95（良好） >0.90 或 0.85（普通）	数值越接近 1 模型适配度越佳
增值适配度指标	IFI	≥0.95（良好） >0.90 或 0.85（普通）	数值越接近 1 模型适配度越佳
Tucker-Lewis 指标	TLI	≥0.95（良好） >0.90（或 0.85 普通）	数值越接近 1 模型适配度越佳
比较适配度指标	CFI	≥0.95（良好） >0.90 或 0.85（普通）	数值越接近 1 模型适配度越佳

资料来源：吴明隆：《结构方程模型：AMOS 的操作与应用》（第 2 版），重庆大学出版社 2010 年版。

2. 数据收集与基本人口统计

第二阶段，本研究仍然使用"问卷星"设计量表。在第一阶段发放的 20 个题项的量表基础上删除未通过项目分析和探索性因素分析检验的 5 个题项，即"在该单位工作，有利于促进我的孩子成长""在该单位工作，我获得了满意的福利""在该单位工作，我获得了满意的工资""在该单位工作，有利于我的家庭和谐"，以及"我满意该单位的团队文化"。

本研究依旧选取中国企业员工作为研究样本进行第二阶段的问卷收集。本调查问卷发放历时两周，共回收来自 10 家高新技术企业的有效问卷 234 份。

样本的基本人口统计包括性别、年龄、受教育程度、工作年限、岗位职级 5 个方面，具体统计信息如表 3-16 所示。

表 3-16 第二阶段调研对象基本信息

统计项目	选项编码	选项内容	样本数量	百分比（%）
性别	1	男	113	48.3
	2	女	121	51.7
年龄	1	25 周岁及以下	22	9.4
	2	26—35 周岁	105	44.9
	3	36—45 周岁	41	17.5
	4	46—55 周岁	57	24.4
	5	56 周岁及以上	9	3.8
受教育程度	1	本科学历	147	62.8
	2	研究生学历	87	37.1
工作年限	1	不满 1 年	15	6.4
	2	1—2 年	19	8.1
	3	3—5 年	32	13.7
	4	6—10 年	58	24.8
	5	11—15 年	24	10.3
	6	超过 15 年	86	36.8
岗位职级	1	高层管理/高级职称	34	14.5
	2	中层管理/中级职称	74	31.6
	3	基层管理/初级职称	67	28.6
	4	其他	59	25.2

注：N = 234。

3. 验证性因素分析结果

工作获得感量表验证性因素分析结果如表 3-17 所示。由表 3-17 可知，一阶模型中三因子模型拟合效果最好，各类指标均达到评价标准的要求，其中绝对拟合指数 $x^2/df = 2.289$（小于 3），RMSEA = 0.074（小于 0.08），SRMR = 0.055（小于 0.08），AIC = 265.469，BIC = 376.039；相对拟合指数 CFI = 0.947（大于 0.9），TLI = 0.936（大于 0.9），NFI = 0.910（大于 0.9）。同时，各个题项的因素负荷在 0.614—0.884（均大于 0.4）。可见，将工作获得感划分为生存获得感、关系获得感、成长获得感三个维度是较为理想的模型。

表 3-17　工作获得感量表的验证性因素分析结果

模型	χ^2	df	χ^2/df	RMSEA	CFI	TLI	NFI	SRMR	AIC	BIC
一阶基准模型（三因素）：（SGW1、SGW2、SGW3）	201.469 ***	88	2.289	0.074	0.947	0.936	0.910	0.055	265.469	376.039
一阶二因素模型：（SGW1+SGW2、SGW3）	268.834 ***	90	2.987	0.092	0.916	0.902	0.880	0.068	328.834	432.494
一阶单因素模型：（SGW1+SGW2+SGW3）	351.835 ***	91	3.866	0.111	0.877	0.858	0.842	0.080	409.835	510.039
二阶三因素模型：（SGW、SGW1、SGW2、SGW3）	195.073 ***	87	2.242	0.073	0.949	0.939	0.913	0.045	261.073	375.098

注：①N=234；② *** 表示 p<0.001；③+表示合并成一个变量；④SGW 表示工作获得感，SGW1 表示生存获得感，SGW2 表示关系获得感，SGW3 表示成长获得感。

同时，工作获得感三个维度之间的相关系数在 0.692—0.736，一阶构念因素之间有较高的关联程度，且均达到显著水平，这表明，生存获得感、关系获得感、成长获得感 3 个因素确实存在一个更高阶的共同因素。由图 3-3 可知，在二阶三因素模型中，三个因素的载荷在 0.591—0.864，说明负荷较高；一阶因素（工作获得感）和三个二阶因素（生存获得感、关系获得感、成长获得感）的关系在 0.891—0.927，说明关系很强。由此确定，工作获得感是由生存获得感、关系获得感、成长获得感 3 个一阶因素构成的二阶结构。

七、信度与效度检验

1. 信度检验

本书继续采用内部一致性系数（Cronbach's α 系数）进行信度分析，沿用如下标准：整个量表的 Cronbach's α 系数大于或等于 0.80，每个维度的 Cronbach's α 系数大于或等于 0.70。工作获得感量表整体及各个维度的信度分析结果如表 3-18 所示。由表 3-18 可知，工作获得感量表整体 Cronbach's α 系数为 0.937，其中：第一个维度"生存获得感"的 Cronbach's α 系数为 0.860；第二个维度"关系获得感"的 Cronbach's α 系数为 0.795；第三个维度"成长获得感"的 Cronbach's α 系数为 0.909。这说明，工作获得感量表整体及各个维度均具有良好的信度。

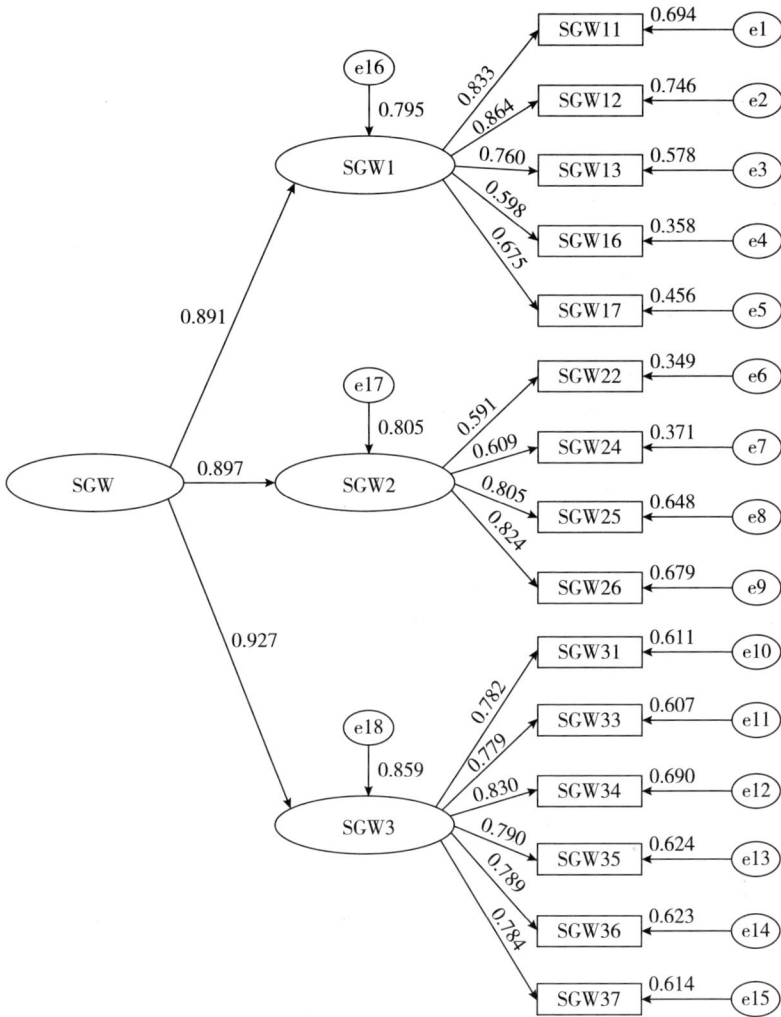

图 3-3　工作获得感二阶模型完全标准化解

注：①N=234；SGW 表示工作获得感，SGW1 表示生存获得感，SGW2 表示关系获得感，SGW3 表示成长获得感。

表 3-18　第二阶段调研工作获得感量表整体及各个维度的信度分析

维度	题项数	Cronbach's α 系数	
生存获得感	7	0.860	
关系获得感	6	0.795	0.937
成长获得感	6	0.909	

注：N=234。

2. 效度检验

本研究进一步检验工作获得感量表的聚合效度和区分效度（Fornell and Larcker, 1981）。

（1）聚合效度检验标准。

聚合效度（Convergent Validity），又称收敛效度，是指在测验过程中，测量相同潜在特质或构念的指标变量（观测变量）会位于相同的因素层面中，此时，该指标变量在此因素构念上会具有较高的因素负荷量，这些测量指标变量之间会有高度的相关，当潜在构念的指标变量之间有较高的相关，并且这些指标变量测得的心理潜在特质的同构性越大，表示这些测量指标反映的潜在构念效度良好。简而言之，聚合效度是指使用不同的方法测量同一内容应当有较高的相关度。聚合效度常用的检验方法有 3 个（吴明隆，2010），即因素负荷量、潜在变量的平均方差抽取量、组合信度。

A. 因素负荷量

一个因素构念对测量指标变量有较高的因素负荷量（Factor Loading），表示这些测量变量可以有效反映一个潜在构念（共同因素），其评鉴的内容是：因素负荷量路径系数均达到显著，且因素负荷量应大于 0.50（理想状态是大于 0.70），因素负荷量（标准化路径系数）应介于-1.00 至+1.00 之间（吴明隆，2010）。

B. 潜在变量的平均方差抽取量

潜在变量的平均方差抽取量（Average Variance Extracted，AVE）表示被潜在构念所解释的变异量中有多少来自测量误差，若平均方差抽取量越大，指标变量被潜在变量构念解释的变异量百分比越大，相对的测量误差就越小。平均方差抽取量代表潜在变量相对于测量误差来说能够解释的方差总量，其数值越大，表示测量指标越能有效反映其共同因素构念的潜在特质。一般的判别标准是：如果平均方差抽取量大于或等于 0.50，说明该潜在变量具有良好的聚合效度。

C. 组合信度

信度（Reliability）也是聚合效度的判别指标之一，验证性因素分析中各因素构念的信度通常采用的是构念信度，潜在变量的构念信度又称为组合信度（Composite Reliability，CR）。构念信度为模型内在质量的判别准则之一，组合信度是结构方程模型（Structural Equation Modeling，SEM）中用以检验潜在变量（因素构念）的信度质量的指标。一般的判别标准是：如果潜在变量的组合信度值大于 0.60，则说明测量模型的构念信度良好（Fornell and Larcker, 1981；吴明隆，2010）。当组合信度指标值越大，表示潜在构念同一组的所有测量变量反映的潜在特质或心理行为的同构性越高，测量变量之间的一致性较大，这些测量变量所共同分享的潜在构念越相似。

（2）区分效度检验标准。

区分效度（Discriminant Validity），又称判别效度，是指同一方法测量不同内容应当有较高的区分度。区分效度的常用检验方法是用不同潜在变量的平均方差抽取量的平方根与它们之间的相关系数进行比较来判断。如果两个潜在变量的平均方差抽取量的平方根均大于它们之间的相关系数，则说明这两个潜在变量之间有较好的区分效度。

（3）效度检验结果。

由表 3-19 和表 3-20 可知，首先，"生存获得感"潜在构念的 5 个测量变量的因素负荷量在 0.598—0.864，"关系获得感"潜在构念的 4 个测量变量的因素负荷量在 0.591—0.824，"成长获得感"潜在构念的 6 个测量变量的因素负荷量在 0.779—0.830。15 个测量变量的因素负荷量均大于 0.50，且路径系数均达到显著水平，这表明就生存获得感、关系获得感、成长获得感三个潜在构念而言，每个潜在构念的测量指标变量均可以有效反映其相应的潜在特质。即三个因素构念具有良好的聚合效度。其次，生存获得感、成长获得感和关系获得感三个维度的平均方差抽取量在 0.5373—0.6593，均大于 0.50。最后，生存获得感、成长获得感和关系获得感三个维度的组合信度在 0.819—0.921，均大于 0.60。因此，因素负荷量、平均方差抽取量和组合信度的检验结果均达到标准，说明工作获得感量表具有较高的聚合效度。

工作获得感三个维度之间的区分效度检验结果如表 3-20 所示。生存获得感、成长获得感和关系获得感三个维度的平均方差抽取量的平方根分别为 0.780、0.733、0.812，均大于各变量之间的相关系数，说明工作获得感的三个维度之间具有良好的区分效度。

表 3-19　工作获得感一阶三因素模型信效度检验结果（一）

题项	所属因素	标准化因子载荷（R）	标准误差（S.E.）	临界比（C.R.）	显著性	R^2	AVE
SGW11	SGW1	0.833	—	—	—	0.694	
SGW12	SGW1	0.864	0.067	15.73	***	0.746	
SGW13	SGW1	0.760	0.074	13.136	***	0.578	0.6084
SGW16	SGW1	0.598	0.089	9.622	***	0.358	
SGW17	SGW1	0.675	0.075	11.2	***	0.456	

题项	所属因素	标准化因子载荷（R）	标准误差（S.E.）	临界比（C.R.）	显著性	R^2	AVE
SGW22	SGW2	0.591	—	—	—	0.349	
SGW24	SGW2	0.609	0.108	7.507	***	0.371	
SGW25	SGW2	0.805	0.162	9.044	***	0.648	0.5373
SGW26	SGW2	0.824	0.154	9.156	***	0.679	
SGW31	SGW3	0.782	—	—	—	0.612	
SGW33	SGW3	0.779	0.076	12.814	***	0.607	
SGW34	SGW3	0.830	0.074	13.877	***	0.689	
SGW35	SGW3	0.790	0.077	13.028	***	0.624	0.6593
SGW36	SGW3	0.789	0.084	13.014	***	0.623	
SGW37	SGW3	0.784	0.081	12.904	***	0.615	

注：①N=234；②*** 表示 p<0.01；③SGW1 表示生存获得感，SGW2 表示关系获得感，SGW3 表示成长获得感；④AVE=平均方差抽取量。

表3-20　工作获得感一阶三因素模型区分效度检验结果（二）

维度	生存获得感	关系获得感	成长获得感	组合信度（CR）
生存获得感	(0.780)	—	—	0.884
关系获得感	0.692**	(0.733)	—	0.819
成长获得感	0.736**	0.724**	(0.812)	0.921

注：①N=234；②** 表示 p<0.01；③第 2 列至第 4 列相关矩阵对角线为各潜在变量平均方差抽取量（AVE）的平方根。

第四节　工作获得感量表开发结果

一、基于物质和精神视角的工作获得感量表（完整版）

通过问卷调查和数据分析，本研究得到了由 14 个题项构成的工作获得感量表，其中物质获得感有 5 个题项，精神获得感有 9 个题项。具体题项如表3-21 所示。

表 3-21 基于物质和精神视角的工作获得感量表开发结果（完整版）

维度	编号	题项
物质获得感	SGW101	我满意该单位的薪酬水平
	SGW102	我满意该单位的福利水平
	SGW103	我满意该单位提供的养老保障措施
	SGW104	我满意该单位提供的住房保障措施
	SGW105	我满意该单位提供的医疗保障措施
精神获得感	SGW201	我在该单位工作能获得愉快的心情
	SGW202	该单位有完善的规章制度并严格执行
	SGW203	我满意该单位的文化氛围
	SGW204	我满意该单位的同事关系
	SGW205	我满意该单位组织的业余活动
	SGW206	我满意该单位对员工的服务意识和服务效率
	SGW207	我在该单位工作能实现自我价值
	SGW208	该单位的榜样能激励我奋发向上
	SGW209	在该单位工作有利于促进我的家庭关系和谐

二、基于物质和精神视角的工作获得感量表（精简版）

通过精简和优化，本研究得到的工作获得感量表（优化版）如表 3-22 所示，共 11 个题项。

表 3-22 基于物质和精神视角的工作获得感量表开发结果（优化版）

维度	编号	题项
物质获得感	SGW11	我满意该单位的薪酬水平
	SGW12	我满意该单位的福利水平
	SGW13	我满意该单位提供的养老保障措施
	SGW14	我满意该单位提供的住房保障措施
	SGW15	我满意该单位提供的医疗保障措施
精神获得感	SGW21	我在该单位工作能获得愉快的心情
	SGW22	该单位有完善的规章制度并严格执行

维度	编号	题项
精神获得感	SGW23	我满意该单位的文化氛围
	SGW24	我满意该单位的同事关系
	SGW25	我满意该单位组织的业余活动
	SGW26	我满意该单位对员工的服务意识和服务效率

各维度保留题项的情况如下：第一个维度"物质获得感"由"我满意该单位的薪酬水平"等 5 个题项构成；第二个维度"精神获得感"由"我在该单位工作能获得愉快的心情"等 6 个题项构成。

三、基于 ERG 理论的工作获得感量表

经过项目分析、探索性因素分析、验证性因素分析、信度分析、聚合效度、区分效度与外部效度检验，本研究得到的工作获得感量表如表 3-23 所示，共计 15 个题项。

表 3-23　工作获得感量表开发结果

维度	编号	题项
生存获得感	SGW11	在该单位工作，我感到心情愉快
	SGW12	在该单位工作，有利于我的身心健康
	SGW13	在该单位工作，我获得了满意的收入
	SGW14	在该单位工作，我拥有充足的业余时间
	SGW15	我满意该单位的工作强度
关系获得感	SGW21	在该单位工作，我与直接上司的关系良好
	SGW22	在该单位工作，我拥有良好的同事关系
	SGW23	我满意该单位的诚信状况
	SGW24	我满意该单位的道德氛围
成长获得感	SGW31	该单位提供的培训有利于我的成长
	SGW32	在该单位工作，我从榜样身上获得了力量
	SGW33	在该单位工作，激发了我的精神追求
	SGW34	在该单位工作，有利于实现我的自我价值
	SGW35	该单位提供了良好的晋升空间
	SGW36	我对该单位的行业前景充满信心

各维度保留题项情况如下：第一个维度"生存获得感"由"在该单位工作，我感到心情愉快"等5个题项构成；第二个维度"关系获得感"由"在该单位工作，我与直接上司的关系良好"等4个题项构成；第三个维度"成长获得感"由"该单位提供的培训有利于我的成长"等6个题项构成。

第四章　工作获得感的作用机制研究

第三章界定了工作获得感的内涵与维度，并从不同视角开发了相应的工作获得感量表，即包含物质和精神两个维度的工作获得感量表以及包含生存、关系、成长三个维度的工作获得感量表，丰富了该领域实证研究的测量工具。从本章至第七章将分别探索工作获得感的作用机制、影响机制、传导作用和调节作用，这是整个研究的应用，重点探索"如何提升工作获得感？工作获得感如何发挥效用？发挥何种效用？"等问题。本章聚焦工作获得感的"作用机制"，从组织和主管两种视角探讨工作获得感作用于创造力的内在机理，旨在回答"工作获得感如何发挥效用？"的问题。

第一节　问题提出

当前，我国经济发展进入新时代，党的二十大报告指出"必须坚持科技是第一生产力、人才是第一资源、创新是第一动力"。可见，人才对中国未来经济的稳定发展具有重要的推动作用。对于如何激发员工创造力，学者们已经展开了丰富的研究，包括个人特质、动机、情绪等个体因素和任务、人际、组织文化等情境因素（于东平等，2021）。其中，"情绪与创造力的关系研究虽规模小，却发展迅速，是组织创造力研究领域中最有前途和最令人兴奋的研究方向之一"（Zhou，2015）。有研究表明，工作获得感作为一种积极情绪，能够提高员工工作的积极性和主动性，提高员工的创新动机，有利于员工进行创新性行为（汪海霞、王慧慧，2022）。工作获得感就是员工对在组织中客观获得的主观心理感受（杨金龙、王桂玲，2019；朱平利、刘娇阳，2020），企业通常采用提高工资待遇等福利吸引人才，以期通过提高工作获得感来留住人才。客观公正的组织评价和合理的价值分配是提高工作获得感的关键因素，公平的组织制度对其创造力的激发具有更大的影响效果。因此，本研究认为有必要探讨工作获得感是否能显著提高创造力。

工作获得感的提高会直接提升其创造力吗？内在的作用机制是什么呢？高工作获得感表明企业员工感受到组织客观的资源分配，这将有利于员工与组织建立心理契约，因此工作获得感能够提高其组织承诺（陈晓暾等，2021）。另外，有研究表明，员工的组织承诺水平越高，在工作中的努力程度、持续性与创造性等方面的效果会越好（Meyer and Allen，1991）。因此，组织承诺是工作获得感和创造力之间关系的重要中介变量。在承诺领域另一个变量（主管承诺）也越来越受到学者们的关注。研究表明，中国高权力距离的文化背景下，相比与距离较远的组织，直接主管对员工的职业发展影响更大。一方面是因为直接主管不仅掌握着组织的重要资源，还决定了员工的绩效评价和任务安排（van Vianen et al.，2011），员工与直接主管的"关系"影响着主管的决策；另一方面是因为中国文化强调忠诚、关系、回报，人们对与其有亲近关系的人有着更强的责任感和义务感，相比于组织承诺，员工更可能忠于自己的直接上级主管。当前，虽然有研究关注了组织承诺和主管承诺在影响员工态度和行为方面的差异，但是研究结果并不完全一致，相关研究仍有待完善。因此，本研究认为有必要从组织和主管两种视角剖析工作获得感对创造力影响的内在机理。

在构建工作获得感分别通过组织承诺和主管承诺作用于创造力后，本研究进一步关注了边界条件问题。承诺倾向即雇员能够依附组织的可能性，相较于承诺倾向高的员工，承诺倾向低的员工跳槽的意愿更强烈。当前，就业观念逐渐多元化，员工对离职行为本身的看法也出现了两种截然不同的态度：一种认为现有职位是自己经过深思熟虑慎重选择的，如果没有充分的理由不会轻易考虑离职或跳槽，应该具有契约精神，自觉担负应有的责任；另一种则不认为离职是一件关乎责任的重大事件，因工作不满意而离职是理所当然的，长期待在同一家公司会枯燥乏味，不想被一份一眼望到头的工作束缚，为了在职场中保持核心竞争力、提升工作技能、丰富自身资历，"工作跳跃"（Job Hopping）甚至频繁跳槽是一种有效的策略（张勉、张德，2002）。前者是高承诺倾向员工的特点，后者是低承诺倾向员工的特点。承诺倾向作为一种人格特质，是在社会化的过程中逐渐形成的心理特征和行为倾向，其对员工在组织环境中的态度和行为有着非常重要的影响。综上所述，本研究将从承诺倾向的角度探讨工作获得感影响创造力的边界条件。

第二节　理论模型

组织支持理论以社会交换理论和互惠原则为基础，认为当员工感受到组织的支持时，会促进其工作产出。该理论提出员工对组织的承诺是基于组织对员工的承诺而产生的，这使学者们更加关注组织对员工的承诺。

工作获得感是员工工作场所中一种重要的心理感受，这种主观感受基于员工从组织中的客观获得，反映了员工感受到来自组织的支持程度。员工在进行一项新颖且充满挑战性的活动时，需要得到外部人力、物力等方面资源的支持，希望得到外部的认可和鼓励，如组织重视员工提出的新想法、新建议、新的解决方式等（Zhou and George，2001），期望员工进行创新性活动（Farmer et al.，2003），对员工的创新行为给予尊重和奖励。本研究认为高支持环境对员工产生四个方面的影响：第一，组织的重视和尊重使员工认识到创新的意义，增强创造的动力。第二，组织各个方面的支持满足了员工对组织的心理期望（朱平利、刘娇阳，2020），个体需要得到满足时会增强员工工作的内在动机（Deci and Ryan，2013），进而提升工作的好奇心、挑战困难的勇气和认知的灵活性（Shalley et al.，2004），促使员工主动提升创造力。第三，员工获得组织的资源支持和帮助后，心理资源存量增加，如尊严感、能力提升感、职业憧憬感等得到提高（朱平利、刘娇阳，2020），为了回报组织，员工会提出创新性的观点、进行创造性地工作来帮助组织实现目标（黄勇等，2020）。第四，员工感受到自己是组织目标实现过程中的利益相关者，相信当自己工作做得更好时，就会得到更多的回报，从而愿意付出努力提升创造力（朱平利、刘娇阳，2020）。

工作获得感反映了员工对工作中付出与回报之间公正性的感受与评估（杨金龙、王桂玲，2019）。物质回报以及选拔评价方式的准确性、有效性和公平性让员工感知到组织对自身利益的重视和职业长期发展的支持和帮助，员工相信有一分耕耘就会有一分收获，会更加努力保持对组织的忠心。同时员工也加强了自己属于公司的信念，内心更加认同组织。这种高度的组织承诺促使员工怀着感恩之心回报组织，将企业需求视为自己努力的方向，逐渐视组织利益为自身利益的一部分，愿意进行创新行为使组织保持市场竞争优势（赵慧娟、龙立荣，2016）。高组织承诺的员工不仅对组织的态度更加积极，而且工作能力也会更强，认知持续性、灵活性的提高有利于员工产出。另外，组织承诺是影响员工主动进行角色外行为的重要因素（O'Malley，2000），员工的创新行为属于角色外行为。反之，当员工组织承诺较低时，员工对组织的奉献与责任感较低，仅仅表现出角色内行为，不利于员工提升创造力（黄勇等，2020）。

研究表明，相对于组织承诺，主管承诺对员工工作态度和行为的影响作用更强（Vandenberghe et al.，2004）。通常情况下管理者是代理组织行使管理权力的人，代理人在工作时的一言一行都代表着组织的意志，管理者的工作目标、管理方式、重要决策，甚至是价值观念、行为规范，都应该与组织保持一致的方向（van Vianen et al.，2011）。管理者同样担负着向组织内员工不断传达组织文化和价值观的重任。所以，员工也通常将上级领导给予的权力、发展平台、关怀、帮扶和赞许看作是组织的支持，认为与主管保持一致就是与组织保持一致（Cable and Derue，2002）。

高工作获得感反映了员工对组织在物质保障、价值认同和成长支持的感知，使员工对组织、主管有较高的承诺，从而接受其价值观念，认为自己应该承担更大的责任，有义务、动力完成艰巨的任务，为主管利益和主管目标奉献自己力量的责任感就越强（Shanock and Eisenberger，2006），克服困难的恒心和毅力更强，工作不确定性和风险的承受力增强，而且价值观相似使员工对主管更为信赖，促使员工愿意主动为主管付出，参与挑战性的创新任务。

综上所述，本研究将基于组织支持理论，通过"感知（工作获得感）—态度（组织承诺、主管承诺）—产出、结果（创造力）"的路径，探索工作获得感对创造力的影响，并检验组织承诺和主管承诺发挥的双重中介作用。在此基础上，从承诺倾向的角度探索工作获得感、组织承诺、主管承诺和创造力关系的边界条件，为拓展工作获得感和创造力的联系提供理论依据（见图4-1）。

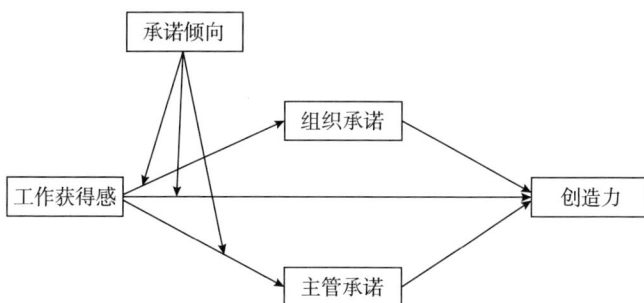

图4-1　工作获得感的作用机制理论模型

第三节 研究假设的提出

一、工作获得感与创造力的关系

高工作获得感促进员工积极主动地投入到工作活动中，促进其表现出较高的创造力。首先，根据工作获得感的定义，努力工作是产生工作获得感的基础（熊建生、程仕波，2018），高工作获得感意味着员工在工作过程中努力程度较大、热情较高，这种强大的意志力会促使员工将热情转化为创新工作的行动力（陶厚永等，2022），即表现出更多的工作活力与奉献精神（朱平利、刘娇阳，2020）。其次，工作获得感是衡量员工从组织中获取各种资源增量的体验，包括物质、心理和社会等方面（朱平利、刘娇阳，2020）。高工作获得感意味着员工被组织赋予了一定的权力，获得了较多的资源增量，员工有能力按照自己的想法做事，促进员工主动学习知识技能、优化工作内容，从而更有可能提高工作质量，感受到成功的愉悦（李燚等，2022），充足的资源给予员工足够的发挥空间去实施整合性的任务。另外，根据资源保存理论，员工会努力保持现有的资源和扩展更多对自身职业发展有价值的资源。再次，创造是将思维付出与实践的过程，充满挑战和压力。特别是创造的初期，员工需要投入较多的时间、精力，还可能面临无数次的失败，每次失败和试错都是对资源和情绪的巨大损耗（Amabile，1988）。为了维持一个稳定长久的关系，员工通常不愿意做创造性的工作，而是更愿意做程式化的工作（黄勇等，2021）。因此，员工在提出创新性观点时面临的工作压力和挑战较大，需要投入额外的时间、精力等资源（Zhou and George，2001）。当工作获得感较高时，意味着组织重视员工的贡献、关心员工的福利（Newman et al.，2011），这使员工具有较高的保障感，从而更倾向于将不确定性的工作情境视为温和而非威胁的因素。员工不用担心是否有足够的时间试错，不用担心领导和周围同事的不理解和冷嘲热讽，不用担心短时间没有产生绩效有被辞退的风险。当员工自身处于一种积极的状态和情绪时，视野会更加开阔，思维更加活跃，注意力也会更多地集中在创造方面，促进其发挥自身潜力（吴士健等，2021），有助于他们主动寻求具有挑战性的任务、进行探索性学习、有效处理棘手问题（栾贞增、张晓东，2021）。反之，低工作获得感使员工缺乏信息、情绪及心理等资源，增加员工创新行为的潜在焦虑，员工会努力避免错误，逃避挑战，不相信在付出代价以后能够享受成果，更愿意做一些简单容易的事，甚至认为少做少错（吴士健、杜梦贞，2021）。最后，员工追求个体的成就和成长，追寻理想信念的过程中容易催生悲伤、紧张等消极情绪，出现职业倦怠（栾贞增、张晓东，2021）。高工作获得感代表员工处于积极的心理状态，好的状态能够使其拥有充沛的精力，脑海中充满各种奇思妙想，对工作也更加热情，愿意接受富有挑战性的工作。积极主动是产生创造力的前提（辛于雯等，2022），自主性动机能够拓展其认知和能力范畴（崔明明等，2018），主动利用各种渠道资源发现、解决问题（栾贞增、张晓东，2021），员工提出创新性想法的次数会明显增多。反之，低获得感的员工在参与创新活动方面的兴趣较低。

情绪影响个体认知活跃状态，工作获得感蕴含的情感体验与得失感知是影响企业员工发挥自觉能动性与创造潜力的重要因素之一（杨金龙、王桂玲，2019）。具体来说，高工作获得感作为一种积极情绪，能促使个体在认知层面"自上而下"或者"自下而上"地获取、搜索和整合多样化知识，有利于员工扩大认知范围，提高信息加工速度（De Dreu et al.，2008），帮助员工摆脱常规思维的束缚，促进员工在各种方法、视角中灵活切换（Nijstad et al.，2010），提高员工认识灵活性，最终对个体产生新颖性和有用性想法发挥积极作用，有利于个体提出应对创新工作流程中遇到问题或麻烦的解决方案。

由此，提出以下假设：

H1：工作获得感对创造力有正向影响。

二、组织承诺的中介作用

获得感作为一种心理认知与人的需求的满足程度密切相关。工作获得感则蕴含着人在工作中的多种需求，将这些需求由低向高可以划分成三个层次，分别是基础层次、中间层次和最高层次。基础层次即对稳定的工作和工作收入的需求；中间层次即对工作中的人文关怀、尊重认可的需求；最高层次即对工作晋升、职业成长的需求。组织对员工的奖励、鼓励以及支持将影响员工的创造力（Zhang et al.，2016）。本研究将从工作获得感所提供的物质支持（奖励）、价值认可（鼓励）以及成长支持（支持）三个方面分别讨论工作获得感如何通过组织承诺影响其创造力。首先，由工作获得感的内涵可知，企业员工的工作获得感强调以员工从组织中实实在在的"得到"为基础，客观上获得越多则主观上的获得感越强（陈建安等，2021）。高工作获得感意味着组织能够给员工提供满意的薪酬，满足了员工对组织的心理预期，促使其继续留在组织中。其次，员工注重工作能力、职业素养和市场认可度，在乎自身的专业技术能力能不能得到组织和社会的肯定。高工作获得感意味着组织认可和尊重员工的工作成绩，且员工也感知到了组织的认可，这种工作情境有助于员工维持和提高积极的自我认知（Chen et al.，2013），如提高工作中的自尊和自我价值感等（Lee and Peccei，2007；Sluss et al.，2008），满足了员工的自我提升动机，增加对组织目标的认同和情感投入，进而提高对组织的承诺（Kurtessis et al.，2017）。反之，如果工作情境威胁到积极的自我认知，员工则会降低对组织的投入和认同（Chen et al.，2013）。最后，高工作获得感意味着组织为员工提供支持和鼓励，满足了员工的自主、能力和关系需求（Allen and Meyer，1996），激发员工更强的成长意愿、工作热情和工作投入动力（Yang et al.，2021），因此其更愿意留在组织中发展。

实证研究表明积极资源能力（如希望、乐观主义、不屈不挠和韧性）与组织承诺之间的正相关关系（Youssef and Luthans，2007）。工作获得感是员工在实际付出与收获的动态过程中产生的一种主观认知的积极情绪。因此，高工作获得感的企业员工会提升组织承诺。

高工作获得感意味着员工获得了较为丰富的工作资源和生活资源，有较高的职业可持续性水平和广阔的发展机会。一方面，根据资源保存理论，员工害怕失去自己在组织中已经积累的有价值资源，不愿意离开自己的组织（朱平利、刘娇阳，2020），甚至为了维护现有资源，按照组织的要求和规定工作，努力保持与组织的良好交换关系（李根祎，2022）。另一方面，员工会对组织产生归属感。人都希望自己能够与他人建立良好的关系，希望从属于某一个群体来应对孤独感。所以当组织提供舒适的工作环境和充分的资源支持时，员工内心不希望从这个群体中脱离出去。也有研究表明，科技企业员工的心理资本对组织承诺具有的正向影响（柯江林、孙健敏，2014）。

高组织承诺的员工能够促进创造力的提升。一方面，从组织承诺的内涵可知，高组织承诺的员工对组织的目标理念认可度较高，员工愿意将组织的目标与自己的目标相结合，对组织产生责任感、使命感和义务感（刘小平、王重鸣，2002），进而忠于组织、努力工作以回报组织。随着组织对创新的需求逐渐增强，员工回报组织的责任感会表现为在工作中产生更多的创新行为（李根祎，2022）。因此高组织承诺促使员工主动为企业未来发展提升自身创造力（Chen et al.，2007）。另一方面，高组织承诺的员工愿意留在组织中，与组织有较强的心理联结，稳定的工作状态促使员工有主动创新的动力和热情（Cardon et al.，2009），员工也更愿意对工作付出和投入（项凯标等，2017）。员工投入更多的精力系统探索，能够获取额外的信息和资源，增加知识储备，在进行信息处理的过程中员工逐渐提高认知能力和对整个工作领域的熟悉度（Ng and Feldman，2012），这有助于员工产生创造性想法、见解和问题解决方案（Nijstad et al.，2010），良好的工作状态能够帮助他们高质量地完成创新型工作任务，实现预期目标（Allen and Meyer，1990）。同时，参与本身也会促进员工有更多的机会在多种类别和视角大胆进行创新尝试（李燚等，2022）。相反，过低的组织承诺则降低了员工开展创新活动的动力。

由此，提出以下假设：

H2a：工作获得感对组织承诺有正向影响；

H3a：组织承诺对员工创造力有正向影响；

H4a：组织承诺在工作获得感和创造力之间起中介作用。

三、主管承诺的中介作用

在组织中，员工的转正定级、工作内容、绩效评价以及成长平台主要由上级主管决定。因此，高工作获得感不仅意味着员工从组织中获得了物质保障、价值认可和成长支持，也意味着员工感知到主管对员工福祉的关心、贡献的认可和成长的重视，员工达到了基于自我设定的标准预期，而对主管较为满意。首先，高工作获得感的员工得到主管更多的关心和认可，满足了员工在情感方面的需求。人们都渴望拥有高质量的人际关系，工作是员工生活中占据时间最多的部分之一，工作中与同事和领导的关系对自身工作积极性具有较大的影响，主管与员工之间真诚的沟通交流能够使员工产生积极的情感（Duke et al.，2009），员工会在情感上形成对主管的忠诚机制。其次，高工作获得感意味着领导者为员工提供学习和成长的机会，员工从领导那里得到更多自主权、社会支持和自我能力的提升机会，这将有利于二者积极建立良好的互动关系（Wang，2008）。最后，高工作获得感也意味着员工感知到主管评价的公平。主管对员工公平的评价促进了员工对主管的积极态度，表现为对主管的满意、高度信任和忠诚。员工对主管评价的公平感知、对主管满意等对主管承诺都有正向影响。因此，高工作获得感的员工更易产生对主管的承诺。

高主管承诺的员工具有较强的创新动机。首先，员工和主管的成长需求强度相似，促进二者在工作中相互影响和信任，员工期望承担创新型工作的风险并主动寻求创新挑战。相反，低主管承诺的员工会更担心创新失败受到主管的责罚，而减少创新投入的时间和精力，甚至尽量避免冒险的创造性活动（范晓倩、于斌，2021）。其次，高主管承诺的员工与主管之间容易建立高质量的交换关系，主管会对员工予以重任，寄予更高的期望，员工为了不辜负主管的赏识和栽培，会产生更强的工作动机，努力实现创造性绩效（谢俊等，2012）。最后，在中国企业中，主管会根据下属的忠诚程度差异化对待不同的员工，高主管承诺的员工会获得较多的工作资源、主管的认可和鼓励，主管的偏私对待使员工在冒险活动中更加自信、从容，从而更倾向于从事创新型任务。

高主管承诺的员工有较强的认知能力，进而促进其创造力的提升。员工创新技术的研发和突破需要团队的合作和交流，主管和下属的积极交流有助于增强下属认知思维的灵活性。另外，员工获取到创新所需的各种有价值的、多样化的信息和资源，如异质性知识经验和技能、更高层次的领域知识，有助于其整合不同类别资源、加快自身知识库的更迭。相反，低主管承诺的员工和主管交流少，获得的可用资源与机会较少，不利于员工发挥认知灵活性。有效利用自身认知资源有利于员工在创新中发散思维、产生知识碰撞，促进员工成功完成创新工作（Sonenshein，2014）。因此，认知能力的提高有利于从广度上激发员工的创造力，促进创新成果的产生。而且高主管承诺的员工在主管的耳濡目染和言传身教下成长得更快，眼界更加开阔，即使主管安排了非岗位职责以外的事，也能够高效率、高质量地完成，这些角色外的行为有利于员工认知的持续性，提升员工的创新能力，有助于员工从"深度"上发挥创造力（范晓倩、于斌，2021）。

由此，提出以下假设：

H2b：工作获得感对主管承诺有正向影响；

H3b：主管承诺对员工创造力有正向影响；

H4b：主管承诺在工作获得感和创造力之间起中介作用。

四、承诺倾向的调节作用

承诺倾向就是企业员工在加入组织前的一般倾向，具体来说就是员工进入组织之前受到社会化和文化经历的影响，形成了关于个人目标、信念、价值观等个人特征，进而对组织产生不同水平的责任感、义务感。研究表明员工的承诺倾向对其加入组织3个月后的承诺水平具有显著的积极影响（Lee et al.，1992）。

首先，员工的承诺倾向越高，在个性上希望依附于某个组织的愿望更强，更渴望稳定的工作环境，对可能失去工作的不安全感越高，因此会积极维护组织成员身份，在工作中投入更多的精力。高工作获得感意味着组织能够给员工提供满意的薪酬，满足了员工对组织的心理预期，从而加强员工留在组织的意愿。当员工看到自己的付出得到了公平的回报，会对认可自己业绩的主管更加满意，从而在情感上更加忠诚主管，在行为上更加依赖主管。高承诺倾向员工会更容易因为组织所提供的物质支持而提升自身的创造力。

其次，承诺倾向高的员工认为在组织中长久的发展更有利于自我提升，更容易因为组织对自我的价值认可、成长的支持、需求的满足而认同组织，留在组织的动力增强。上级主管对员工工作的成长支持和鼓励也会促使员工更加认同主管的价值观，将主管的价值观内化于心，从而产生更高的主管承诺。高工作获得感意味着组织能为员工提供成长的平台，从而员工会更加努力抓住机会，更愿意接受富有挑战性的工作，更加渴望实现职业成功，不断提升自身创造力。

最后，承诺倾向高的员工认为自己身上肩负着责任和使命，认为应该尊重自己与公司签订的合约，对公司尽职尽责是一种美德，认为对所属组织保持忠诚感才是正确的。即使有更好的工作机会，也会在道德义务的约束下继续留在组织。高工作获得感是一种积极情感体验，会促使员工将组织的利益与自己的利益联系在一起，在实现自我目标时也要兼顾组织的目标，实现互惠互利的发展。这使员工感受到身上肩负着责任和重要的使命，产生留下来继续回报组织的心理。而且会促进员工愿意主动为了主管的利益而付出，努力回馈主管。当员工获得组织支持时，会更愿意达成组织的期望，主动进行创造性的工作，帮助组织实现目标。

综上所述，承诺倾向正向调节工作获得感对组织承诺的影响，正向调节工作获得感对主管承诺的影响，正向调节工作获得感对创造力的影响。

由此，提出以下假设：

H5a：承诺倾向正向调节工作获得感和组织承诺之间的关系；

H5b：承诺倾向正向调节工作获得感和主管承诺之间的关系；

H6：承诺倾向正向调节工作获得感和创造力之间的关系。

综上所述，研究假设汇总如表4-1所示。

表4-1　工作获得感的作用机制研究假设汇总

假设	假设内容
H1	工作获得感对创造力有正向影响
H2a	工作获得感对组织承诺有正向影响
H2b	工作获得感对主管承诺有正向影响
H3a	组织承诺对员工创造力有正向影响
H3b	主管承诺对员工创造力有正向影响
H4a	组织承诺在工作获得感和创造力之间起中介作用
H4b	主管承诺在工作获得感和创造力之间起中介作用
H5a	承诺倾向正向调节工作获得感和组织承诺之间的关系
H5b	承诺倾向正向调节工作获得感和主管承诺之间的关系
H6	承诺倾向正向调节工作获得感和创造力之间的关系

第四节 研究设计

一、问卷设计

按照以下步骤设计调查问卷：第一步，确定测量工具。本研究的研究对象为中国情境下的企业员工，因此所有变量的量表需要适合中国情境下的研究。考虑量表的信效度，选取权威期刊的实证研究中使用过、信效度较好的量表。考虑题目的理解难易程度，选取不会产生歧义的量表。考虑问卷填写者的注意力和认真程度是有限的，为了更好地把控数据质量，在设计问卷时题目的总数量不宜过多。所选量表均是经过多次检验的成熟量表，为数据质量提供一定的保障。第二步，翻译外文量表。本研究采用的量表中，组织承诺和承诺倾向为中文量表，工作获得感、主管承诺、创造力为英文量表。在人力资源管理专家和团队成员的帮助下，采用回译法对相关量表进行了翻译。第三步，设计初始问卷。问卷由标题、导语、基本信息、客观题、主观题等模块组成。分别在问卷题目数量的1/3 和2/3 处设置测谎题，如"该项请您选择最左边的数字"构成基础问卷。在预调研之前组织了本科生和研究生共13 名学生参与问卷试填，确保看清每个题项后选择，集中时间填完之后提交，由笔者记录试填者不能理解、不好理解、感觉有问题的题项和填写时间，并组织讨论后根据意见修改问卷。问卷的导语首先向被试者表明此次调研的主题和目的，其次强调调研结果仅用于学术研究，请被试者放心作答，最后表达出希望被试者能够认真作答的期盼和问卷作答所需要的时间。第四步，开展预调研。测试问卷是否合理、科学。第五步，修改形成正式问卷。

二、测量工具

本研究共涉及 5 个主要变量，即自变量"工作获得感"、因变量"创造力"、中介变量"组织承诺"和"主管承诺"、调节变量"承诺倾向"。此外，还涉及6 个控制变量。

1. 工作获得感

本研究借鉴 Gu 等（2020）对工作获得感的定义，这一定义包括三个含义：工作中的努力是工作获得感的前提；各种客观利益是工作获得感的基础；主观感受被认为是工作获得感的核心。当前，学者们对工作获得感的维度和测量并没有达成一致，但是综合各个学者的研究来看，工作获得感主要强调客观利益方面的实际获得。在实施本研究时，专门针对员工的工作获得感量表还未开发成功。Gu 等（2020）基于组织情境开发的工作获得感量表被广泛使用，尤其是 5 个题项的精简版被众多学者采纳。由于本研究其他变量题项较多，因此，也使用 Gu 等（2020）开发的 5 题项量表（见表 4-2）。

表 4-2　工作获得感的测量量表

变量	编号	题项
工作获得感	SGW1	我满意该单位的薪酬水平
	SGW2	我满意该单位的福利水平
	SGW3	我满意该单位提供的养老保障措施
	SGW4	我满意该单位提供的住房保障措施
	SGW5	我满意该单位提供的医疗保障措施

2. 创造力

Farmer 等（2003）开发的创造力量表包含 4 个项目，该量表是目前国内外应用较为广泛的创造力量表之一，且研究表明该量表适用于中国情境的研究（Cai et al.，2019）。另外，Shalley 等（2004）认为可以由员工自己填写创造力量表，报告创造力水平。因此，本研究中使用 Farmer 等（2003）开发的创造力量表测量员工的创造力水平（见表 4-3）。

表 4-3　创造力的测量量表

变量	编号	题项
创造力	EC1	我会在工作中首先尝试新的想法或方法
	EC2	我会在工作中努力寻求新的方法去解决问题
	EC3	我在工作中经常能产生一些开拓性的想法
	EC4	我是团队中的创新榜样

3. 组织承诺

本研究采用的是陈永霞等（2006）提出的组织承诺的量表，共 8 个题项。该量表基于 Chen 和 Francesco（2003）的研究结论，并在凌文辁和张治灿（2000）对中国职工组织承诺研究的基础上，选用测量员工对组织的认同、参与和忠诚的 8 个题项。陈永霞等（2006）在中国背景下对量表的条目进行一定的修正，具体是对量表进行了双向翻译，且保证译文精准、通俗易懂、符合中文的逻辑，并把原来的4 个否定性条目修改为肯定性语句（见表4-4）。

表4-4　组织承诺的测量量表

变量	编号	题项
组织承诺	OC1	我喜欢和外人谈论我们单位
	OC2	我确实觉得单位的问题好像就是我自己的问题
	OC3	我觉得自己不会很容易地像喜爱这家单位一样喜爱另一家单位
	OC4	在该单位工作，我觉得自己是"大家庭里的一分子"
	OC5	我觉得自己在感情上属于该单位
	OC6	我有很强的"属于该单位的人"的感觉
	OC7	我很乐意以后一直在这个单位工作
	OC8	这个单位对于我个人来说意义非同一般

4. 主管承诺

本研究选用的是 Cheng 等（2003）主管承诺量表，该量表根据 Becker 等（1996）的研究修改，共 5 个题项。其中 3 个题项是认同方面，如"我向我的朋友们宣扬我的主管是一位好领导"，2 个题项是内化方面，如"自入职以来，我和我主管的价值观变得越来越相似了"。Cheng 等（2003）的研究表明该量表在中国文化情境下测量员工主管承诺具有良好的信度（见表4-5）。

表4-5　主管承诺的测量量表

变量	编号	题项
主管承诺	SC1	我向我的朋友们宣扬我的主管是一位好领导
	SC2	当有人赞扬我的主管时，我感到这就像是对我个人的赞扬
	SC3	我主管的成功就是我的成功
	SC4	自入职以来，我和我主管的价值观变得越来越相似了
	SC5	与其他主管相比，我更喜欢我现在的主管，因为我喜欢他所信奉的价值观

5. 承诺倾向

本研究支持张勉和李海（2007）对承诺倾向的定义，即承诺倾向反映了员工依附组织的可能性。当前国内对承诺倾向的研究主要采用的是张勉和李海（2007）开发的量表，该量表和张玉静（2004）所使用的量表题项差不多，共

3 个题项，因此，本研究选用张勉和李海（2007）开发的承诺倾向量表测量员工的承诺倾向（见表 4-6）。

表 4-6 承诺倾向的测量量表

变量	编号	题项
承诺倾向	CP1	我觉得老待在一个单位是不行的（R）
	CP2	我倾向于通过不断换工作来增加自己的求职资历或阅历（R）
	CP3	老在一个单位待着会让我感到腻味（R）

注：R 代表反向计分题项。

6. 控制变量

本研究选取性别、年龄、受教育程度、工作年限、岗位职级、所在单位性质六个控制变量。

（1）性别。本研究将调研对象的性别分为 2 组：男、女，分别用 1、2 进行编码。

（2）年龄。本研究将年龄按照 10 年为一个跨度进行分组，共分为 5 组：25 周岁及以下、26—35 周岁、36—45 周岁、46—55 周岁、56 周岁及以上，分别用 1 到 5 进行编码。

（3）受教育程度。本研究将调研对象的受教育程度分为 3 组：本科、硕士研究生、博士研究生，分别用 1 到 3 进行编码。

（4）工作年限。本研究将调研对象的工作年限分为 6 组：不满 1 年、1—3 年、4—6 年、7—10 年、11—15 年、超过 15 年，分别用 1 到 6 进行编码。

（5）岗位职级。本研究将调研对象的岗位职级分为 2 组：高层管理或高级职称（技能）、中层管理或中级职称（技能），分别用 1、2 进行编码。

（6）所在单位性质。本研究将调研对象所在单位性质分为 3 组：国有企业（含国有控股企业）、民营企业、外资及港澳台资企业，分别用 1 到 3 进行编码。

<h1 style="text-align:center">第五节 预调研</h1>

一、小样本数据收集与初步处理

本研究采用问卷调查法，依托网络平台发布电子问卷，进行小样本的数据收集。依托于团队项目，在项目组相关成员的支持下，调研小组与四川省和重庆市的 13 家高新技术企业取得联系，对企业中本科及以上学历且中级专业技术及以上职称的员工进行随机抽样后，于 2021 年 12 月初开始发放问卷，历时两周，预测试回收 260 份问卷，每份问卷的所有题项均由同一员工自我报告完成。

为了提高数据质量，根据以下标准删除无效问卷：①问卷填写时间小于 190 秒（记录团队成员填写问卷的时间，综合考虑后得出 190 秒的时间标准）；②两道测谎题中任一测谎题答错，或者都答错；③所有变量的量表得分总方差为 0；④问卷填写有明显规律（如 Z 型、S 型等）。最终，预测试得到 210 份有效问卷。

二、小样本的基本人口统计

小样本的基本人口统计信息包括性别、年龄、受教育程度、工作年限、岗位职级、所在单位性质 6 个方面，具体统计信息见表 4-7。

表 4-7　工作获得感的作用机制研究中小样本的基本人口统计

统计项目	选项编码	选项内容	样本数量	百分比（%）
性别	1	男	146	69.5
	2	女	64	30.5
年龄	1	25 周岁及以下	4	1.9
	2	26—35 周岁	96	45.7
	3	36—45 周岁	75	35.7
	4	46—55 周岁	32	15.2
	5	56 周岁及以上	3	1.4
受教育程度	1	本科	173	82.4
	2	硕士研究生	33	15.7
	3	博士研究生	4	1.9
工作年限	1	不满 1 年	1	0.5
	2	1—3 年	12	5.7
	3	4—6 年	23	11.0
	4	7—10 年	40	19.0
	5	11—15 年	54	25.7
	6	超过 15 年	80	38.1
岗位职级	1	高层管理或高级职称（技能）	42	20.0
	2	中层管理或中级职称（技能）	168	80.0

统计项目	选项编码	选项内容	样本数量	百分比（%）
所在单位性质	1	国有企业（含国有控股企业）	111	52.9
	2	民营企业	96	45.7
	3	外资及港澳台资企业	3	1.4

注：N=210。

三、小样本各测量条款的描述性统计

小样本各测量条款的描述性统计（均值、标准差、偏度和峰度等）见表4-8。研究结果表明，本研究收集到的小样本数据的所有测量条款项目评分值的偏度绝对值均小于3，同时峰度绝对值均小于10，表明样本数据基本服从正态分布的数据要求，可以进行后续的数据分析。

表4-8 工作获得感的作用机制研究中小样本各测量条款的描述性统计

题项	N	均值	标准差	偏度		峰度	
	统计量	统计量	统计量	统计量	标准误	统计量	标准误
SGW1	210	3.70	0.989	−0.525	0.168	−0.245	0.334
SGW2	210	3.70	1.116	−0.742	0.168	−0.103	0.334
SGW3	210	3.95	0.977	−0.961	0.168	0.814	0.334
SGW4	210	3.56	1.249	−0.615	0.168	−0.506	0.334
SGW5	210	3.93	0.971	−0.847	0.168	0.512	0.334
OC1	210	3.52	1.146	−0.558	0.168	−0.425	0.334
OC2	210	3.70	1.073	−0.658	0.168	−0.087	0.334
OC3	210	3.70	1.098	−0.607	0.168	−0.182	0.334
OC4	210	4.18	0.883	−1.288	0.168	2.249	0.334
OC5	210	4.09	0.950	−1.053	0.168	1.060	0.334
OC6	210	4.13	0.908	−1.081	0.168	1.442	0.334
OC7	210	4.10	0.959	−1.212	0.168	1.665	0.334
OC8	210	4.11	0.936	−1.148	0.168	1.394	0.334
SC1	210	4.16	0.919	−1.187	0.168	1.441	0.334

续表

题项	N	均值	标准差	偏度		峰度	
	统计量	统计量	统计量	统计量	标准误	统计量	标准误
SC2	210	3.96	1.025	-1.026	0.168	0.821	0.334
SC3	210	3.84	1.076	-0.917	0.168	0.409	0.334
SC4	210	3.88	1.018	-0.956	0.168	0.803	0.334
SC5	210	3.89	1.008	-0.909	0.168	0.821	0.334
EC1	210	4.24	0.739	-0.699	0.168	0.097	0.334
EC2	210	4.36	0.650	-0.512	0.168	-0.677	0.334
EC3	210	4.20	0.722	-0.313	0.168	-1.037	0.334
EC4	210	3.64	0.882	-0.152	0.168	-0.279	0.334
CP1	210	4.00	1.109	-0.820	0.168	-0.150	0.334
CP2	210	4.29	1.010	-1.453	0.168	1.504	0.334
CP3	210	4.21	0.990	-1.029	0.168	0.264	0.334

注：①N=210；②SGW 表示工作获得感，EC 表示创造力，OC 表示组织承诺，SC 表示主管承诺，CP 表示承诺倾向。

四、各量表的信度检验

本研究仍然采用内部一致性系数（Cronbach's α 系数）和修正后的题项与总分相关系数（Corrected-Item Total Correlation，CITC）分析法来检验小样本中各量表的信度（使用 SPSS 25.0 软件）。继续采用以下几个步骤考虑删除或保留题项：首先判断 Cronbach's α 系数，如果达到 0.70 的标准时，说明量表信度相当，不需要删除题项。如果小于 0.70，说明量表信度不足，则需要进一步判断 CITC 值，如果某题项 CITC 小于 0.30，直接删除，如果某题项 CITC 为 0.30—0.50，且删除该题项后量表的 Cronbach's α 系数增大，则可以删除该题项。

检验结果如表 4-9 所示，工作获得感量表的 Cronbach's α 系数为 0.900，创造力量表的 Cronbach's α 系数为 0.833，组织承诺量表的 Cronbach's α 系数为 0.926，主管承诺量表的 Cronbach's α 系数为 0.929，承诺倾向量表的 Cronbach's α 系数为 0.885，均大于 0.70。综上所述，各个变量的初始量表信度良好，没有题项需要删除。

表 4-9　工作获得感的作用机制研究中小样本各个变量量表的信度分析

题项	CITC	删除该题项后的 Cronbach's α 系数	Cronbach's α 系数
SGW1	0.689	0.891	
SGW2	0.807	0.865	
SGW3	0.803	0.868	0.900
SGW4	0.738	0.886	
SGW5	0.752	0.879	
EC1	0.709	0.767	
EC2	0.731	0.766	
EC3	0.773	0.740	0.833
EC4	0.495	0.880	
OC1	0.568	0.933	
OC2	0.667	0.924	
OC3	0.709	0.920	
OC4	0.809	0.913	
OC5	0.836	0.910	0.926
OC6	0.844	0.910	
OC7	0.873	0.907	
OC8	0.774	0.915	
SC1	0.775	0.920	
SC2	0.813	0.912	
SC3	0.811	0.913	0.929
SC4	0.847	0.906	
SC5	0.822	0.911	
CP1	0.741	0.874	
CP2	0.756	0.854	0.885
CP3	0.841	0.783	

注：①N=210；②SGW 表示工作获得感，EC 表示创造力，OC 表示组织承诺，SC 表示主管承诺，CP 表示承诺倾向。

五、各量表的效度检验

本研究运用因子分析的方法检验量表的构念效度，即测量到理论上的概念和特质的程度。测量步骤如下：第一步，KMO（Kaiser-Meyer-Olkin）值大于 0.70

且 Bartlett's 球形度检验 p 值小于 0.001，则量表的各个题项适合做因子分析。第二步，选择主成分分析法和最大变异法对量表进行因子分析。首先，如果抽取主成分后的每个题项共同性低于 0.20，则考虑删除。其次，判断各个题项的因子负荷量，如果小于 0.50 则考虑删除。最后，如果某个题项自成一个因子或者出现横跨因子现象的也将被删除。

如表 4-10 所示，所有量表的 KMO 值都在 0.70 以上，Bartlett's 球形度检验 p 值远小于 0.001 的要求，六个量表均适合进行因子分析。

表 4-10　工作获得感的作用机制研究中小样本各量表是否适合做因子分析检验

量表名称	KMO 值	Bartlett's 球形度检验 p 值
工作获得感	0.830	0.000
创造力	0.776	0.000
组织承诺	0.920	0.000
主管承诺	0.844	0.000
承诺倾向	0.711	0.000

注：N=210。

如表 4-11 所示，变量抽取主成分后的各个题项共同性均高于 0.2，因子负荷量均大于 0.50，未出现自成一个因子或者出现横跨因子的现象。各个量表均只提取出一个公因子，工作获得感量表特征值为 3.608，累积解释总方差 72.168%；创造力量表特征值为 2.763，累积解释总方差 69.084%；组织承诺量表特征值为 5.467，累积解释总方差 68.335%；主管承诺量表特征值为 3.898，累积解释总方差 77.953%；承诺倾向量表特征值为 2.450，累积解释总方差 81.671%。可见，所有变量的量表效度良好。

表 4-11　工作获得感的作用机制研究中小样本各个变量量表的因子分析

题项	共同性	因子负荷量	特征值	累积解释总方差（%）
SGW1	0.632	0.795		
SGW2	0.780	0.883		
SGW3	0.780	0.883	3.608	72.168
SGW4	0.698	0.836		
SGW5	0.719	0.848		

题项	共同性	因子负荷量	特征值	累积解释总方差（%）
EC1	0.739	0.859		
EC2	0.776	0.881	2.763	69.084
EC3	0.808	0.899		
EC4	0.441	0.664		
OC1	0.401	0.633		
OC2	0.520	0.721		
OC3	0.594	0.771		
OC4	0.762	0.873		
OC5	0.808	0.899	5.467	68.335
OC6	0.819	0.905		
OC7	0.850	0.922		
OC8	0.713	0.845		
SC1	0.733	0.856		
SC2	0.775	0.880		
SC3	0.773	0.879	3.898	77.953
SC4	0.822	0.907		
SC5	0.794	0.891		
CP1	0.778	0.882		
CP2	0.798	0.893	2.450	81.671
CP3	0.874	0.935		

注：①N＝210；②SGW 表示工作获得感，EC 表示创造力，OC 表示组织承诺，SC 表示主管承诺，CP 表示承诺倾向；③提取方法：主成分分析法。

六、整体数据的探索性因素分析与共同方法偏差检验

检验共同方法偏差和各量表之间的区分效度，需要对各变量进行整体探索性因素分析。本研究借鉴 Harman 单因素检验方法进行共同方法偏差检验。首先，由探索性因素分析可知各变量整体的 KMO 值为 0.915>0.60，Bartlett's 球形度检验 p 值为 0.000（小于 0.001）。其次，对所有变量进行探索性因素分析，查看未旋转的因子分析结果，删除以下现象的题项可以进一步优化量表和问卷：①维度结构与预想的不一样；②出现横跨因子；③有题项自成一个因子；④因子负荷量小于 0.50 的题项。如果只提取了一个因子，或某个因子的解释率达到50%，表

明存在严重的共同方法偏差。

对共同方法偏差的检验结果如表4-12所示。从未旋转的因子分析结果可知，按照特征值大于1的方法共提取了5个共同因子，累积解释总方差的74.044%，解释力最强的第一个共同因子能解释总方差的44.714%（小于50%）。可见，既未出现只提取了一个因子的情况，也未出现某个因子的解释率达到了50%的情况。因此，可以认为本研究不存在严重的共同方法偏差，整体量表具有较高的构念效度。

表4-12　工作获得感的作用机制研究中共同方法偏差检验

	解释的总方差								
成分	初始特征值			提取载荷平方和			旋转载荷平方和		
	特征值	解释方差的百分比（%）	累积解释方差的百分比（%）	特征值	解释方差的百分比（%）	累积解释方差的百分比（%）	特征值	解释方差的百分比（%）	累积解释方差的百分比（%）
1	11.178	44.714	44.714	11.178	**44.714**	44.714	5.127	20.509	20.509
2	2.320	9.280	53.994	2.320	9.280	53.994	4.020	16.082	36.591
3	2.169	8.677	62.671	2.169	8.677	62.671	3.845	15.381	51.972
4	1.710	6.842	69.512	1.710	6.842	69.512	2.897	11.589	63.561
5	1.133	4.532	74.044	1.133	4.532	74.044	2.621	10.483	74.044

注：①N=210；②提取方法：主成分分析法；③提取标准：特征值大于1；④特征值小于1的已省略。

如表4-13所示，每个题项的因子负荷量均大于0.50，未出现交叉题项、自成一个因子和横跨因子现象，各变量均形成一个因子。工作获得感量表（SGW1至SGW5）聚集在共同因子3上，组织承诺量表（OC1至OC8）因子1上，主管承诺量表（SC1至SC5）聚集在共同因子2上，创造力量表（EC1至EC4）聚集在共同因子4上，承诺倾向量表（CP1至CP3）聚集在共同因子5上。因此，没有题项需要删除。

表4-13　工作获得感的作用机制研究中整体数据的探索性因素分析

题项	旋转成分矩阵				
	共同因子1	共同因子2	共同因子3	共同因子4	共同因子5
SGW1	0.358	0.093	**0.708**	0.116	0.105
SGW2	0.326	0.137	**0.814**	0.036	0.104

续表

题项	旋转成分矩阵				
	共同因子 1	共同因子 2	共同因子 3	共同因子 4	共同因子 5
SGW3	0.108	0.140	**0.860**	0.130	0.096
SGW4	0.102	0.252	**0.799**	0.051	0.049
SGW5	0.087	0.282	**0.790**	0.153	0.085
OC1	**0.648**	0.095	0.103	0.217	0.078
OC2	**0.709**	0.136	0.167	0.209	0.072
OC3	**0.666**	0.205	0.199	0.185	0.236
OC4	**0.716**	0.431	0.125	0.160	0.133
OC5	**0.742**	0.432	0.130	0.158	0.128
OC6	**0.750**	0.359	0.213	0.145	0.158
OC7	**0.758**	0.369	0.274	0.091	0.198
OC8	**0.604**	0.480	0.288	0.104	0.167
SC1	0.220	**0.800**	0.197	0.109	0.158
SC2	0.447	**0.726**	0.137	0.102	0.142
SC3	0.448	**0.685**	0.199	0.147	0.142
SC4	0.372	**0.733**	0.303	0.117	0.136
SC5	0.249	**0.768**	0.306	0.154	0.186
EC1	0.245	0.055	0.127	**0.814**	−0.003
EC2	0.125	0.143	0.102	**0.853**	0.184
EC3	0.094	0.127	0.127	**0.886**	0.039
EC4	0.313	0.103	0.037	**0.593**	−0.114
CP1	0.225	0.166	0.132	0.125	**0.815**
CP2	0.120	0.133	0.069	−0.010	**0.880**
CP3	0.185	0.186	0.128	−0.019	**0.884**

注：①N＝210；②SGW 表示工作获得感，EC 表示创造力，OC 表示组织承诺，SC 表示主管承诺，CP 表示承诺倾向。

七、问卷修正与完善

综合对小样本进行信度和效度检验的结果，问卷所有题目均保留，即工作获得感包括 5 个题项，创造力包括 4 个题项，组织承诺包括 8 个题项，主管承诺包括 5 个题项，承诺倾向包括 3 个题项。此外，本研究在进行正式问卷时对问卷题目的排版进行了部分调整，使其更美观且更便于阅读。

第六节　正式调研数据收集与质量评估

正式调研采用问卷调查法，利用电子问卷（问卷星）进行大样本的数据收集。依托于团队项目，调研小组与四川省和重庆市内 30 家高新技术企业取得联系，对企业中本科及以上学历且中级专业技术及以上职称的员工进行随机抽样后，于 2021 年 12 月下旬开始发放问卷，历时四周，累计回收问卷 730 份，问卷的所有题项均由同一员工自我报告完成。按照预调研的筛选标准删除无效问卷，最后得到 637 份有效问卷，有效回收率为 87. 26%。

一、大样本的基本人口统计

大样本的基本人口统计信息包括性别、年龄、受教育程度、工作年限、岗位职级、所在单位性质 6 个方面，具体统计信息如表 4-14 所示。

表 4-14　工作获得感的作用机制研究中大样本的基本人口统计

统计项目	选项编码	选项内容	样本数量	百分比（%）
性别	1	男	421	66. 1
	2	女	216	33. 9
年龄	1	25 周岁及以下	6	0. 9
	2	26—35 周岁	298	46. 8
	3	36—45 周岁	250	39. 2
	4	46—55 周岁	77	12. 1
	5	56 周岁及以上	6	0. 9
受教育程度	1	本科	490	76. 9
	2	硕士研究生	126	19. 8
	3	博士研究生	21	3. 3
工作年限	1	不满 1 年	5	0. 8
	2	1—3 年	37	5. 8
	3	4—6 年	77	12. 1
	4	7—10 年	135	21. 2
	5	11—15 年	178	27. 9
	6	超过 15 年	205	32. 2

续表

统计项目	选项编码	选项内容	样本数量	百分比（%）
岗位职级	1	高层管理或高级职称（技能）	130	20.4
	2	中层管理或中级职称（技能）	507	79.6
所在单位性质	1	国有企业（含国有控股企业）	341	53.5
	2	民营企业	282	44.3
	3	外资及港澳台资企业	14	2.2

注：N＝637。

二、大样本各测量条款的描述性统计

大样本各测量条款的描述性统计（均值、标准差、偏度和峰度等）如表 4-15 所示。研究结果表明，所有测量条款项目评分值的偏度绝对值均小于3，峰度绝对值均小于10，这表明样本数据基本服从正态分布的数据要求，可以进行后续的数据分析。

表 4-15　工作获得感的作用机制研究中大样本各测量条款的描述性统计

题项	N	均值	标准差	偏度		峰度	
	统计量	统计量	统计量	统计量	标准误	统计量	标准误
SGW1	637	3.78	0.957	−0.761	0.097	0.261	0.193
SGW2	637	3.84	0.982	−0.813	0.097	0.389	0.193
SGW3	637	4.04	0.918	−0.989	0.097	0.878	0.193
SGW4	637	3.60	1.202	−0.644	0.097	−0.436	0.193
SGW5	637	3.95	0.928	−0.786	0.097	0.303	0.193
OC1	637	3.62	1.109	−0.653	0.097	−0.229	0.193
OC2	637	3.73	1.085	−0.679	0.097	−0.111	0.193
OC3	637	3.70	1.065	−0.538	0.097	−0.192	0.193
OC4	637	4.20	0.865	−1.203	0.097	1.749	0.193
OC5	637	4.09	0.903	−0.971	0.097	0.902	0.193
OC6	637	4.11	0.920	−0.970	0.097	0.792	0.193
OC7	637	4.14	0.879	−0.954	0.097	0.911	0.193
OC8	637	4.11	0.894	−0.924	0.097	0.771	0.193

题项	N	均值	标准差	偏度		峰度	
	统计量	统计量	统计量	统计量	标准误	统计量	标准误
SC1	637	4.17	0.895	−1.033	0.097	0.832	0.193
SC2	637	3.96	1.007	−0.857	0.097	0.342	0.193
SC3	637	3.86	1.042	−0.774	0.097	0.125	0.193
SC4	637	3.88	1.002	−0.798	0.097	0.344	0.193
SC5	637	3.91	1.001	−0.785	0.097	0.330	0.193
EC1	637	4.24	0.739	−0.843	0.097	0.890	0.193
EC2	637	4.37	0.666	−0.735	0.097	0.337	0.193
EC3	637	4.19	0.763	−0.685	0.097	0.379	0.193
EC4	637	3.67	0.924	−0.395	0.097	0.076	0.193
CP1	637	4.00	1.091	−0.782	0.097	−0.297	0.193
CP2	637	4.28	0.971	−1.306	0.097	1.115	0.193
CP3	637	4.22	0.987	−1.121	0.097	0.591	0.193

注：①N=637；②SGW 表示工作获得感，EC 表示创造力，OC 表示组织承诺，SC 表示主管承诺，CP 表示承诺倾向。

三、各量表的信度检验

各变量的信度检验结果如表 4-16 所示。工作获得感、创造力、组织承诺、主管承诺、承诺倾向等量表的 Cronbach's α 系数分别为 0.873、0.862、0.914、0.934、0.869，均大于 0.70，并且各题项的 CITC 值均大于 0.50。综上所述，各个变量的初始量表信度良好，没有题项需要删除。

表 4-16　工作获得感的作用机制研究中大样本各个变量量表的信度分析

题项	CITC	删除该题项后的 Cronbach's α 系数	Cronbach's α 系数
SGW1	0.613	0.866	
SGW2	0.740	0.836	
SGW3	0.748	0.836	0.873
SGW4	0.687	0.855	
SGW5	0.746	0.836	

题项	CITC	删除该题项后的 Cronbach's α 系数	Cronbach's α 系数
EC1	0.763	0.803	0.862
EC2	0.748	0.815	
EC3	0.803	0.785	
EC4	0.580	0.894	
OC1	0.497	0.925	0.914
OC2	0.640	0.911	
OC3	0.661	0.909	
OC4	0.809	0.897	
OC5	0.821	0.895	
OC6	0.845	0.893	
OC7	0.819	0.896	
OC8	0.774	0.899	
SC1	0.777	0.928	0.934
SC2	0.833	0.918	
SC3	0.830	0.919	
SC4	0.858	0.913	
SC5	0.832	0.918	
CP1	0.730	0.839	0.869
CP2	0.710	0.851	
CP3	0.818	0.755	

注：①N＝637；②SGW 表示工作获得感，EC 表示创造力，OC 表示组织承诺，SC 表示主管承诺，CP 表示承诺倾向。

四、各量表的效度检验

如表 4-17 所示，工作获得感、创造力、组织承诺、主管承诺和承诺倾向五个量表的 KMO 值都在 0.70 以上，Bartlett's 球形度检验 p 值远远小于 0.001 的要求，所有量表均适合进行因子分析。

表 4-17　工作获得感的作用机制研究中大样本各量表是否适合做因子分析检验

量表名称	KMO 值	Bartlett's 球形度检验 p 值
工作获得感	0.804	0.000

续表

量表名称	KMO 值	Bartlett's 球形度检验 p 值
创造力	0.787	0.000
组织承诺	0.929	0.000
主管承诺	0.856	0.000
承诺倾向	0.711	0.000

注：N=637。

如表4-18所示，变量抽取主成分后的各个题项共同性在0.319—0.856，均高于0.20，因子负荷量在0.565—0.925，均大于0.50，并且未出现自成一个因子或者出现横跨因子的现象。各个量表均只提取出一个公因子，工作获得感量表特征值为3.360，累积解释总方差67.209%；创造力量表特征值为2.916，累积解释总方差72.902%；组织承诺量表特征值为5.242，累积解释总方差65.528%；主管承诺量表特征值为3.965，累积解释总方差79.299%；承诺倾向特征值为2.386，累积解释总方差79.530%。可见，所有变量的量表效度良好。

表4-18　工作获得感的作用机制研究中大样本各个变量的测量量表因子分析

题项	共同性	因子负荷量	特征值	累积解释总方差（%）
SGW1	0.551	0.742		
SGW2	0.706	0.840		
SGW3	0.730	0.854	3.360	67.209
SGW4	0.649	0.806		
SGW5	0.725	0.852		
EC1	0.790	0.889		
EC2	0.776	0.881		
EC3	0.814	0.902	2.916	72.902
EC4	0.536	0.732		
OC1	0.319	0.565		
OC2	0.496	0.704		
OC3	0.535	0.732		
OC4	0.768	0.876		
OC5	0.795	0.892	5.242	65.528
OC6	0.824	0.908		
OC7	0.781	0.884		
OC8	0.723	0.851		

题项	共同性	因子负荷量	特征值	累积解释总方差（%）
SC1	0.733	0.856		
SC2	0.801	0.895		
SC3	0.796	0.892	3.965	79.299
SC4	0.832	0.912		
SC5	0.803	0.896		
CP1	0.773	0.879		
CP2	0.756	0.870	2.386	79.530
CP3	0.856	0.925		

注：①N=637；②SGW 表示工作获得感，EC 表示创造力，OC 表示组织承诺，SC 表示主管承诺，CP 表示承诺倾向；③提取方法：主成分分析法。

五、区分变量效度的验证性因素分析

首先，对模型中的五个变量（工作获得感、创造力、组织承诺、主管承诺、承诺倾向）分别进行验证性因素分析，检验变量的聚合效度和区分效度。如果标准化因子载荷大于 0.40，提取的平均方差 AVE 大于或等于 0.50，组合效度 CR 大于 0.60，说明变量的聚合效度较好。如果两个潜在变量的 AVE 平方根均大于它们之间的相关系数，表明区分效度较好。其次，对以上五个变量整体进行验证性因素分析以检验模型的整体适配度，即分别比较五因子、四因子、三因子、两因子、单因子模型之间各因子的拟合程度。

如图 4-2、表 4-19 所示，工作获得感量表各个题项的标准化因子载荷均大于 0.60，整个工作获得感一阶因子的 AVE = 0.588 > 0.50，组合效度 CR 大于 0.60，说明工作获得感量表聚合效度较好。

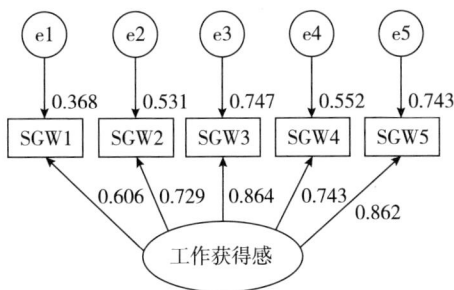

图 4-2　工作获得感的验证性因素分析模型

表 4-19   工作获得感的验证性因素分析结果

题项	标准化因子载荷（R）	标准误差（S.E.）	临界比（C.R.）	R^2	AVE
SGW1	0.606	—	—	0.368	
SGW2	0.729	0.084	14.648	0.531	
SGW3	0.864	0.084	16.318	0.747	0.588
SGW4	0.743	0.104	14.849	0.552	
SGW5	0.862	0.085	16.300	0.743	

注：N=637。

如图 4-3、表 4-20 所示，创造力量表各个题项的标准化因子载荷均大于 0.60，整个创造力一阶因子的 AVE=0.668>0.50，组合效度 CR 大于 0.60，说明创造力量表聚合效度较好。

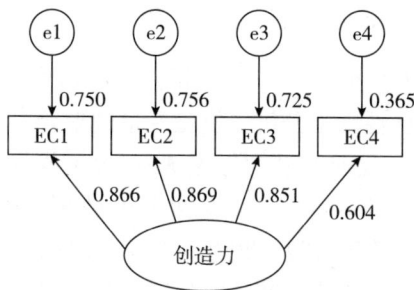

图 4-3   创造力的验证性因素分析模型

表 4-20   创造力的验证性因素分析结果

题项	标准化因子载荷（R）	标准误差（S.E.）	临界比（C.R.）	R^2	AVE
EC1	0.866	—	—	0.750	
EC2	0.869	0.033	27.181	0.756	
EC3	0.851	0.038	26.487	0.725	0.668
EC4	0.604	0.053	16.350	0.365	

注：N=637。

如图 4-4、表 4-21 所示，组织承诺量表各个题项的标准化因子载荷均大于 0.40，整个组织承诺一阶因子的 AVE=0.610>0.50，组合效度 CR 大于 0.60，说明组织承诺量表聚合效度较好。

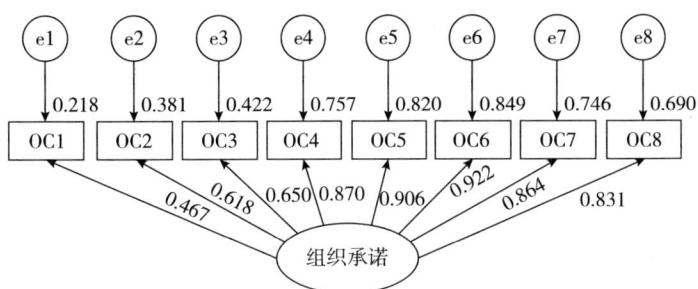

图 4-4 组织承诺的验证性因素分析模型

表 4-21 组织承诺的验证性因素分析结果

题项	标准化因子载荷（R）	标准误差（S.E.）	临界比（C.R.）	R^2	AVE
OC1	0.467	—	—	0.218	
OC2	0.618	0.120	10.769	0.381	
OC3	0.650	0.121	11.039	0.422	
OC4	0.870	0.117	12.422	0.757	0.610
OC5	0.906	0.125	12.584	0.820	
OC6	0.922	0.129	12.652	0.849	
OC7	0.864	0.118	12.394	0.746	
OC8	0.831	0.117	12.225	0.690	

注：N=637。

如图 4-5、表 4-22 所示，主管承诺量表各个题项的标准化因子载荷均大于 0.80，整个主管承诺一阶因子的 AVE=0.742>0.50，组合效度 CR 大于 0.60，说明主管承诺量表聚合效度较好。

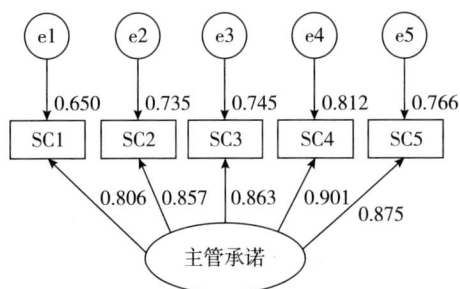

图 4-5 主管承诺的验证性因素分析模型

表 4-22　主管承诺的验证性因素分析结果

题项	标准化因子载荷（R）	标准误差（S.E.）	临界比（C.R.）	R^2	AVE
SC1	0.806	—	—	0.650	
SC2	0.857	0.047	25.444	0.735	
SC3	0.863	0.049	25.686	0.745	0.742
SC4	0.901	0.046	27.346	0.812	
SC5	0.875	0.046	26.210	0.766	

注：N=637。

如图 4-6、表 4-23 所示，承诺倾向量表各个题项的标准化因子载荷均大于 0.70，整个承诺倾向一阶因子的 AVE=0.701>0.50，组合效度 CR 大于 0.60，说明承诺倾向量表聚合效度较好。

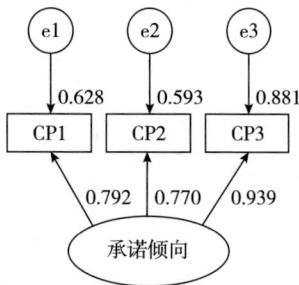

图 4-6　承诺倾向的验证性因素分析模型

表 4-23　承诺倾向的验证性因素分析结果

题项	标准化因子载荷（R）	标准误差（S.E.）	临界比（C.R.）	R^2	AVE
CP1	0.792	—	—	0.628	
CP2	0.770	0.041	20.923	0.593	0.701
CP3	0.939	0.047	22.759	0.881	

注：N=637。

如表 4-24 所示，工作获得感、创造力、组织承诺、主管承诺、承诺倾向五个变量的 AVE 的平方根均大于它们之间的相关系数，可见各量表之间区分效度良好。

表 4-24　工作获得感的作用机制研究中各量表之间的区分效度检验结果

变量	工作获得感	创造力	组织承诺	主管承诺	承诺倾向
工作获得感	(0.767)	—	—	—	—
创造力	0.316**	(0.817)	—	—	—
组织承诺	0.543**	0.489**	(0.781)	—	—
主管承诺	0.492**	0.443**	0.717**	(0.861)	—
承诺倾向	0.296**	0.174**	0.454**	0.391**	(0.837)

注：①N＝637；②使用 SPSS 软件统计各变量相关系数，基于各变量的 AVE 值计算 AVE 平方根；③第 2 列至第 6 列相关矩阵对角线为各潜在变量平均方差抽取量（AVE）的平方根。

如表 4-25、图 4-7 所示，五因子模型的各项拟合指标分别为 $\chi^2/df = 4.630$（小于 5），RMSEA ＝ 0.076（小于 0.08），IFI ＝ 0.921（大于 0.90），CFI ＝ 0.857（大于 0.85），TLI ＝ 0.910（大于 0.90），验证性因素分析结果优于其竞争模型，因此，工作获得感、创造力、组织承诺、主管承诺、承诺倾向五个变量之间具有良好的区分效度，五因子模型假设检验结果成立。

表 4-25　工作获得感的作用机制研究中各模型拟合度比较

模型	χ^2/df	RMSEA	IFI	CFI	TLI
基准模型					
M1：SGW、EC、OC、SC、CP	4.630	0.076	0.921	0.857	0.910
四因素模型					
M2a：EC、SGW+OC、SC、CP	8.182	0.106	0.841	0.841	0.823
M2b：EC、OC、SGW+SC、CP	8.488	0.109	0.835	0.834	0.815
M2c：SGW+EC、OC、SC、CP	9.288	0.114	0.817	0.817	0.795
三因素模型					
M3a：SGW+EC+OC、SC、CP	12.066	0.132	0.753	0.752	0.727
M3b：OC、SGW+EC+SC、CP	12.337	0.134	0.747	0.746	0.720
M3c：OC、SC、SGW+EC+CP	12.539	0.135	0.742	0.742	0.715
二因素模型					
M4a：SC、SGW+EC+OC+CP	14.749	0.147	0.691	0.690	0.661
M4b：SGW+EC+OC+SC、CP	15.575	0.151	0.672	0.672	0.640

模型	χ^2/df	RMSEA	IFI	CFI	TLI
单因素模型					
M5：SGW+EC+OC+SC+CP	18.275	0.165	0.610	0.609	0.574

注：①N=637；②+表示合并成一个变量；③SGW 表示工作获得感，EC 表示创造力，OC 表示组织承诺，SC 表示主管承诺，CP 表示承诺倾向。

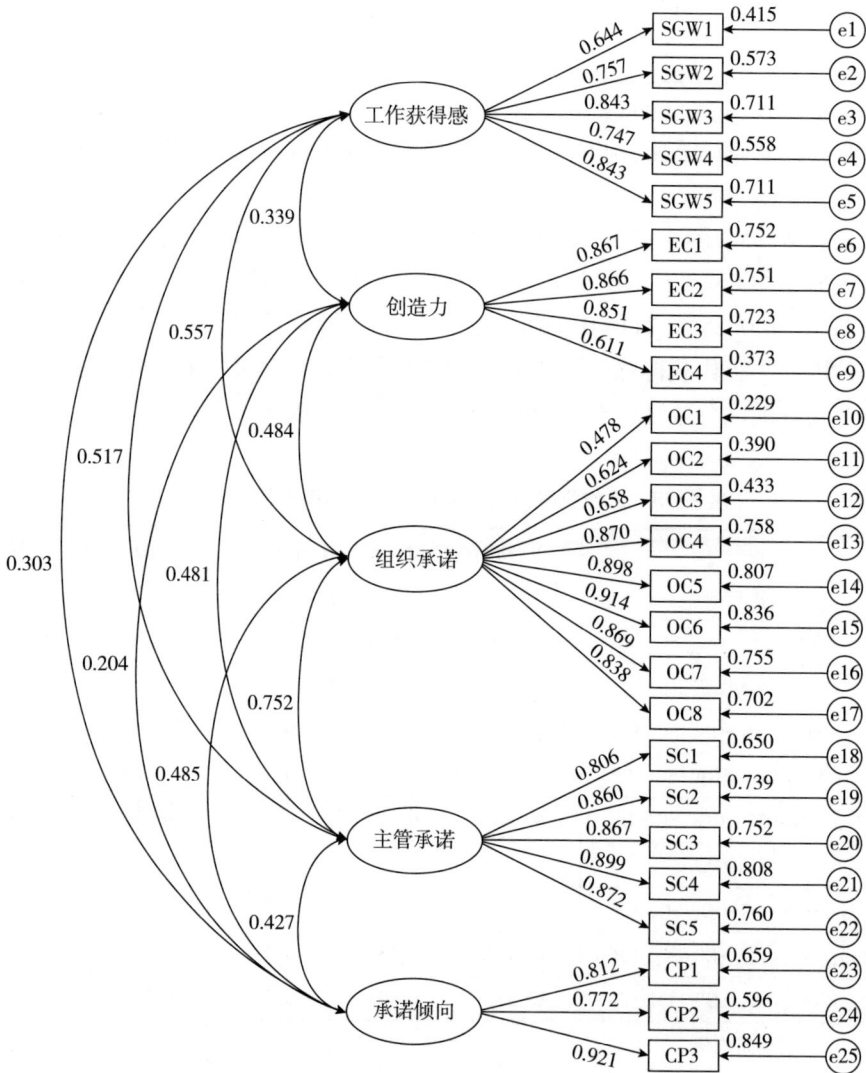

图 4-7　整体五因子模型的验证性因素分析模型

注：N=637。

六、共同方法偏差检验

本研究仍然采用 Harman 单因素检验方法来检验共同方法偏差。具体做法是在 SPSS 25.0 软件中将各变量同时纳入进行整体因子分析，查看未旋转的因子分析结果，如果只提取了一个因子或者某个因子的解释率达到了 50%，就可以判断存在严重的共同方法偏差。

各变量整体的 KMO 值为 0.930，远远高于 0.60 的要求，Bartlett's 球形度检验 p 值为 0.000（小于 0.001），所以数据适合进行因子分析。对共同方法偏差的检验结果如表 4-26 所示。

从表 4-26 中未旋转的因子分析结果可知，按照特征值大于 1 的方法共提取了 5 个共同因子，累积解释总方差的 72.290%，解释力最强的第一个共同因子能解释总方差的 43.496%（小于 50%）。可见，既未出现只提取了一个因子的情况，也未出现某个因子的解释率达到了 50% 的情况。因此，可以认为本研究不存在严重的共同方法偏差，整体量表有较高的构念效度。

表 4-26 工作获得感的作用机制研究中共同方法偏差检验

成分	初始特征值			提取载荷平方和			旋转载荷平方和		
	特征值	解释方差的百分比（%）	累积解释方差的百分比（%）	特征值	解释方差的百分比（%）	累积解释方差百分比（%）	特征值	解释方差的百分比（%）	累积解释方差的百分比（%）
1	10.874	43.496	43.496	10.874	**43.496**	43.496	4.993	19.971	19.971
2	2.289	9.157	52.653	2.289	9.157	52.653	3.877	15.508	35.479
3	2.056	8.224	60.877	2.056	8.224	60.877	3.511	14.043	49.523
4	1.596	6.384	67.261	1.596	6.384	67.261	3.179	12.715	62.238
5	1.257	5.029	72.290	1.257	5.029	72.290	2.513	10.052	72.290

解释的总方差

注：①N＝637；②提取方法：主成分分析法；③提取标准：特征值大于 1；④特征值小于 1 的已省略。

七、控制变量的影响分析

控制变量"性别"包含两个群体类别，采用独立样本 T 检验。控制变量"年龄""受教育程度""工作年限""岗位职级""所在单位性质"包含三个及以上群体类别，采用单因素方差分析。

1. 性别的独立样本 T 检验

以性别为分组变量，对组织承诺、主管承诺、创造力进行独立样本 T 检验，先通过 F 检验判断两组的方差是否同质（相等），如果 p 值大于 0.05，那么两组方差差异不显著，如果 p 值小于 0.05，那么两组方差差异显著；再检验两组的平均数是否存在显著差异。

如表 4-27 所示，不同性别的员工在创造力方面存在显著差异（T=4.674，p<0.001），而在组织承诺和主管承诺方面没有显著差异。同时根据均值大小可知，男性员工的创造力显著高于女性员工。可能的解释是：第一，女性在很多领域受到控制和缺乏资源。相较于男性，许多专业领域对女性的进入和发展都有较大的限制。第二，在一些领域中男性的天赋高于女性，如科学、科技发展、音乐等，而在写作、舞蹈、戏剧等方面女性的天赋较高。在科学研究、科技发展方面男性员工的创造力水平较高。第三，社会对女性和男性有不同的社会期望，对于男性的成就、事业期望更高，而对于女性成为母亲身份的社会期望更高。第四，研究表明在竞争条件下，男性在创造性思维产出的流畅性、灵活性表现好于女性，在合作条件下则相反。创新活动具有较大的挑战性和竞争性，因此男性的创造力高于女性。

表 4-27　工作获得感的作用机制研究中性别的独立样本 T 检验

检验变量	性别	样本个数	平均数	标准差	T 值
组织承诺	男	421	3.996	0.777	1.610
	女	216	3.894	0.743	
主管承诺	男	421	3.972	0.880	0.610
	女	216	3.927	0.886	
创造力	男	421	4.205	0.624	4.674 ***
	女	216	3.947	0.679	

注：①N=637；②＊＊＊表示 p<0.001。

2. 年龄的单因素方差分析

以年龄为分组变量，运用单因素方差分析方法检验年龄对组织承诺、主管承诺和创造力的影响。

如表 4-28 所示，不同年龄阶段的员工在主管承诺（p=0.061>0.05）和创造力（p=0.134>0.05）方面没有显著差异，在组织承诺（p=0.011<0.05）方面有显著差异。采用事后比较 LSD 法进行两两比较。

表 4-28 工作获得感的作用机制研究中年龄的单因素方差分析

变量	变异来源	平方和	df	均方	F	显著性
组织承诺	组间	7.591	4	1.898	3.274	0.011
	组内	366.347	632	0.580		
	总数	373.939	636	—		
主管承诺	组间	6.984	4	1.746	2.265	0.061
	组内	487.260	632	0.771		
	总数	494.244	636	—		
创造力	组间	3.015	4	0.754	1.767	0.134
	组内	269.530	632	0.426		
	总数	272.545	636	—		

注：①N=637；②方差的齐次性检验显著水平为 0.05。

如表 4-29 所示，所有的均值差均为负值，表明该变量在 I 年龄阶段比在 J 年龄阶段的均值小，且差异显著。表中反映出 26—35 周岁的员工的组织承诺显著低于 36—45 周岁的员工。可能的解释是：26—35 周岁的员工主要是进入社会工作不久的本科生和刚刚毕业的硕士生、博士生，刚毕业的大学生没有做好从学生到职员的转变，对社会了解少，缺乏科学清晰的职业规划，对自身定位模糊，容易盲目就业，认为跳槽可能给自己带来更好的平台。36—45 周岁的员工工作阅历增加，自身的职业规划逐渐明晰，对组织的依赖度、满意度更高，家庭关系逐渐稳定，跳槽的时间精力成本更大，而且随着年龄增大，找到更好工作的机会更少。46—55 周岁的员工竞争力下降，选择范围窄，即使跳槽也大概率会选择自己擅长的行业，而且距离正常的法定退休年龄时间较短，顺利从原工作单位退休的意愿较强。

表 4-29 工作获得感的作用机制研究中不同年龄阶段的 LSD 法两两比较

变量	选项（I）	选项（J）	均值差（I-J）
组织承诺	26—35 周岁	36—45 周岁	-0.20402*
		46—55 周岁	-0.19896*

注：①N=637；② * 表示 p<0.05；③方差的齐次性检验显著水平为 0.05。

3. 受教育程度的单因素方差分析

以受教育程度为分组变量，采用单因素方差分析方法检验受教育程度对组织承诺、主管承诺和创造力的影响。

如表 4-30 所示，不同受教育程度的员工在主管承诺（p=0.327>0.05）方面没有显著差异，在组织承诺（p = 0.003 < 0.05）和创造力（p = 0.002 < 0.05）两个方面有显著差异。采用事后比较 LSD 法进行两两比较。

表4-30　工作获得感的作用机制研究中受教育程度的单因素方差分析

变量	变异来源	平方和	df	均方	F	显著性
组织承诺	组间	6.653	2	3.326	5.742	0.003
	组内	367.286	634	0.579		
	总数	373.939	636	—		
主管承诺	组间	1.739	2	0.869	1.119	0.327
	组内	492.505	634	0.777		
	总数	494.244	636	—		
创造力	组间	5.388	2	2.694	6.393	0.002
	组内	267.157	634	0.421		
	总数	272.545	636	—		

注：①N=637；②方差的齐次性检验显著水平为0.05。

如表4-31所示，本科学历的员工组织承诺显著高于硕士研究生学历的员工，且博士研究生学历的员工组织承诺显著高于本科、硕士研究生学历的员工。可能的解释是：本科的员工专业技能较低，通常只能从事一些简单重复的工作，由于自身条件的限制，他们希望有一份稳定的工作为正常的生活提供物质保障，因此，他们会更加认真对待这份来之不易的工作。而相较于本科学历的员工，学历为硕士研究生的员工具有较高的专业技能和学习能力，他们对职业发展、工作条件和自身成长的要求更高，外部机会更多，跳槽到能提供更高福利待遇的企业的概率更大，因此员工组织承诺较低。相较于本科、硕士研究生，博士研究生从事科研的时间更长，对自身的职业发展定位较为清晰，更了解自身的优势，从而选择合适的工作，而且博士研究生就业方向主要是在科技型企业、研究机构、高等院校等从事学术研究工作，工作性质较为稳定。

表4-31　工作获得感的作用机制研究中不同受教育程度的 LSD 法两两比较

变量	选项（I）	选项（J）	均值差（I-J）
组织承诺	本科	硕士研究生	0.18288 *
		博士研究生	−0.36573 *
	硕士研究生	博士研究生	−0.54861 *

变量	选项（I）	选项（J）	均值差（I-J）
创造力	本科	博士研究生	−0.42058*
	硕士研究生	博士研究生	−0.53770*

注：①N=637；②*表示 p<0.05；③方差的齐次性检验显著水平为 0.05。

博士研究生学历的员工创造力显著高于本科、硕士研究生学历的员工创造力。可能的解释是：博士研究生通常从事相关研究的工作，相较于本科生和硕士研究生，其从事科研的时间较长，专业知识的积累更多，善于研究难题，有利于其提出创新的想法，是创新的主力。攻读博士也在一定程度上代表着学习能力较强、知识面较广，智力品质、学术素养较高，钻研能力强，创造力水平较高。博士研究生无论是在学术活动中，还是在项目实践中都在不断提升自身的创新能力。

4. 工作年限的单因素方差分析

本研究将工作年限分为 6 组：不满 1 年、1—3 年、4—6 年、7—10 年、11—15 年、超过 15 年。采用单因素方差分析方法来检验工作年限对组织承诺、主管承诺和创造力的影响。

如表 4-32 所示，不同工作年限的员工在主管承诺（p=0.650>0.05）和创造力（p=0.054>0.05）方面没有显著差异，在组织承诺（p=0.004<0.05）方面有显著差异。采用事后比较 LSD 法进行两两比较。

表 4-32　工作获得感的作用机制研究中工作年限的单因素方差分析

变量	变异来源	平方和	df	均方	F	显著性
组织承诺	组间	10.078	5	2.016	3.495	0.004
	组内	363.861	631	0.577		
	总数	373.939	636	—		
主管承诺	组间	2.591	5	0.518	0.665	0.650
	组内	491.654	631	0.779		
	总数	494.244	636	—		
创造力	组间	4.643	5	0.929	2.187	0.054
	组内	267.902	631	0.425		
	总数	272.545	636	—		

注：①N=637；②方差的齐次性检验显著水平为 0.05。

如表 4-33 所示，所有均值差均为负值，且达到了显著水平，反映出工作年限越长，员工的组织承诺越高。可能的解释是：工作 4—6 年的员工对社会的认知还不够全面，对自身的发展还比较迷茫，一次就业找到合适工作的概率较低，随着在求职过程中不断融入社会，其生活态度、职业观念也在不断变化，工作稳定性较低，而 7 年以上的员工已经充分了解所从事的行业、职业以及自身的优势和需求，他们会经过理性客观的分析后做出工作选择，因此他们对自己所在的组织有较高的情感认同、价值观目标认同。此外，工作年限长的员工对企业的依赖程度较高，工作压力和生活压力会增大，从而倾向于追求更加稳定的工作。

表 4-33　工作获得感的作用机制研究中不同工作年限的 LSD 法两两比较

变量	选项（I）	选项（J）	均值差（I-J）
组织承诺	不满 1 年	超过 15 年	-0.35053*
	4—6 年	7—10 年	-0.27741*
	4—6 年	11—15 年	-0.27904*
	4—6 年	超过 15 年	-0.36882*

注：①N=637；②*表示 $p<0.05$；③方差的齐次性检验显著水平为 0.05。

5. 岗位职级的单因素方差分析

本研究将岗位职级分为 4 组：高层管理或高级职称（技能）、中层管理或中级职称（技能）、基层管理或初级职称（技能）、其他。采用单因素方差分析方法来检验岗位职级对组织承诺、主管承诺和创造力的影响。

如表 4-34 所示，不同岗位职级的员工在组织承诺（$p=0.054>0.05$）和主管承诺（$p=0.637>0.05$）两个方面没有显著差异，在创造力（$p=0.011<0.05$）方面有显著差异。通过比较平均值发现，高层管理或高级职称（技能）的员工的组织承诺平均值为 4.248，中层管理或中级职称（技能）的员工的组织承诺平均值为 4.084（4.084<4.248），这表明高层管理或高级职称（技能）的员工组织承诺水平显著高于中层管理或中级职称（技能）的员工。可能的解释是：岗位职级较高的员工在组织中获得的薪酬福利待遇和组织的认可支持更高，员工对组织的满意度、认可度也更高，职位越高责任越重，组织对岗位职级较高的员工有更高的期待，使命感、责任感使员工更愿意为组织的目标奋斗。此外，岗位职级较高的员工代表着自身综合能力更强，如学习能力、计划推进能力、应对突发事件的能力等，专业领域的知识、充足的社会资源、自身的努力和积极的心态都是提高创新能力的有利因素。

表4-34 工作获得感的作用机制研究中岗位职级的单因素方差分析

变量	变异来源	平方和	df	均方	F	显著性
组织承诺	组间	2.182	1	2.182	3.727	0.054
	组内	371.757	635	0.585		
	总数	373.939	636			
主管承诺	组间	0.173	1	0.173	0.223	0.637
	组内	494.071	635	0.778		
	总数	494.244	636			
创造力	组间	2.775	1	2.775	6.531	0.011
	组内	269.770	635	0.425		
	总数	272.545	636			

注：①N＝637；②方差的齐次性检验显著水平为0.05。

6. 所在单位性质的单因素方差分析

本研究将所在公司性质分为3组：国有企业（含国有控股企业）、民营企业、外资及港澳台资企业。采用单因素方差分析方法来检验所在公司性质对组织承诺、主管承诺和创造力的影响。

如表4-35所示，不同所在单位性质的员工在组织承诺（$p = 0.013 < 0.05$）、主管承诺（$p = 0.000 < 0.05$）和创造力（$p = 0.021 < 0.05$）三个方面都具有显著差异。采用事后比较LSD法进行两两比较。

表4-35 工作获得感的作用机制研究中所在单位性质的单因素方差分析

变量	变异来源	平方和	df	均方	F	显著性
组织承诺	组间	5.100	2	2.550	4.383	0.013
	组内	368.839	634	0.582		
	总数	373.939	636			
主管承诺	组间	12.747	2	6.374	8.392	0.000
	组内	481.497	634	0.759		
	总数	494.244	636			
创造力	组间	3.300	2	1.650	3.886	0.021
	组内	269.244	634	0.425		
	总数	272.545	636			

注：①N＝637；②方差的齐次性检验显著水平为0.05。

如表4-36所示，所有均值差均为负值，且达到了显著水平，反映出民营企业在组织承诺、主管承诺和创造力方面高于国有企业（含国有控股企业）。可能的解释是：国有企业承担了更多的社会责任，能够为员工提供许多国家未规定的福利，如提供廉价住房、免费工作餐、探亲假、团建旅游活动等，为员工的健康、人身安全和退休生活提供保障，例如提供免费的健身设施、为员工安排合适的工作量、更高比例的公积金、参加大病保险等。然而，国有企业的管理效率较为低下，存在制度落后、机构冗杂、信息化进程慢等问题，不利于组织长期健康发展。民营企业特别是小型的私人企业，为了生存发展，企业以追求经济效益为重点，由于企业职工少，部门层级设置不完善，一人身兼多职的情况较多，劳动者权益缺乏保障，企业履行社会责任的意识也有待增强，维护消费者权益和参与环境保护的积极性仍较欠缺，工作保障性相对较弱。但民营企业具有较强的危机感和创新意识，体量小的企业反应更迅速，更能够适应市场的变化，薪酬制定的原则是多劳多得，内部晋升机制更加公平透明，员工职业发展机会更加多元。员工比较注重职业的长期发展，注重努力能否得到公平的回报，在工作中希望有更强的自主性，因此在民营企业的员工其组织承诺和主管承诺会更高，而且民营企业灵活的工作方式和鼓励尝试的工作氛围会有利于员工激发创造力。

表4-36　工作获得感的作用机制研究中不同公司性质的LSD法两两比较

变量	选项（I）	选项（J）	均值差（I-J）
组织承诺	国有企业（含国有控股企业）	民营企业	-0.18111*
主管承诺	国有企业（含国有控股企业）	民营企业	-0.28088*
创造力	国有企业（含国有控股企业）	民营企业	-0.12675*

注：①N=637；②＊表示p<0.05；③方差的齐次性检验显著水平为0.05。

第七节　回归分析

回归分析可以检验变量之间的因果关系，可以判断哪个是因、哪个是果，因此本研究将通过层级回归法分别检验以下三种直接效应：①工作获得感对创造力的影响；②工作获得感对组织承诺和主管承诺的影响；③组织承诺和主管承诺对创造力的影响。首先，进行变量之间的相关性分析；其次，进行多重共线性检验；最后，采用层级回归法进行直接效应的检验。

一、相关性分析

运用相关性分析判断变量之间的关系的方向和强度。采用 Pearson 相关系数分析工作获得感、创造力、组织承诺、主管承诺、承诺倾向五个变量之间的相关关系，各变量之间的相关系数矩阵如表 4-37 所示。

表 4-37　工作获得感的作用机制研究中各变量之间的相关系数矩阵

变量	工作获得感	创造力	组织承诺	主管承诺	承诺倾向
工作获得感	1	—	—	—	—
创造力	0.316**	1	—	—	—
组织承诺	0.543**	0.489**	1	—	—
主管承诺	0.492**	0.443**	0.717**	1	—
承诺倾向	0.296**	0.174**	0.454**	0.391**	1

注：①N=637；②** 表示 $p<0.01$，* 表示 $p<0.05$。

研究结果表明，所有变量之间关系均显著。其中自变量（工作获得感）和中介变量（组织承诺、主管承诺）均与因变量（创造力）在 0.01 水平（双侧）上显著相关。从相关关系的正负号来看，各个变量之间的相关性方向均与假设相吻合。

二、多重共线性检验

解释变量之间存在着严重的线性相关关系现象就是多重共线性。如果回归分析中发生多重共线性问题，会影响预测变量对效标变量的有效解释。本研究需要使用回归分析来检验工作获得感、组织承诺、主管承诺对创造力的影响。因此，本研究将解释变量（含调节变量承诺倾向）一并进行多重共线性检验。

如表 4-38 所示，方差比例为五个特征值所构成的方形矩阵，不存在某个特征值上同时存在两个变量的方差比例高于 0.80，可见在表中各变量之间不存在严重的多重共线性。

表4-38　工作获得感的作用机制研究中多重共线性检验

模型	维数	特征值	条件索引	方差比例				
				（常量）	SGW	OC	SC	CP
1	1	4.911	1.000	0.00	0.00	0.00	0.00	0.00
	2	0.033	12.201	0.02	0.17	0.01	0.08	0.67
	3	0.025	13.884	0.20	0.38	0.04	0.33	0.02
	4	0.019	16.005	0.75	0.42	0.06	0.02	0.28
	5	0.011	21.251	0.02	0.04	0.94	0.57	0.03

注：①N=637；②因变量为 EC；③SGW 表示工作获得感，EC 表示创造力，OC 表示组织承诺，SC 表示主管承诺，CP 表示承诺倾向。

三、直接效应检验

本研究采用层级回归法进行直接效应的检验，首先将六个控制变量（性别、年龄、受教育程度、工作年限、岗位职级、所在单位性质）纳入回归方程，其次纳入自变量和因变量，最后通过解释力的变化水平（ΔF）和自变量的标准化回归系数（β 值）的显著水平来判断直接效应是否显著。

如表4-39 所示，在层级回归模型中，模型1 至模型4 都将创造力作为因变量。模型1 中，将六个控制变量纳入阶层一，发现性别（$\beta = -0.181$，$p < 0.001$）、所在单位性质（$\beta = 0.127$，$p < 0.01$）与创造力关系显著，总体对创造力的解释力为6.4%，达到显著水平（$\Delta F = 7.142$，$p < 0.001$）。模型2 在模型1 的基础上将工作获得感纳入阶层二，与控制变量共同可解释因变量的16.2%，工作获得感的解释力为9.9%，此解释力达到统计上的显著水平（$\Delta F = 74.071$，$p < 0.001$），其标准化回归系数 β 值达到显著水平（$\beta = 0.315$，$p < 0.001$）。因为 β 为正数，表明工作获得感对创造力有正向影响，假设 H1 成立。模型3 在模型1 的基础上将组织承诺纳入阶层二，与控制变量共同可解释因变量的27.5%，组织承诺的解释力为21.2%，此解释力达到统计上的显著水平（$\Delta F = 183.666$，$p < 0.001$），其标准化回归系数 β 值达到显著水平（$\beta = 0.469$，$p < 0.001$）。因为 β 为正数，表明组织承诺对员工创造力有正向影响，假设 H3a 成立。模型4 在模型1 的基础上将主管承诺纳入阶层二，与控制变量共同可解释因变量的24.1%，主管承诺的解释力为17.8%，此解释力达到统计上的显著水平（$\Delta F = 147.195$，$p < 0.001$），其标准化回归系数 β 值达到显著水平（$\beta = 0.426$，$p < 0.001$）。因为 β 为正数，表明主管承诺对员工创造力有正向影响，假设 H3b 成立。

表4-39 层级回归分析结果（一）

变量	创造力			
	M1	M2	M3	M4
控制变量				
性别	−0.181***	−0.180***	−0.151***	−0.169***
年龄	0.106	0.088	0.091	0.092
受教育程度	0.029	0.046	0.009	0.018
工作年限	−0.018	0.012	−0.077	−0.034
岗位职级	−0.050	−0.049	−0.039	−0.052
所在单位性质	0.127**	0.123**	0.073*	0.069
自变量				
工作获得感		0.315***		
组织承诺			0.469***	
主管承诺				0.426***
回归模型摘要				
F值	7.142***	17.405***	34.135***	28.570***
R^2	0.064	0.162	0.275	0.241
ΔF值	7.142***	74.071***	183.666***	147.195***
ΔR^2	0.064	0.099	0.212	0.178

注：①N=637；②*表示p<0.05，**表示p<0.01，***表示p<0.001。

如表4-40所示，模型5和模型6都将组织承诺作为因变量。模型5中，将六个控制变量纳入阶层一，发现工作年限（β=0.126，p<0.05）、所在单位性质（β=0.116，p<0.01）与组织承诺关系显著，总体对组织承诺的解释力为3.8%，达到显著水平（ΔF=4.170，p<0.001）。模型6在模型5的基础上将工作获得感纳入阶层二，与控制变量共同可解释因变量的33.8%，工作获得感的解释力为30.0%，此解释力达到统计上的显著水平（ΔF=285.050，p<0.001），其标准化回归系数β值达到显著水平（β=0.549，p<0.001）。因为β为正数，表明工作获得感对组织承诺有正向影响，假设H2a成立。

如表4-40所示，模型7和模型8都将主管承诺作为因变量。模型7中，将六个控制变量纳入阶层一，发现所在单位性质（β=0.136，p<0.01）与主管承诺关系显著，总体对主管承诺的解释力为2.1%，达到显著水平（ΔF=2.289，p<0.05）。模型8在模型7的基础上将工作获得感纳入阶层二，与控制变量共同可解释因变量的26.4%，工作获得感的解释力为24.3%，此解释力达到统计上的

显著水平（ΔF = 207.533，p < 0.001），其标准化回归系数 β 值达到显著水平（β = 0.494，p < 0.001）。因为 β 为正数，表明工作获得感对主管承诺有正向影响，假设 H2b 成立。

表 4-40 层级回归分析结果（二）

变量	组织承诺		主管承诺	
	M5	M6	M7	M8
控制变量				
性别	−0.065	−0.062	−0.029	−0.027
年龄	0.033	0.001	0.035	0.006
受教育程度	0.042	0.071*	0.025	0.052
工作年限	0.126*	0.177***	0.037	0.084
岗位职级	−0.024	−0.022	0.005	0.007
所在单位性质	0.116**	0.108**	0.136**	0.129***
自变量				
工作获得感		0.549***		0.494***
组织承诺				
主管承诺				
回归模型摘要				
F 值	4.170***	45.907***	2.289*	32.253***
R^2	0.038	0.338	0.021	0.264
ΔF 值	4.170***	285.050***	2.289*	207.533***
ΔR^2	0.038	0.300	0.021	0.243

注：①N = 637；②*表示 p < 0.05，**表示 p < 0.01，***表示 p < 0.001。

第八节 并列多重中介效应检验

本研究同时关注组织承诺和主管承诺在工作获得感和创造力之间的中介作用，属于并列多重中介。运用 Bootstrap 中介效应检验，选择模型 4，样本量设定为 5000，置信区间设定为 95%，取样方法选择偏差校正的非参数百分位法。如果中介检验结果显示偏差校正的置信区间不包含 0，说明该中介效应显著。组织承诺和主管承诺两个中介变量的并列多重中介效应检验结果如表4-41所示，两个中介变量各影响路径的分析结果如表4-42所示。

表4-41　多重中介效应检验结果（一）

中介变量	置信区间		中介效应值（Data）
	低值	高值	
总体	0.1619	0.2543	0.2063
组织承诺	0.0864	0.1821	0.1351
主管承诺	0.0268	0.1219	0.0712
中介效应比较（C1）	-0.0211	0.1432	-0.0639

注：N＝637。

表4-42　多重中介效应检验结果（二）

影响路径（path）	变量	系数	S. E.	t	p
自变量→中介变量（a）	组织承诺（OC）	0.5157***	0.0379	13.5992	0.0000
	主管承诺（SC）	0.5334***	0.0444	12.0079	0.0000
中介变量→因变量（b）	组织承诺（OC）	0.2620***	0.0463	5.6549	0.0000
	主管承诺（SC）	0.1335**	0.0443	3.0120	0.0027
自变量→因变量（c'）	自变量 工作获得感	0.0461	0.0346	1.3325	0.1832
总效应（c）	自变量 工作获得感	0.2524***	0.0329	7.6659	0.0000
控制变量	性别	-0.2483***	0.0549	-4.5233	0.0000
	年龄	0.0781	0.0430	1.8144	0.0701
	受教育程度	0.0588	0.0495	1.1889	0.2349
	工作年限	0.0061	0.0264	0.2301	0.8181
	岗位职级	-0.0796	0.0696	-1.1441	0.2530
	所在单位性质	0.1480***	0.0434	3.4096	0.0007

注：①N＝637；②*表示 $p<0.05$，**表示 $p<0.01$，***表示 $p<0.001$。

如表4-41所示，两个中介共同发挥的中介作用显著（0.1619，0.2543），作用大小为0.2063。两个中介路径中，组织承诺的中介作用显著（0.0864，0.1821），中介效应值为正数（0.1351），表明组织承诺在工作获得感和创造力之间起中介作用，假设H4a成立。主管承诺的中介作用显著（0.0268，

0.1219)，中介效应值为正数（0.0712），表明主管承诺对员工创造力之间起中介作用，因此，假设 H4b 得到验证。C1 的中介效应值为 -0.0639，置信区间为（-0.0211, 0.1432），说明组织承诺的中介作用没有显著高于主管承诺。

由表 4-42 可知，六个控制变量中，只有性别和所在单位性质有显著影响，影响系数分别是 -0.2483（$p < 0.001$）和 0.1480（$p < 0.001$）。

第九节　调节效应检验

本研究采用分层线性回归方法分析承诺倾向对工作获得感与组织承诺、主管承诺和创造力关系的调节效应。首先，将六个控制变量纳入回归方程；其次，纳入工作获得感和承诺倾向（标准化之前）；最后，纳入工作获得感和承诺倾向（标准化之后）的交互项。

如表 4-43 所示，在层级回归模型中，模型 1 和模型 2 都将组织承诺作为因变量。模型 1 中，将六个控制变量纳入阶层一，工作获得感、承诺倾向纳入阶层二，发现工作年限（$\beta = 0.120$，$p < 0.05$）、所在单位性质（$\beta = 0.096$，$p < 0.01$）、工作获得感（$\beta = 0.456$，$p < 0.001$）、承诺倾向（$\beta = 0.305$，$p < 0.001$）与组织承诺关系显著，总体对组织承诺的解释力为 42.1%，达到显著水平（$\Delta F = 208.048$，$p < 0.001$）。模型 2 在模型 1 的基础上将工作获得感和承诺倾向的交互项纳入阶层三，共同可解释因变量的 42.4%，工作获得感和承诺倾向的交互项对组织承诺的解释力为 0.3%，此解释力未达到统计上的显著水平（$\Delta F = 2.880$，$p > 0.05$），其标准化回归系数 β 值未达到显著水平（$\beta = -0.052$，$p > 0.05$）。表明承诺倾向对工作获得感与组织承诺的关系没有调节作用，假设 H5a 不成立。

表 4-43　工作获得感的作用机制研究中调节效应检验结果

变量 控制变量	组织承诺		主管承诺		创造力	
	M1	M2	M3	M4	M5	M6
性别	-0.059	-0.063 *	-0.024	-0.028	-0.179 ***	-0.173 ***
年龄	0.034	0.031	0.034	0.030	0.097	0.102
受教育程度	0.042	0.041	0.027	0.026	0.038	0.040
工作年限	0.120 *	0.122 **	0.035	0.037	-0.003	-0.006
岗位职级	-0.023	-0.020	0.005	0.010	-0.050	-0.056

续表

变量 控制变量	组织承诺		主管承诺		创造力	
	M1	M2	M3	M4	M5	M6
所在单位性质	0.096**	0.096**	0.118***	0.119***	0.119**	0.119**
自变量						
工作获得感	0.456***	0.457***	0.415***	0.416***	0.290***	0.289***
调节变量						
承诺倾向	0.305***	0.299***	0.260***	0.252***	0.080	0.093*
交互项						
工作获得感× 承诺倾向		−0.052		−0.062		0.093*
回归模型摘要						
F 值	57.195***	51.312***	37.748***	34.072***	15.854***	14.926***
R^2	0.421	0.424	0.325	0.328	0.168	0.176
ΔF 值	208.048***	2.880	141.072***	3.476	39.378***	6.411*
ΔR^2	0.383	0.003	0.303	0.004	0.104	0.008

注：①N=637；②＊表示 p<0.05，＊＊表示 p<0.01，＊＊＊表示 p<0.001。

模型 3 和模型 4 都将主管承诺作为因变量。模型 3 中，将六个控制变量纳入阶层一，工作获得感、承诺倾向纳入阶层二，发现所在单位性质（β=0.118，p<0.001）、工作获得感（β=0.415，p<0.001）、承诺倾向（β=0.260，p<0.001）与主管承诺关系显著，总体对主管承诺的解释力为 32.5%，达到显著水平（ΔF=141.072，p<0.001）。模型 4 在模型 3 的基础上将工作获得感和承诺倾向的交互项纳入阶层三，共同可解释因变量的 32.8%，工作获得感和承诺倾向的交互项对组织承诺的解释力为 0.4%，此解释力未达到统计上的显著水平（ΔF=3.476，p>0.05），其标准化回归系数 β 值未达到显著水平（β=−0.062，p>0.05）。表明承诺倾向对工作获得感与主管承诺的关系没有调节作用，假设 H5b 不成立。

模型 5 和模型 6 都将创造力作为因变量。模型 5 中，将六个控制变量纳入阶层一，工作获得感、承诺倾向纳入阶层二，发现性别（β=−0.179，p<0.001）、所在单位性质（β=0.119，p<0.01）、工作获得感（β=0.290，p<0.001）、承诺倾向（β=0.080，p<0.05）与创造力关系显著，总体对主管承诺的解释力为 16.8%，达到显著水平（ΔF=39.378，p<0.001）。模型 6 在模型 5 的基础上将工作获得感和承诺倾向的交互项纳入阶层三，共同可解释因变量的 17.6%，工作获

得感和承诺倾向的交互项对创造力的解释力为 0.8%，此解释力达到统计上的显著水平（$\Delta F = 6.411$，$p < 0.05$），其标准化回归系数 β 值未达到显著水平（$\beta = 0.093$，$p < 0.05$）。表明承诺倾向对工作获得感与创造力的关系有调节作用，假设 H6 成立。

第十节　假设检验结果汇总

所有假设检验结果汇总情况如表 4-44 所示。

表 4-44　工作获得感的作用机制研究假设检验结果汇总

假设	假设性质	是否通过
H1：工作获得感对创造力有正向影响	探索性	是
H2a：工作获得感对组织承诺有正向影响	探索性	是
H2b：工作获得感对主管承诺有正向影响	探索性	是
H3a：组织承诺对员工创造力有正向影响	验证性	是
H3b：主管承诺对员工创造力有正向影响	探索性	是
H4a：组织承诺在工作获得感和创造力之间起中介作用	探索性	是
H4b：主管承诺在工作获得感和创造力之间起中介作用	探索性	是
H5a：承诺倾向正向调节工作获得感和组织承诺之间的关系	探索性	否
H5b：承诺倾向正向调节工作获得感和主管承诺之间的关系	探索性	否
H6：承诺倾向正向调节工作获得感和创造力之间的关系	探索性	是

第五章　工作获得感的影响机制研究

第四章从组织和主管双视角，探索了工作获得感对创造力的作用机制。本章将聚焦工作获得感的"影响机制"，进一步从组织环境和上下级关系两个视角探讨承诺型人力资源管理实践与工作获得感的关系，旨在回答"如何提升工作获得感"的问题。

第一节　问题提出

"民生三感"作为新时代国家治理的良策方针（王浦劬、季程远，2018）和社会发展的最优衡量标尺（郑风田、陈思宇，2017）自提出以来便引起了高度关注。其中，"获得感"更是荣登2015年"十大流行语"第一的宝座，并且入选2016年"十大新词"，由此迅速成为"热词"（曹现强、李烁，2017）。近年来，"获得感"不仅成为党中央诸多会议屡屡强调的重要概念，而且成为社会讨论和学界研究的焦点。基于中国文化背景提出的"获得感"具有很强的中国特色，描述的是我国公民生活状态的本土化概念。其中，"获得感"国外目前尚无与之相对应的概念，它不同于满意度等外来概念。虽然已有很多学者展开了对"获得感"的研究，但大多数处于理论研究阶段，学者大多数关注的是群众的"获得感"。目前，从宏观角度关于人民群众的"获得感"研究已经取得一定成果，但从微观角度基于组织情境的"获得感"，即工作获得感的研究甚少，缺乏相应的理论与实证研究。同时，先前研究从政治学和社会学等视角对"获得感"的内涵及提升路径等进行了探索，奠定了一定的研究基础，因此探索工作获得感既能推动国家战略的科学落地，还能挖掘工作获得感的独特内涵，让组织和员工共同分享发展成果，促进雇佣双方和谐劳动关系的建立，同时还能促进员工职业生涯健康发展。

企业员工作为组织的一部分（曾鸿钧等，2016），其组织情境"民生三感"的感知程度极大地受到来自组织的影响。一方面，企业的核心竞争力决定了工作安全感、工作获得感和工作的基础，组织具有一定的核心竞争力才能够保障员工的基本物质需要，是员工工作安全感的基本前提保障；另一方面，企业的组织氛围等影响着员工的主观情绪感受，和谐的公平组织氛围能够降低员工的不公平感，积极情感体验越多（陈沛然，2020），员工的获得感才会更强，实现了物质与精神的满足，从而促进了员工的幸福感感知。人力资源管理实践作为组织的管理实践活动中更远端和更直接的组织环境影响因素，在一定程度上可能会影响到员工的工作安全感、工作获得感以及工作幸福感。承诺型人力资源管理实践（Commitment-based Human Resource Management Practice，CHRMP）重视员工的价值，摒弃传统人力资源实践中将员工视为组织成本的思想，从资源的角度将员工视为组织发展的宝贵资源，并且会通过一系列的管理实践活动促进员工的成长和发展，以此带来企业绩效的增长。对组织来说，承诺型人力资源管理实践是组织坚持持续地满足员工需求和挖掘员工潜力，不是组织的阶段性行为或短期行为，其对组织效益和员工态度与行为等大多带来积极的影响。同时，重视员工价值与发展的承诺型管理模式能够为员工带来更多的精神支持和资源支持等，基于社会交换理论的互惠原则，员工会以更加专注地投入到工作中，员工因工作中的付出而取得实实在在的获得，因而承诺型人力资源管理实践可能会促进员工在工作中的获得感。

基于以往关于承诺型人力资源管理实践和员工心理感知的相关研究成果，本研究认为承诺型人力资源管理实践与工作获得感之间存在着"黑箱"，承诺型人力资源管理实践通过"黑箱"对工作获得感产生影响，而打开"黑箱"的钥匙可能是主管下属关系。主管下属关系（Supervisor Subordinate Guanxi）是指主管和下属间以利益交换为目的的非工作关系，这种关系强调双向的互动（朱晓妹等，2019）。这个基于中国文化背景下提出的概念对主管和下属来说是一种特殊关系的存在（Chen et al.，2009）。研究发现，高质量的主管下属关系可以促进员工的职业发展，从而提升员工的工作满意度（王忠军等，2011）、降低员工的离职率（Law et al.，2000）、提高员工的角色外行为（Wong et al.，2010；赵申茹等，2018）。实施承诺型人力资源管理实践活动的组织需要为员工提供更多的资源支持，员工可以根据实际情况进行工作的设计和再设计，基于员工实际出发的理论深度的提升和实践能力的培养，从而提升主管下属关系的质量。在梳理文献研究成果的过程中发现，少有研究从基于上下级互动的主管下属关系视角出发探讨承诺型人力资源管理实践与个体心理感知的中介机制研究。基于此，本研究拟考虑主管下属关系在承诺型人力资源管理实践对工作获得感的影响关系间的作用，从而构建承诺型人力资源管理实践、主管下属关系以及工作获得感的中介机制模型。另外，根据归属需求理论，领导政治技能会促进承诺型人力资源管理实践的积极作用效果。同时，不同个体特质的员工会差异化感知来自组织实施的管理实践。因此，本研究还将探讨领导政治技能和主动性人格在该影响机制中所发挥的调节作用。

综上所述，本研究将从组织行为学的微观视角出发，探索组织环境视角下承诺型人力资源管理实践与工作获得感的关系。基于归属需求理论以中国企业为情境，以各企业研发部门的员工为调研对象，探索承诺型人力资源管理实践对工作获得感的影响，构建并验证承诺型人力资源管理实践与工作获得感的理论模型，以期为组织实施承诺型人力资源管理实践和提升组织工作获得感提供理论参考。

第二节　理论模型

基于归属需求理论的核心思想，只有领导者无私地帮助自己的下属和员工，组织的共同目标才可能最大限度地实现。归属需求作为团队最重要的基本社会动机，能够在很大程度上影响个体的工作行为和工作状态，在维持上下级关系中发挥着重要的作用。例如，对组织中的资源利用率越高的员工，越能感知到更多的组织嵌入感和组织内的公平感。组织对员工的支持可以满足员工社会情感的需要，帮助员工更好地建立组织归属感（Baumeister and Leary，1995）。组织通过为员工提供尊重与情感支持、福利支持以及工具性支持，使其感受到来自组织的关怀、认可与尊重，这有助于员工与组织之间情感纽带的形成，增强领导者与员工以及下属之间的上下级关系质量，同时还能够激发员工的积极工作情绪。

研究表明，在实施承诺型管理实践的组织情境中，员工个体更加容易感知到来自组织的支持（Allen et al.，2003；刘宗华等，2017；罗帆、徐瑞华，2017）。承诺型人力资源管理实践重视组织与员工的长期社会交换关系，一方面通过与员工的情感联系以培养员工对组织的承诺和忠诚（Walton，1985）；另一方面通过影响员工的价值观等实现员工与组织目标的同化，从而实现组织的战略目标。因而，这是一种对双方都有利的管理模式（林叶、李燕萍，2016）。由此可见，重视员工价值与发展的承诺型管理模式能够为员工带来更多的精神支持和资源支持等，基于社会交换理论的互惠原则，员工会更加专注和投入到工作中，进而因工作中的付出而取得的实实在在的获得，因而承诺型人力资源管理实践促进了员工的工作获得感（承诺型人力资源管理实践→工作获得感）。承诺型的人力资源管理实践强调员工和组织目标的共同实现，学者 Guest（1998b）和 Gould-Williams（2004）认为承诺型的管理模式能够有效消除和避免同事间的隔阂和误会，从而增强了团队成员的社会联系，共同为实现组织目标而努力（林丛丛、李秀凤，

2019），主管和下属同属于共同的组织，在实现组织目标上二者具有同样的责任和义务。因此，承诺型人力资源管理实践可能促进了主管下属的关系（承诺型人力资源管理实践→主管下属关系）。同时，与主管相处关系良好的个体在工作中与同事具有更广泛的社交联系（刘巨钦、李淑钊，2013），具有高质量主管下属关系的员工更加懂得如何在职场中与上级和同事打交道，他们可以利用关系网络在工作中创造和保持更多的资源，进而增强了其工作获得感。因而，主管下属关系可能在承诺型人力资源管理实践和工作获得感之间发挥中介作用（承诺型人力资源管理实践→主管下属关系→工作获得感）。

另外，考虑到情境因素可能会干扰研究结论的得出，因此引入情境因素研究更有利于承诺型人力资源管理实践与工作获得感的作用机制。高政治技能的领导懂得如何满足员工的需求，有利于员工积极心理感知和积极行为的产生。同时，领导越激励员工，越会促使员工对组织表现出更高的认同（Ellinger et al.，2003）及更高的工作投入水平（叶蒲、李超平，2017）。根据归属需求理论，领导政治技能会促进承诺型人力资源管理实践的积极作用效果。个体特质也是影响员工行为态度的重要因素，同时受到环境和遗传的作用。不同个体特质的员工会差异化感知来自组织实施的管理实践。例如，主动性人格个体无论在面对顺境还是逆境的时候，都会努力解决问题。依据归属需求理论，员工的这种特质促进了其在组织中的工作积极性，更加渴求与其他个体产生联系和追求自我价值，因而会对工作获得感产生影响。因此，本研究还选择了领导政治技能和主动性人格作为承诺型人力资源管理实践、主管下属关系和工作获得感之间关系的调节变量。

综上所述，本研究基于归属需求理论，将从员工组织关系质量探索承诺型人力资源管理实践对工作获得感的影响，并考虑主管下属关系的路径作用。同时，选取主动性人格和领导政治技能作为调节变量，并构建了理论模型（见图5-1）。

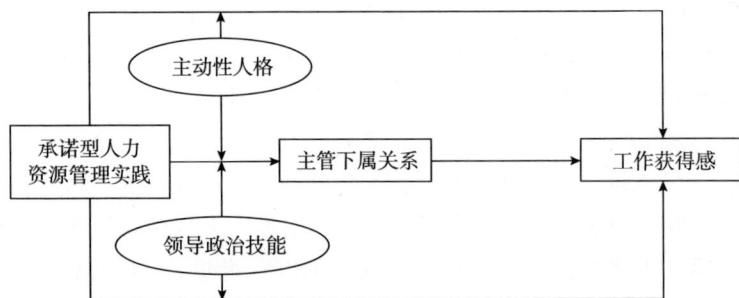

图5-1 工作获得感的影响机制理论模型

第三节 研究假设的提出

一、承诺型人力资源管理实践与工作获得感的关系

本研究认为承诺型人力资源管理实践正向影响员工的工作获得感。首先，实现内部报酬公平、外部报酬有竞争性是承诺型人力资源管理实践的显著特征之一（Whitener，2001）。程序公平、员工参与及信息共享等能促进员工公平感的产生（林叶、李燕萍，2016）。李辉等（2015）发现承诺型人力资源管理实践能够加强员工的信任感和公平感。其次，研究表明，个体感知到的公平感对获得感具有促进作用（王龙、霍国庆，2019；吴克昌、刘志鹏，2019；谢治菊、兰英，2019）。在国有林场职工获得感的研究指出，领导层要实现员工的自主、公平（乔玥等，2019）。基于人民获得感研究的结果表明，就业状态（叶胥等，2018）、工作稳定性（谭旭运等，2018）、就业质量（聂伟，2019）、个体的职业认同和自豪感（白秀丽等，2020；黄立清等，2019）对获得感有显著的直接影响。此外，学者提出承诺型的人力资源管理能够促进员工之间形成良好的人际关系（Harrison et al.，1998；Lvina et al.，2018）。刘宁等（2019）发现个体的人际关系越好，其获得感越高。根据归属需求理论，个体需要感知到与他人产生联系，如被接受、尊重与关爱，承诺型人力资源管理实践满足了个体的归属需求动机，能够激发个体的创造力、工作绩效。重视员工价值与发展的承诺型管理模式能够为员工带来更多的精神支持和资源支持等，基于互惠原则，员工会更加专注地投入到工作中，员工因工作中的付出而取得实实在在的获得，因而承诺型人力资源管理实践促进了员工在工作中的获得感。

基于以上分析，提出以下假设：

H1：承诺型人力资源管理实践对工作获得感有正向影响。

二、主管下属关系的中介作用

积极情绪拓展—建构理论认为积极情绪和消极情绪在特定环境中具有相反的作用效果。例如，当人们经历恐惧时，消极情绪会促使人们快速做出决定，而积极情绪则可以拓展和激发个体产生新的思想。通过体验积极情绪，个体的创造力和特质等能够得到进一步的激发，还能保持身体的健康。同时，积极情绪为个体发展提供了一定的资源基础，可以促进其进一步进行资源建构而实现资源的增

值。不管是积极情绪的拓展功能还是建构功能都有利于员工在职场中的快速成长，以及进一步地体会到更高层次的积极情绪工作场所中的幸福感。首先，承诺型人力资源管理实践强调员工和组织目标的一致性，员工认可组织的目标并愿意付出努力（Arthur，1994），良好的主管下属关系必须是以团队成员追求统一目标为前提（赵申苒等，2018）。同时参与性的决策和双向沟通的建言机制也会增加主管与下属间的人际互动，促进了主管下属关系。其次，承诺型人力资源管理实践重视员工的组织认同。当员工遇到自己无法解决的问题时，会寻求组织中的帮助。主管会提供员工相关指导和帮助，从而有利于形成良好的主管下属关系。主管作为团队的领导者，与下属是密不可分的整体，实践表明，承诺型人力资源管理实践能够有效加强团队成员间的紧密联系以及员工对团队的前瞻行为（林叶、李燕萍，2016）。最后，当组织充分信任员工并给予资源支持时，其会以更高的工作投入水平完成工作（刘宗华等，2017）。此时主管作为组织的代理人，员工的积极行为可能是对主管的回报互动，进而促使领导者和员工双方建立高质量的组织员工关系。

基于以上分析，提出以下假设：

H2：承诺型人力资源管理实践对主管下属关系有正向影响。

Rook（1984）指出，当领导与下属之间的沟通质量越高，下属个体在工作中更加能够体会到积极的情感体验，进而降低了下属的工作压力，工作积极性得到了进一步提升。黄勇和彭纪生（2016）依据社会认知理论，通过对436份主管下属配对样本分析和检验发现，主管下属关系质量越高，员工在工作中更加负责。当个体表现出负责行为时，下属会更加积极地改善工作中的问题（Morrison and Phelps，1999），并坚持不懈地努力工作（Fuller et al.，2012；Parker and Collins，2010）。同时，个体的担责行为也是良好主管下属关系的结果（黄勇、余江龙，2019）。担责行为（Mcallister et al.，2007）强调员工的主动付出，个体会更加关注整个过程。因此，当员工在组织中的主动行为越多时，个体在工作中付出的努力会更多，因而个体在工作中进行了实实在在的付出；进一步地，当员工的想法或者建议被组织采纳并得到实施时，个体的主观感受得到认可，产生了因工作付出而感知到的真实的获得感。

基于以上分析，提出以下假设：

H3：主管下属关系对工作获得感有正向影响。

H4：主管下属关系在承诺型人力资源管理实践和工作获得感之间起中介作用：承诺型人力资源管理实践通过主管下属关系间接正向影响工作获得感。

三、领导政治技能的调节作用

高领导政治技能可能促进员工在承诺型人力资源管理实践下感知到更多的工作获得感，同时也能促进员工与主管之间的主管下属关系。领导常常在组织中扮演"教练员"与"推动者"的角色，面对日益变化的组织设计和工作结构，为应对组织内部和外部的变化，一个好的领导需要懂得利用一定的政治技能，能更有效地带动他人（Ferris et al.，2005），更有效地提升其在组织中的地位，并为下属提供各种稀缺资源（Mintzberg，1983），并且让员工感知在其决策过程中考虑他们的利益，提高下属的忠诚度。当组织实施承诺型人力资源管理实践时，高领导政治技能的主管会更加倾向于帮助员工，因而员工的各种工作需求能够得到满足，而得到各种组织资源的支持有利于员工高质量完成工作任务，用实际付出得到物质满足以及领导和组织的认可，进而切实增强员工的工作获得感感知。员工自身与下属的关系在领导政治技能水平高的组织中能够得到很好的调节（赵君、赵书松，2016）。

基于以上分析，提出以下假设：

H5：领导政治技能正向调节承诺型人力资源管理实践和工作获得感之间的关系：领导政治技能水平越高，承诺型人力资源管理实践对工作获得感的影响越强；领导政治技能水平越低，承诺型人力资源管理实践对工作获得感的影响越弱。

H6：领导政治技能正向调节承诺型人力资源管理实践和主管下属关系之间的关系：领导政治技能水平越高，承诺型人力资源管理实践对主管下属关系的影响越强；领导政治技能水平越低，承诺型人力资源管理实践对主管下属关系的影响越弱。

四、主动性人格的调节作用

高主动性人格可能促进员工在承诺型人力资源管理实践下感知到更多的工作获得感，同时也能促进员工与主管之间的主管下属关系。员工是不同的个体，面对同样的客体会呈现出差异的感知，进而采取不同的策略和行动。当面临同样的发展制约时，某些个体倾向于采取主动行为以达到影响环境的目的，而另一些个体则被选择被束缚，得过且过。当组织实施承诺型人力资源管理实践时，该行为正好为满足员工的自主性需求提供了可能，其通过授权获得资源和权力从而改变现状。主动性人格高的员工会倾向于改变环境而非适应环境，承诺型人力资源管理实践正好为员工提供了社会支持、资源和机会，使其有意愿、有能力去进行工作，进而他们不仅可以获得物质资源，还可以获得因付出而产生的价值感，从而提升其对工作获得感的感知。反之，对主动性人格低的员工，承诺型人力资源管理实践倡导的员工自主管理和授权等可能会被员工感知为一种额外的责任和负担，从而增加了员工的心理压力（Cheong et al.，2016），员工可能因为感到的心理压力而担心完成不了工作，进而对失去工作产生担忧。已有研究表明，当员工主动性人格高时，组织的授权行为对工作重塑的影响会得到加强（杨建春、毛江华，2019），同时，主动性人格增强了组织的授权行为对员工工作敬业度的间接影响（Cai et al.，2018）。对于主动性高的个体来说，在实施承诺型人力资源管理实践对员工进行管理的过程中，员工会更加积极地利用组织中的资源主动采取措施，投入到工作和任务中来，进而增强其积极情绪感知。最终，高主动性人格的员工在积极寻求组织帮助的过程中会更多地加强与上级主管的沟通，进一步促进了主管与下属之间关系的提升。

基于以上分析，提出以下假设：

H7：主动性人格正向调节承诺型人力资源管理实践和工作获得感之间的关系：员工主动性人格越高，承诺型人力资源管理实践对工作获得感的影响越强；员工主动性人格越低，承诺型人力资源管理实践对工作获得感的影响越弱。

H8：主动性人格正向调节承诺型人力资源管理实践和主管下属关系之间的关系：员工主动性人格越高，承诺型人力资源管理实践对主管下属关系的影响越强；员工主动性人格越低，承诺型人力资源管理实践对主管下属关系的影响越弱。

综上所述，研究假设汇总如表5-1所示。

表5-1 工作获得感的影响机制研究假设汇总

假设	假设内容
H1	承诺型人力资源管理实践对工作获得感有正向影响
H2	承诺型人力资源管理实践对主管下属关系有正向影响
H3	主管下属关系对工作获得感有正向影响
H4	主管下属关系在承诺型人力资源管理实践和工作获得感之间起中介作用：承诺型人力资源管理实践通过主管下属关系间接正向影响工作获得感
H5	领导政治技能正向调节承诺型人力资源管理实践和工作获得感之间的关系：领导政治技能水平越高，承诺型人力资源管理实践对工作获得感的影响越强；领导政治技能水平越低，承诺型人力资源管理实践对工作获得感的影响越弱
H6	领导政治技能正向调节承诺型人力资源管理实践和主管下属关系之间的关系：领导政治技能水平越高，承诺型人力资源管理实践对主管下属关系的影响越强；领导政治技能水平越低，承诺型人力资源管理实践对主管下属关系的影响越弱
H7	主动性人格正向调节承诺型人力资源管理实践和工作获得感之间的关系：员工主动性人格越高，承诺型人力资源管理实践对工作获得感的影响越强；员工主动性人格越低，承诺型人力资源管理实践对工作获得感的影响越弱

假设	假设内容
H8	主动性人格正向调节承诺型人力资源管理实践和主管下属关系之间的关系：员工主动性人格越高，承诺型人力资源管理实践对主管下属关系的影响越强；员工主动性人格越低，承诺型人力资源管理实践对主管下属关系的影响越弱

第四节　研究设计

一、研究样本

数据质量是实证研究的"命脉"。本研究采用问卷调查法，利用纸质问卷进行数据收集。先进行初始问卷的调研再进行正式问卷的调研。基于网络问卷的弊端，本研究采用了线下的纸质问卷。依托于项目团队正在进行的某咨询项目，在项目组相关成员的支持下，调研小组与成都市内近40家企业的人事主管与研发部门取得联系，并选择了其中十家左右的企业进行小样本数据的发放。本次预测试的数据采集工作主要由笔者以及所在团队的成员共同参与完成的，问卷发放历时两周，发放问卷的地方选择在成都市企业的写字楼或办公室，主要利用员工午休及下班时间进行问卷填写。本次预测试收集到216份有效问卷。

二、问卷设计

纸质问卷能够更加真实地反映数据情况，因而对问卷的设计提出了更高的要求。为了保证研究的数据质量，本研究从总体上将问卷设计工作分为以下步骤进行：首先，确定测量工具。基于众多考虑因素，最终选择的各测量工具具备以下特点：一是顶级期刊发表过、被国内外专家学者广泛应用，二是在中国情景组织中信效度水平较高的测量量表。其次，获得测量工具。通过原始文献和二次文献进行检索以获得相关变量的测量工作。再次，规范测量工具。本研究采用的量表中除了工作获得感为中文量表，其余量表均为英文量表，求助英语专业的老师进行相关量表的翻译，进一步保证量表中问题翻译的准确性和在中文语境下的可读性。复次，设计问卷。将各变量对应的量表组合在一起，加上控制变量等内容构成基础问卷。此外，本研究对问卷外观进行了精心设计。最后，进行调研。这一步的目的是测试问卷是否合理、科学，并采纳小样本测试（即预测试）的结果来修整和完善问卷的题项，得到正式问卷。

三、测量工具

1. 承诺型人力资源管理实践

本研究认为承诺型人力资源管理实践是组织通过情感层面的因素改变员工行为和态度而实施的管理活动，使员工认可企业的目标并愿意为之付出实际行动，从而既能实现提高员工的承诺和忠诚，又能带来组织绩效提升（Xiao and Tsui，2007）。测量工具采用 Xiao 和 Tsui（2007）开发的量表，共 11 个题项，在国内外研究中已经得到大多数学者的认可。

2. 工作获得感

借鉴人民获得感的相关界定，学者将工作获得感界定为企业中的员工因工作中的付出而取得实实在在的获得，并对该获得进行主观评判进而产生的一种主观感受。同时，我们认为组织情境下的获得感是一个综合性的概念，它概括为组织中的个体（领导、员工等）或对象（工作等）所产生或具有的一种主观感受或客观属性（Gu et al.，2020）。Gu 等（2020）基于组织情境开发的工作获得感量表被广泛使用，因此本研究采用 Gu 等（2020）开发的 14 题项量表。

3. 主管下属关系

本研究认为主管下属关系概念是指领导与下属之间的关系，主要指的是工作场所之外的关系，这种关系的起源可能来源于工作，也可能存在于工作之外，一些工作之外的互动会深化双方关系并且会反过来作用于工作中（Law et al.，2000）。测量工具采用 Law 等（2000）编制的 SSG 主管下属关系量表，该量表为单维度量表，包含 6 个题项，本研究用此量表对主管下属关系进行测量。

4. 领导政治技能

领导政治技能是指领导者在社交中敏锐地察觉到员工需求后能够迅速反应、灵活调整相关组织资源，从而高效满足其发展的需求（Ferris et al.，2005）。领导政治技能水平越高的团队中下属会更加积极的进行工作，团队和谐氛围得到提升。测量工具采用 Ahearn 等（2004）编制的领导政治技能测量量表，该量表为单维度量表，包含 6 个问题。

5. 主动性人格

主动性人格是个体主动采取行为以影响环境的趋势，其具有独特且不易改变的特点，是一种独立人格特质（Bateman and Crant，1993）。测量工具采用 Seibert 等（1999）开发的量表，该量表共包含 10 个题项。除工作获得感的测量工具外，其他测量工具均为外文量表，笔者译后由英文专业人员矫正，然后请中文教授阅读修改语句，最后请企业实践专家阅读，本研究中相关变量的测量工具如表 5-2 所示。

表 5-2　工作获得感的影响机制研究的测量量表

变量	编号	题项内容
承诺型人力资源管理实践	CHRMP01	公司在进行招聘时有严格的筛选程序
	CHRMP02	公司组织较多的培训和实践活动
	CHRMP03	员工工作范围广泛，内部轮岗
	CHRMP04	业绩考核强调团队绩效而不是个人绩效
	CHRMP05	员工反馈是以发展为目的而不是用于评估
	CHRMP06	员工拥有广泛的股权和各种分红权
	CHRMP07	员工在收入、文化和地位方面尽量平等
	CHRMP08	员工通过建议、申诉和士气调查等形式参与决策
	CHRMP09	开放的沟通和广泛的信息共享
	CHRMP10	强调团队工作和集体主义，而不是个人奋斗
工作获得感	SGW01	我满意该单位的薪酬水平
	SGW02	我满意该单位的福利水平
	SGW03	我满意该单位提供的养老保障措施
	SGW04	我满意该单位提供的住房保障措施
	SGW05	我满意该单位提供的医疗保障措施
	SGW06	我在该单位工作能获得愉快的心情
	SGW07	该单位有完善的规章制度并严格执行
	SGW08	我满意该单位的文化氛围
	SGW09	我满意该单位的同事关系
	SGW10	我满意该单位组织的业余活动
	SGW11	我满意该单位对员工的服务意识和服务效率
	SGW12	我在该单位工作能实现自我价值
	SGW13	该单位的榜样能激励我奋发向上
	SGW14	在该单位工作有利于促进我的家庭关系和谐
主管下属关系	SSG01	在假日或工作之余，我会给主管打电话或拜访他（她）
	SSG02	我的主管会邀请我与他（她）一起吃饭
	SSG03	在主管的一些特殊日子（如生日），我会登门拜访并送礼
	SSG04	我总是积极主动地与主管交流我的想法、问题、需要和感受
	SSG05	我关心并理解主管的家庭与工作状况
	SSG06	当有不同意见时，我绝对会站在主管一边

变量	编号	题项内容
领导政治技能	LPS01	（我的顶头上司）能设身处地为别人考虑
	LPS02	（我的顶头上司）可以令多数人与他在一起的时候感到舒适轻松
	LPS03	（我的顶头上司）很容易与大多数人建立友好关系
	LPS04	（我的顶头上司）善解人意
	LPS05	（我的顶头上司）很善于让大家积极响应他（的号召）
	LPS06	（我的顶头上司）尽力去寻找与别人的共同点
主动性人格	PPS01	我总在不断地探寻那些能改善自己生活的新方式
	PPS02	无论在哪里，我都是推动积极变革的强大力量
	PPS03	没有比看见自己的想法变成现实更令我兴奋的事情了
	PPS04	看到不喜欢的事物，我会去改变它
	PPS05	不管成功的机会有多大，一旦确信某件事情，我就会尽力实现
	PPS06	即使他人反对，我仍愿意坚持自己的想法
	PPS07	我总是在寻找更好的做事情的方法
	PPS08	我善于捕捉机遇
	PPS09	如果确定了某个想法，任何障碍都不能阻止我实现它
	PPS10	我可以比别人更早地发现好的机会

四、控制变量设计

依据研究主题与研究内容，工作获得感的影响机制研究中考虑选择的控制变量主要包括性别、年龄、受教育程度、工作年限、所在单位性质 5 个变量，具体如表 5-3 所示。

表 5-3　工作获得感的影响机制研究控制变量的选择

分类	性别	年龄	受教育程度	工作年限	所在单位性质
1	男性	25 岁及以下	高中及以下	不满 1 年	事业单位
2	女性	26—30 岁	专科	1—2 年	国有企业
3	—	31—35 岁	本科	3—5 年	国有控股企业
4	—	36—40 岁	硕士研究生	6—10 年	外资企业
5	—	41—50 岁	博士研究生	11—15 年	合资企业
6	—	51 岁及以上	—	超过 15 年	民营企业

例如，本研究将调研对象的受教育程度分为5组，即高中及以下、专科、本科、硕士研究生及博士研究生，分别用1到5进行编码（见表5-3）。其中性别为分类变量，其他变量均为连续变量。

第五节　小样本测试与问卷完善

初始调查问卷设计完毕之后，为提高测量工具的信度和效度，本研究在正式调研之前的一周进行预测试。基于时间、人员、区域等限制条件，采用现场发放问卷的方式进行问卷数据的收集。在现场问卷调查中，首先向被试者介绍本研究的目的及主要内容，并对问卷中概念描述进行进一步完整阐述，同时对被试者在填写时提出的问题进行详细解答，从而确保被试者填写问卷的准确性和有效性。每个调研者要参与被试者填写问卷的整个过程。预测试在线下共发放纸质问卷216份。为保证研究的准确性，剔除以下问卷：①问卷填写时间短的（由现场调研员在现场回收问卷时标记）；②量表得分呈现出规律的（总方差为0）；③有三题以上漏选、多选的。最终，预测试收集到216份有效问卷。

一、各量表的信度检验

通过预测试，可以提高正式调研实施时数据质量的可靠性和准确性，信效度的测量是进行实证研究的关键。第一步，对量表进行信度检验，根据信度检验结果对量表的题项进行保留或删除，对量表进行净化。信度越高，代表系统误差越小。本研究信度检验继续采用内部一致性系数（Cronbach's α 系数）和修正后的题项与总分相关系数（Corrected-Item Total Correlation，CITC），信度检验依据表5-4中的两个原则。第二步，对净化后的所有量表，先做简单的效度分析，然后判断是否可进行下一步的分析。第三步，对因子分析之后各量表保留的题项再次进行信度检验。

表5-4　信度检验标准

原则	数值	含义
一是判断 Cronbach's α 系数	不超过 0.60	量表信度不足
	达到 0.70—0.80 时	量表信度相当
	达 0.80 以上时	量表信度非常好

原则	数值	含义
二是判断 CITC 值	小于 0.30 时	直接删除该题项
	介于 0.30—0.50 时	若删除它之后量表的 Cronbach's α 系数将增大，则可以删除此题项

资料来源：笔者根据相关文献整理。

根据以上标准，小样本调研问卷的信度检验结果如表 5-5 所示。

表 5-5　工作获得感的影响机制研究中小样本量表信度分析结果

变量	题项	CITC	删除该题项后的 Cronbach's α 系数	Cronbach's α 系数
承诺型人力资源管理实践	CHRMP01	0.590	0.886	0.893
	CHRMP02	0.626	0.883	
	CHRMP03	0.622	0.883	
	CHRMP04	0.686	0.879	
	CHRMP05	0.716	0.877	
	CHRMP06	0.407	0.906	
	CHRMP07	0.712	0.877	
	CHRMP08	0.745	0.875	
	CHRMP09	0.730	0.877	
	CHRMP10	0.662	0.881	
工作获得感	SGW01	0.703	0.953	0.954
	SGW02	0.739	0.951	
	SGW03	0.746	0.951	
	SGW04	0.618	0.954	
	SGW05	0.760	0.941	
	SGW06	0.791	0.950	
	SGW07	0.796	0.950	
	SGW08	0.809	0.950	
	SGW09	0.710	0.952	
	SGW10	0.794	0.950	
	SGW11	0.782	0.950	
	SGW12	0.842	0.949	

续表

变量	题项	CITC	删除该题项后的Cronbach's α 系数	Cronbach's α 系数
工作获得感	SGW13	0.800	0.950	0.954
	SGW14	0.781	0.950	
主管下属关系	SSG01	0.757	0.868	0.893
	SSG02	0.728	0.872	
	SSG03	0.771	0.866	
	SSG04	0.532	0.899	
	SSG05	0.768	0.866	
	SSG06	0.740	0.870	
领导政治技能	LPS01	0.773	0.943	0.946
	LPS02	0.863	0.933	
	LPS03	0.853	0.934	
	LPS04	0.901	0.928	
	LPS05	0.850	0.934	
	LPS06	0.779	0.943	
主动性人格	PPS01	0.754	0.941	0.946
	PPS02	0.778	0.941	
	PPS03	0.748	0.942	
	PPS04	0.784	0.940	
	PPS05	0.743	0.942	
	PPS06	0.723	0.943	
	PPS07	0.760	0.941	
	PPS08	0.824	0.938	
	PPS09	0.811	0.939	
	PPS10	0.827	0.938	

注：N=216。

由表 5-5 可知，承诺型人力资源管理实践量表的 Cronbach's α 系数为 0.893，题项的 CITC 在 0.407—0.745，远远大于 0.30，并且除了题项 CHRMP06 以外，删除剩余的任何一个题项都不存在 Cronbach's α 系数提高的情况，可以得出该测量工具具有很好的信度，题项 CHRMP06 可以删除。对删除题项 CHRMP06 的量表再次进行信度检验，检验结果如表 5-6 所示，承诺型人力资源管理实践量表的

Cronbach's α 系数为 0.906，题项的 CITC 在 0.625—0.738，远远大于 0.50，删除剩余的任何一个题项都不能提高 Cronbach's α 系数。由此，承诺型资源管理实践量表保留 9 个题项，形成正式问卷中该变量的测量工具。

表 5-6 承诺型人力资源管理实践量表的信度分析（删除题项 CHRMP06 后）

题项	CITC	删除该题项后的 Cronbach's α 系数	Cronbach's α 系数
CHRMP01	0.625	0.899	
CHRMP02	0.654	0.897	
CHRMP03	0.629	0.900	
CHRMP04	0.676	0.895	
CHRMP05	0.720	0.892	0.906
CHRMP07	0.696	0.894	
CHRMP08	0.738	0.891	
CHRMP09	0.731	0.892	
CHRMP10	0.678	0.896	

注：N=216。

由表 5-5 可知，主管下属关系量表的 Cronbach's α 系数为 0.893，并且除了题项 SSG04 以外，删除剩余的任一题项都不能提高 Cronbach's α 系数，可以得出此量表具有很好的信度，题项 SSG04 可以删除。对删除题 SSG04 的量表再次进行信度检验，检验结果如表 5-7 所示，主管下属关系量表的 Cronbach's α 系数为 0.899，题项的 CITC 在 0.722—0.786，远远大于 0.50，删除剩余的任一题项都不能提高 Cronbach's α 系数。由此，主管下属关系量表保留 5 个题项，形成正式问卷中该变量的测量工具。

表 5-7 主管下属关系量表的信度分析（删除题项 SSG04 后）

题项	CITC	删除该题项后的 Cronbach's α 系数	Cronbach's α 系数
SSG01	0.757	0.875	
SSG02	0.722	0.883	
SSG03	0.786	0.870	0.899
SSG05	0.746	0.878	
SSG06	0.745	0.878	

注：N=216。

综上所述，各量表的内部一致性系数（Cronbach's α 系数）详见表 5-8。由表 5-8 可知，各变量的内部一致性系数值在 0.899—0.954，均大于 0.80，整个量表信度较高，可用于下一步实证。由此可见，本研究采用的各变量测量量表具有较高的内部一致性。

表 5-8 工作获得感的影响机制研究中各量表信度检验结果

变量工具	题项数	Cronbach'α 系数
承诺型人力资源管理实践	9	0.906
工作获得感	14	0.954
主管下属关系	5	0.899
领导政治技能	6	0.946
主动性人格	10	0.946

注：N=216。

二、各量表的效度检验

在做完信度检验的基础上，对其进行效度分析。首先对承诺型人力资源管理实践、工作获得感、主管下属关系、领导政治技能和主动性人格五个变量进行 KMO 和 Bartlett's 球形度检验，验证相关变量能否进行因子分析。

由表 5-9 可知，各量表的 KMO 值均超过 0.8，并且通过了显著性水平为 0.05 的 Bartlett's 球形度检验，说明以上各量表都适合做因子分析，可以进一步操作，表 5-10 为各变量探索性因素分析的结果。

表 5-9 工作获得感的影响机制研究中各量表是否适合做探索性因素分析检验

量表名称	KMO 值	Bartlett's 球形度检验 p 值
承诺型人力资源管理实践	0.908	0.000
工作获得感	0.947	0.000
主管下属关系	0.886	0.000
领导政治技能	0.913	0.000
主动性人格	0.929	0.000

注：N=216。

表5-10 工作获得感的影响机制研究中各变量的探索性因素分析结果

变量	题项	共同因子	因子载荷	累积解释总方差（%）
承诺型人力资源管理实践	CHRMP01	0.497	0.705	57.451
	CHRMP02	0.536	0.732	
	CHRMP03	0.501	0.708	
	CHRMP04	0.556	0.745	
	CHRMP05	0.626	0.791	
	CHRMP07	0.598	0.773	
	CHRMP08	0.650	0.806	
	CHRMP09	0.640	0.800	
	CHRMP10	0.568	0.753	
主管下属关系	SSG01	0.719	0.848	71.377
	SSG02	0.678	0.823	
	SSG03	0.757	0.870	
	SSG05	0.709	0.842	
	SSG06	0.707	0.841	
工作获得感	SGW01	0.749	0.815	73.622
	SGW02	0.743	0.787	
	SGW03	0.753	0.791	
	SGW04	0.660	0.783	
	SGW05	0.716	0.732	
	SGW06	0.703	0.726	
	SGW07	0.752	0.796	
	SGW08	0.805	0.843	
	SGW09	0.718	0.827	
	SGW10	0.764	0.815	
	SGW11	0.753	0.811	
	SGW12	0.772	0.745	
	SGW13	0.742	0.779	
	SGW14	0.677	0.688	
领导政治技能	LPS01	0.706	0.840	78.981
	LPS02	0.827	0.909	
	LPS03	0.812	0.901	
	LPS04	0.876	0.936	

变量	题项	共同因子	因子载荷	累积解释总方差（%）
领导政治技能	LPS05	0.806	0.898	78.981
	LPS06	0.712	0.844	
主动性人格	PPS01	0.645	0.803	67.534
	PPS02	0.677	0.823	
	PPS03	0.636	0.798	
	PPS04	0.688	0.830	
	PPS05	0.633	0.796	
	PPS06	0.602	0.776	
	PPS07	0.656	0.810	
	PPS08	0.744	0.862	
	PPS09	0.725	0.851	
	PPS10	0.747	0.865	

注：N=216。

由各变量的探索性因素分析的结果可以看出（见表5-10），基于主成分分析方法进行抽取各变量的累积解释总方差最小值为57.451%，同时各变量均形成一个因子，说明上述量表具有较好的效度，为有效量表设计。

三、整体数据的探索性因素分析与共同方法偏差检验

学者普遍认为采取同一渠道并向同一群体采取的数据可能会引发产生共同方法偏差问题。共同方法偏差（Common Method Variance，CMV），是指即使采用同样的问卷进行填写时，相同的渠道或者被试者的主观原因可能导致变量间的关系不符合实际情况。借鉴 Harman 单因素检验方法，本研究首先进行了各变量所有题项的 KMO 和 Bartlett's 球形度检验，检验结果如表5-11所示，可以进一步进行因子分析。本研究将承诺型人力资源管理实践、工作获得感、主管下属关系、领导政治技能以及主动性人格共5个变量的所有题项放一起做探索性因素分析，采用未旋转的主成分分析方法，共提取出5个未经旋转的特征值大于1的因子（见表5-12）。其中，第一个因子解释的变异量为48.692%。当采用未旋转的主成分因素得到多个因子且第一个的变异解释量不超过50%时，则认为不存在严重的共同方法偏差。由此可见，5个变量不存在严重的共同方法偏差问题。

表 5-11　整体数据的 KMO 和 Bartlett's 球形度检验结果

取样足够度的 Kaiser-Meyer-Olkin 度量		0.950
Bartlett's 球形度检验	近似卡方	8786.070
	df	946
	Sig.	0.000

注：N=216。

表 5-12　工作获得感的影响机制研究中共同方法偏差检验

成分	初始特征值			提取载荷平方和		
	特征值	解释方差的百分比（％）	累积解释方差的百分比（％）	特征值	解释方差的百分比（％）	累积解释方差的百分比（％）
1	21.425	48.692	48.692	21.425	**48.692**	48.692
2	2.869	6.520	55.212	2.869	6.520	55.212
3	2.401	5.456	60.669	2.401	5.456	60.669
4	1.900	4.318	64.987	1.900	4.318	64.987
5	1.644	3.736	68.722	1.644	3.736	68.722

注：①N=216；②特征值小于 1 的已省略；③提取方法：主成分分析法；④提取标准：特征值大于 1。

四、问卷修正与完善

综合前面对各量表的信度检验和效度检验，问卷的题项除了 CHRMP06、SSG04 可删除外，其余题项均保留。承诺型人力资源管理实践中题项 CHRMP06 的具体内容为"员工拥有广泛的股权和各种分红权"，该题项未得到保留的原因可能是，本研究的样本主要集中在民营企业，而民营企业的激励方式主要有以下特点：首先，注重短期激励，长期激励的方式比较匮乏；其次，关注物质激励，精神激励未得到重视；最后，企业对员工激励问题未引起足够认识。主管下属关系量表中题项 SSG04 的具体内容为"我总是积极主动地与主管交流我的想法、问题、需要和感受"，该题项未得到保留的原因可能是，实际调研对象基本为研发部门的一线基层员工，而这类员工在工作中较少遇到棘手的工作，一般情况下不需要寻求来自主管的帮助，因而与主管交流想法、问题、需要和感受的频率不高。综上所述，除承诺型人力资源管理实践删除题项 CHRMP06、主管下属关系删除题项 SSG04 外，其余量表的所有题项均保留。

第六节　数据初步分析

一、描述性统计分析

本次调研工作主要是由笔者以及所在团队的同学参与完成的，依托于团队的咨询项目进行，问卷发放历时一个月，同样采取面对面发放纸质问卷形式，发放问卷的地方选择在成都市企业的写字楼或办公室，数据收集工作是在调研企业的主要负责人、人力资源部门、研发部门的支持下完成的，调研时针对企业研发部门员工，采取随机抽样的方式。为了保证数据质量，以下三种问卷被剔除：①填写问卷时间特别短（由调研员现场回收问卷时进行标记）；②集中选择某一个选项或者选项带有明显规律的（总方差为0）；③有三题以上漏选、多选的。通过当面发放纸质问卷并进行回收，共收集有效问卷584份（总问卷624份）。在本研究中人口统计方面主要涉及的信息包括以下5个控制变量，具体统计信息见表5-13。

表5-13　工作获得感的影响机制研究中大样本的基本人口统计信息

统计项目	选项	选项内容	样本数	百分比（%）
性别	1	男	223	38.2
	2	女	361	61.8
年龄	1	25周岁及以下	153	26.2
	2	26—30周岁	161	27.6
	3	31—35周岁	120	20.5
	4	36—40周岁	69	11.8
	5	41—50周岁	64	11.0
	6	51周岁及以上	17	2.9
受教育程度	1	高中及以下	92	15.8
	2	专科	229	39.2
	3	本科	220	37.7
	4	硕士	37	6.3
	5	博士	6	1.0

续表

统计项目	选项	选项内容	样本数	百分比（%）
工作年限	1	不满 1 年	53	9.1
	2	1—2 年	91	15.6
	3	3—5 年	165	28.3
	4	6—10 年	128	21.9
	5	11—15 年	82	14.0
	6	超过 15 年	65	11.1
所在单位性质	1	事业单位	5	0.9
	2	国有企业	116	19.9
	3	国有控股企业	37	6.3
	4	外资企业	3	0.5
	5	合资企业	5	0.9
	6	民营企业	418	71.6

注：N=584。

从性别结构分布来看，本研究收集的 584 位员工有效研究样本中女性员工总计 361 人，占总人数的 61.8%；男性员工人数总计 223 人，占总人数的 38.2%。从性别的角度来看，男女分布不均匀，女性比例相对较高。从员工年龄来看，本研究收集的 584 份有效研究样本中，年龄跨度几乎包括了员工成长的各个不同阶段，主要集中在 35 周岁以下，占总体的 74.3%。从员工受教育程度分布来看，高中及以下学历人数为 92 人，占比 15.8%；员工专科学历人数为 229 人，占比 39.2%；员工本科学历人数为 220 人，占比 37.7%；员工硕士学历人数为 37 人，占比 6.3%；员工博士学历人数为 6 人，占比 1.0%。从员工学历来看，被试者学历分布比较集中。员工工作年限最少为不满 1 年，员工工作年限最多超过 15 年，员工工作年限 3 年到 10 年比例达 50.2%。从员工工作年限来看，被试者在工作岗位都已经有丰富的经验，样本具有广泛的代表性。从员工所在单位性质分布来看，大多数样本来自民营企业，比例高达 71.6%，外资企业占比仅为 0.5%。

二、各量表的信度检验

样本数据的质量关系决定着最终的研究结论，因此保证数据质量是做好研究的基础。样本的数据质量可以通过对问卷中各量表的信度检验和效度校验来反映。本研究继续采用 Cronbach's α 系数和 CITC 值来检验各量表的信度。

承诺型人力资源管理实践、工作获得感、主管下属关系、领导政治技能、主动性人格等量表的内部一致性系数如表 5-14 所示。各变量的内部一致性系数在 0.877—0.948，均大于 0.80，所有量表的信度较高，可用于下一步实证。由此可见，本研究采用的各变量测量量表具有较高的内部一致性。

表 5-14　工作获得感的影响机制研究中大样本各量表的信度检验分析结果

变量	题项	CITC	Cronbach's α 系数
承诺型人力 资源管理实践	CHRMP01	0.573	0.890
	CHRMP02	0.636	
	CHRMP03	0.591	
	CHRMP04	0.666	
	CHRMP05	0.675	
	CHRMP06	0.663	
	CHRMP07	0.706	
	CHRMP08	0.680	
	CHRMP09	0.642	
主管下属关系	SSG01	0.721	0.877
	SSG02	0.673	
	SSG03	0.766	
	SSG04	0.723	
	SSG05	0.659	
工作获得感	SGW01	0.710	0.948
	SGW02	0.738	
	SGW03	0.688	
	SGW04	0.652	
	SGW05	0.717	
	SGW06	0.767	
	SGW07	0.712	
	SGW08	0.775	
	SGW09	0.692	
	SGW10	0.769	
	SGW11	0.775	
	SGW12	0.800	
	SGW13	0.781	
	SGW14	0.735	

续表

变量	题项	CITC	Cronbach's α 系数
领导政治技能	LPS01	0.758	0.939
	LPS02	0.853	
	LPS03	0.858	
	LPS04	0.862	
	LPS05	0.829	
	LPS06	0.761	
主动性人格	PPS01	0.720	0.934
	PPS02	0.760	
	PPS03	0.709	
	PPS04	0.748	
	PPS05	0.773	
	PPS06	0.660	
	PPS07	0.729	
	PPS08	0.771	
	PPS09	0.775	
	PPS10	0.744	

注：N＝584。

三、各量表的效度检验

由表 5-15 可知，各量表的 KMO 值均超过 0.80，并且通过了显著性水平为 0.05 的 Bartlett's 球形度检验，说明以上各量表都适合做因子分析，可以进一步操作。

表 5-15　工作获得感的影响机制研究中各量表是否适合做探索性因素分析检验

量表名称	KMO 值	Bartlett's 球形度检验 p 值
承诺型人力资源管理实践	0.900	0.000
主管下属关系	0.861	0.000
工作获得感	0.951	0.000
领导政治技能	0.913	0.000
主动性人格	0.939	0.000

注：N＝584。

各变量的探索性因素分析的结果如表5-16所示。由表5-16可知，基于主成分分析方法抽取各变量的累积解释总方差最小值为53.610%，同时各变量均形成一个因子，说明上述量表具有较好的效度，为有效量表设计。

表5-16 工作获得感的影响机制研究中各变量的探索性因素分析结果

变量	题项	共同因子	因子载荷	累积解释总方差（%）
承诺型人力资源管理实践	CHRMP01	0.440	0.663	53.610
	CHRMP02	0.524	0.724	
	CHRMP03	0.461	0.679	
	CHRMP04	0.555	0.745	
	CHRMP05	0.574	0.757	
	CHRMP06	0.553	0.744	
	CHRMP07	0.607	0.779	
	CHRMP08	0.578	0.760	
	CHRMP09	0.531	0.729	
主管下属关系	SSG01	0.684	0.827	67.105
	SSG02	0.626	0.791	
	SSG03	0.743	0.862	
	SSG04	0.691	0.831	
	SSG05	0.611	0.782	
工作获得感	SGW01	0.551	0.764	63.179
	SGW02	0.585	0.784	
	SGW03	0.518	0.744	
	SGW04	0.477	0.716	
	SGW05	0.560	0.770	
	SGW06	0.658	0.826	
	SGW07	0.581	0.778	
	SGW08	0.676	0.833	
	SGW09	0.559	0.765	
	SGW10	0.662	0.825	
	SGW11	0.674	0.832	
	SGW12	0.702	0.848	
	SGW13	0.678	0.834	
	SGW14	0.608	0.795	

续表

变量	题项	共同因子	因子载荷	累积解释总方差（%）
领导政治技能	LPS01	0.689	0.830	77.088
	LPS02	0.815	0.903	
	LPS03	0.822	0.907	
	LPS04	0.827	0.909	
	LPS05	0.779	0.883	
	LPS06	0.693	0.832	
主动性人格	PPS01	0.606	0.778	63.026
	PPS02	0.658	0.811	
	PPS03	0.591	0.769	
	PPS04	0.642	0.801	
	PPS05	0.679	0.824	
	PPS06	0.521	0.722	
	PPS07	0.619	0.787	
	PPS08	0.672	0.820	
	PPS09	0.680	0.825	
	PPS10	0.634	0.796	

注：N=584。

四、变量区分效度的验证性因素分析

此部分对模型中的 5 个变量（承诺性人力资源管理实践、工作获得感、主管下属关系、领导政治技能、主动性人格）进行验证性因素分析以检验整体模型的适配度，分别比较五因子、四因子、三因子、二因子、单因子模型之间不同指标的拟合程度，判断各变量之间的区分效度，各模型的验证性因素分析结果如表5-17 所示。

表5-17　模型整体的验证性因素分析结果

模型	χ^2	df	χ^2/df	TLI	CFI	SRMR	RMSEA
M1：五因子 CHRMP、SSG、SGW、LPS、PPS	3156.541***	892	3.539	0.874	0.881	0.048	0.066
M2：四因子 CHRMP+SSG、SGW、LPS、PPS	3970.056***	896	4.431	0.830	0.839	0.059	0.077

模型	χ^2	df	χ^2/df	TLI	CFI	SRMR	RMSEA
M3：三因子 CHRMP+SSG+SGW、LPS、PPS	4888.481***	899	5.438	0.780	0.791	0.070	0.087
M4：二因子 CHRMP+SSG+SGW+LPS、PPS	6242.820***	901	6.929	0.706	0.720	0.079	0.101
M5：单因子 CHRMP+SSG+SGW+LPS+PPS	7987.754***	902	8.856	0.610	0.628	0.094	0.116

注：①N=584；②+表示合并成一个变量；③***表示 p<0.001；④CHRMP 表示承诺型人力资源管理实践，SSG 表示主管下属关系，SGW 表示工作获得感，LPS 表示领导政治技能，PPS 表示主动性人格。

从表 5-17 的分析结果可以看出，五因子模型的各项拟合指标分别为 χ^2 = 3156.541，df=892，χ^2/df=3.539（小于 5），TLI=0.874（大于 0.85），CFI= 0.881（大于 0.85），SRMR=0.048（小于 0.08），RMSEA=0.066（小于 0.08），验证性因素分析结果优于其竞争模型（四因子模型、三因子模型、二因子模型、单因子模型），由此可以看出承诺型人力资源管理实践、工作获得感、主管下属关系、领导政治技能以及主动性人格等变量之间具有较好的区分效度。

五、控制变量的影响分析

研究时，考虑控制变量有利于更好地确认自变量与因变量和中介变量之间的关系（Pedhazur and Schmelkin，2013）。本研究将使用 SPSS 25.0 软件对 5 个控制变量进行平均数差异检验，来分析它们对因变量和中介变量的影响，具体方法包括适合两个群体类别（性别）的独立样本 T 检验、适合三个以上群体（除性别之外的 5 个变量）的单因素方差分析两种。若显著性水平大于 0.05，则该变量对另一变量的影响不存在显著差异；反之，则存在。

1. 性别的独立样本 T 检验

以性别为分组变量，对工作获得感和主管下属关系进行独立样本 T 检验，分两步进行，首先通过 F 值检验判断两组的方差是否同质（相等），再检验两组的平均数是否有显著差异，结果如表 5-18 所示。

表 5-18　工作获得感的影响机制研究中性别的独立样本 T 检验

检验变量	性别	样本个数	平均数	标准差	T 值
工作获得感	男	223	3.929	0.729	1.150
	女	361	3.861	0.673	

续表

检验变量	性别	样本个数	平均数	标准差	T 值
主管下属关系	男	223	3.369	0.982	3.665***
	女	361	3.060	0.991	

注：①N=584；②***表示 p<0.001。

由表 5-18 可知，男性员工与女性员工在主管下属关系等方面有非常显著的差异（T 值 3.665 在 p<0.001 水平显著）。又根据数据的均值大小，可得出结论，男性员工的主管下属关系显著高于女性员工。可能的解释是：我国社会中"重男轻女"的传统观念仍然留存，大男子主义使男性的社交能力普遍强于女性，于是会在工作中与领导表现出更好的主管下属关系。

2. 年龄的单因素方差分析

本研究将年龄分为 25 岁及以下、26—30 岁、31—35 岁、36—40 岁、41—50 岁、51 岁及以上 6 组。检验结果如表 5-19 所示。

表 5-19　工作获得感的影响机制研究中年龄的单因素方差分析

变量	变异来源	平方和	df	均方	F	显著性
工作获得感	组间	6.994	5	1.399	2.944	0.012*
	组内	274.595	578	0.475		
	总数	281.589	583	—		
主管下属关系	组间	1.654	5	0.331	0.330	0.895
	组内	578.706	578	1.001		
	总数	580.359	583	—		

注：①N=584；②方差的齐次性检验显著水平为 0.05。

由表 5-19 可知，不同年龄阶段的员工在主管下属关系方面（p=0.895>0.05）没有显著差异，在工作获得感方面（p=0.012<0.05）存在显著差异。为了进一步检验年龄在工作获得感方面的差异，本研究采用了事后比较 LSD 法进行两两比较，结果如表 5-20 所示。

表 5-20　工作获得感的影响机制研究中不同年龄阶段的 LSD 法两两比较

变量	选项（I）	选项（J）	均值差（I-J）
工作获得感	25 周岁及以下	26—30 岁	0.15312*
	31—35 周岁	26—30 岁	0.19367*

变量	选项（I）	选项（J）	均值差（I-J）
工作获得感	41—50 周岁	26—30 岁	0.28370*
	51 周岁及以上	26—30 岁	0.48552*
	51 周岁及以上	36—40 岁	0.38747*

注：①N=584；②*表示 p<0.05；③方差的齐次性检验显著水平为 0.05。

表 5-20 中各行的均值差均为正数，而且均值差均显著。表中反映出的各种差异显著的现象可能的解释是：员工在 25 周岁及以下的时候通常刚离开校园进入职场，对一切工作或事务充满激情与动力，在工作中会更加投入，因此工作获得感会较强。而随着年龄的增长，个人履历和工作经验会愈加丰富，工作能力也会不断得到提升。同时随着职位的上升、工龄的增加等，员工从工作中的获得会越来越多，比如物质方面的奖金、工作中的资源、单位提供的各种保障等，精神方面和谐的同事关系等，因而其工作中的获得感会越来越强。

3. 受教育程度的单因素方差分析

本研究将受教育程度分为高中及以下、专科、本科、硕士研究生、博士研究生 5 组。检验结果如表 5-21 所示。

表 5-21　工作获得感的影响机制研究中受教育程度的单因素方差分析

变量	变异来源	平方和	df	均方	F	显著性
工作获得感	组间	6.401	4	1.600	3.367	0.010
	组内	275.188	579	0.475		
	总数	281.589	583	—		
主管下属关系	组间	6.267	4	1.567	1.580	0.178
	组内	574.093	579	0.992		
	总数	580.359	583	—		

注：①N=584；②方差的齐次性检验显著水平为 0.05。

由表 5-21 可知，不同受教育程度的员工在主管下属关系方面的显著性 0.178 大于 0.05，没有显著差异；在工作获得感方面（p=0.010<0.05）有显著差异。为了进一步检验受教育程度在工作获得感方面的差异，本研究采用了事后比较 LSD 法进行两两比较，结果如表 5-22 所示。

表 5-22　工作获得感的影响机制研究中不同受教育程度的 LSD 法两两比较

变量	选项（I）	选项（J）	均值差（I-J）
工作获得感	高中及以下	专科	0.27163*
	高中及以下	本科	0.27211*
	高中及以下	硕士	0.34117*

注：①N=584；②＊表示 p<0.05；③方差的齐次性检验显著水平为 0.05。

　　表 5-22 中各行的均值差均为正数，而且均值差均显著。最为突出的现象是高中及以下学历的员工的工作获得感更强。这种现象可能的解释是：较低学历者从事的工作操作简单，可替代性更强，基本的物质激励就能使其获得满足感。对于高学历的员工来说，他们接受过更高等的教育，获取的专业知识更深刻和彻底，综合素质更强，对自身的期望也越高，因此容易产生对自身职位或工作的不满足感，从而降低了他们对工作中的获得感的感知。往往高学历的员工追求更多的是自我价值的实现，基本的物质激励无法满足其高层次的需要。

　　4. 工作年限的单因素方差分析

　　本研究将工作年限分为不满 1 年、1—2 年、3—5 年、6—10 年、11—15 年、超过 15 年 6 组。检验结果如表 5-23 所示。

表 5-23　工作获得感的影响机制研究中工作年限的单因素方差分析

变量	变异来源	平方和	df	均方	F	显著性
工作获得感	组间	2.253	5	0.451	0.932	0.459
	组内	279.335	578	0.483		
	总数	281.589	583	—		
主管下属关系	组间	6.870	5	1.374	1.385	0.228
	组内	573.490	578	0.992		
	总数	580.359	583	—		

注：①N=637；②方差的齐次性检验显著水平为 0.05。

　　由表 5-23 可知，不同工作年限的员工在工作获得感（p=0.459>0.05）、主管下属关系（p=0.228>0.05）方面均没有显著差异。工作年限不会对工作获得感、主管下属关系产生影响。

　　5. 所在单位性质的单因素方差分析

　　本研究将所在单位性质分为事业单位、国有企业、国有控股企业、外资企业、合资企业、民营企业 6 组。检验结果如表 5-24 所示。

表 5-24　工作获得感的影响机制研究中所在单位性质的单因素方差分析

变量	变异来源	平方和	df	均方	F	显著性
工作获得感	组间	4.676	5	0.935	1.952	0.084
	组内	276.912	578	0.479		
	总数	281.589	583	—		
主管下属关系	组间	5.481	5	1.096	1.102	0.358
	组内	574.878	578	0.995		
	总数	580.359	583	—		

注：①N=584；②方差的齐次性检验显著水平为 0.05。

由表 5-24 可知，所在单位性质对两个变量的显著性均大于 0.05，说明不同单位性质的员工在主管下属关系和工作获得感等方面都没有显著差异，即单位性质对主管下属关系和工作获得感没有显著影响。

第七节　研究假设检验

一、相关性分析

相关性分析可以帮助研究者判断两个变量是否有关系，若相关，则判断二者之间的方向。但是，它不能指出谁是自变量或因变量。回归分析的目的就是得到因果关系。因此，本研究首先进行各变量之间的相关性分析，再进行回归分析。

本研究采用 SPSS 25.0 软件对各变量进行了相关性分析，结果如表 5-25 所示。本研究将各研究变量包含测量题项的平均得分作为研究变量的得分，相关系数的计算也是基于此种方法进行分析的。

表 5-25　各变量之间的相关系数

变量	CHRMP	SSG	SGW	LPS	PPS
CHRMP	1	—	—	—	—
SSG	0.505**	1	—	—	—
SGW	0.699**	0.463**	1	—	—
LPS	0.565**	0.389**	0.692**	1	—

变量	CHRMP	SSG	SGW	LPS	PPS
PPS	0. 499**	0. 440**	0. 600**	0. 622**	1

注：①N=584；②** 表示 p<0.01；③CHRMP 表示承诺型人力资源管理实践，SSG 表示主管下属关系，SGW 表示工作获得感，LPS 表示领导政治技能，PPS 表示主动性人格。

从表 5-25 可以看出，承诺型人力资源管理实践、工作获得感、主管下属关系、领导政治技能、主动性人格等变量之间的关系均显著。其中，自变量（承诺型人力资源管理实践）和中介变量（主管下属关系）均与因变量（工作获得感）在 0.01 水平（双侧）上显著相关。相关性分析结果基本与本研究假设相符。

二、多重共线性检验

如果在理论模型中的变量高度相关就会发生多重共线性（Multicollinearity）。因此，利用 SPSS 25.0 软件中的方差比例（Variance Proportions）进行本研究中相关变量的多重共线性检验，检验结果如表 5-26 所示。

表 5-26　工作获得感的影响机制研究中多重共线性检验

模型	维数	特征值	条件索引	方差比例				
				常量	CHRMP	SSG	LPS	PPS
1	1	4. 903	1. 000	0. 00	0. 00	0. 00	0. 00	0. 00
	2	0. 056	9. 387	0. 04	0. 00	0. 88	0. 02	0. 01
	3	0. 017	16. 818	0. 54	0. 06	0. 01	0. 28	0. 20
	4	0. 014	19. 037	0. 18	0. 47	0. 03	0. 16	0. 43
	5	0. 011	21. 575	0. 23	0. 46	0. 08	0. 54	0. 36

注：①N=584；②因变量：SGW；③CHRMP 表示承诺型人力资源管理实践，SGW 表示工作获得感，SSG 表示主管下属关系，LPS 表示领导政治技能，PPS 表示主动性人格。

如果某一特征值上（即某一行）同时存在两个变量的方差比例值高于 0.80，则表明这两个变量之间的共线性严重（吴明隆，2010）。如表 5-26 所示，在 5 个特征值上均未出现同时存在两个变量的方差比例值高于 0.80 的情况，说明各变量之间不存在严重的多重共线性。

三、主效应检验

本研究采用层级回归法进行承诺型人力资源管理实践与工作获得感的假设检

验。将控制变量性别、年龄、受教育程度、工作年限和所在单位性质纳入回归方程，再纳入自变量承诺型人力资源管理实践，检验自变量（承诺型人力资源管理实践）对因变量（工作获得感）的影响。

结果如表 5-27 模型 2 所示，在控制了性别、年龄、受教育程度、工作年限和所在单位性质以后，承诺型人力资源管理实践显著正向影响工作获得感（β=0.697，$p<0.001$）。因此，假设 H1 得到支持。

表 5-27　承诺型人力资源管理实践对工作获得感的回归结果

变量	SGW	
	M1	M2
控制变量		
性别	-0.054	-0.002
年龄	0.165**	0.089*
受教育程度	-0.089*	0.001
工作年限	-0.112	0.000
所在单位性质	0.047	0.041
自变量		
CHRMP		0.697***
回归模型摘要		
R^2	0.029	0.498
ΔR^2	0.029	0.468
F	3.501**	95.314***
ΔF	3.501**	538.113***

注：①N=584；②*表示 $p<0.05$，**表示 $p<0.01$，***表示 $p<0.001$；③CHRMP 表示承诺型人力资源管理实践，SGW 表示工作获得感。

四、中介效应检验

关于中介变量的定义，考虑自变量（X）对因变量（Y）的影响，若自变量（X）通过变量（M）影响因变量（Y），则称变量（M）为中介变量。本研究利用 Bootstrap 方法进行中介效应的检验。Bootstrap 不仅适用于正态分布的数据，更加适用于非正态的数据（Chan，2009）。因此，本研究中选择 Bootstrap 法进行中介效应检验。按照 Preacher 和 Hayes（2004）提出的 Bootstrap 方法，选择模型 4，将样本量设置为 5000，置信区间设置为 95%，选择偏差校正的非参数百分位法取样。若中介检验结果显示的置信区间上下限不包含 0，则该中介效应显著。

由表 5-28 可知，在模型 1 中，承诺型人力资源管理实践正向影响主管下属关系（β=0.499，p<0.001），假设 H2 得到支持。同时，在模型 2 中，主管下属关系显著正向影响工作获得感（β=0.459，p<0.001），假设 H3 得到验证。将承诺型人力资源管理实践和主管下属关系共同纳入回归方程后，主管下属关系显著正向影响工作获得感（β=0.150，p<0.001），且承诺型人力资源管理实践对工作获得感的影响依然显著（β=0.622，p<0.001）。可见，主管下属关系对承诺型人力资源管理实践与工作获得感之间的关系起到中介作用，假设 H4 得到支持。

表 5-28 主管下属关系的中介作用检验结果（一）

变量	SSG	SGW	
	M1	M2	M3
控制变量			
性别	-0.124 **	0.021	0.020
年龄	-0.023	0.151 **	0.092 *
受教育程度	0.015	-0.067	-0.002
工作年限	0.021	-0.085	-0.003
所在单位性质	0.040	0.026	0.035
自变量			
CHRMP	0.499 ***		0.622 ***
中介变量			
SSG		0.459 ***	0.150 ***
回归模型摘要			
R^2	0.270	0.233	0.514
ΔR^2	0.240	0.204	0.485
F	35.614 ***	29.283 ***	87.113 ***
ΔF	189.571 ***	153.574 ***	287.469 ***

注：①N=584；②* 表示 p<0.05，** 表示 p<0.01，*** 表示 p<0.001；③CHRMP 表示承诺型人力资源管理实践，SSG 表示主管下属关系，SGW 表示工作获得感。

Bootstrap 中介变量检验结果如表 5-29 所示，当自变量为承诺型人力资源管理实践，因变量为工作获得感时，偏差校正的置信区间是 [0.0416, 0.1111]，未包含 0，因此，主管下属关系在承诺型人力资源管理实践与工作获得感之间的中介效应显著，假设 H4 进一步得到支持。

表 5-29 主管下属关系的中介作用检验结果（二）

路径	非标准化间接效应估计	标准误差	95%的CI	
			Boot 下限	Boot 上限
CHRMP—SSG—SGW	0.0749***	0.0176	0.0416	0.1111

注：①N＝584；②＊＊＊表示 p<0.001；③CHRMP 表示承诺型人力资源管理实践，SSG 表示主管下属关系，SGW 表示工作获得感。

五、调节效应检验

如果变量 Y 与变量 X 的关系是变量 M 的函数，前两者之间关系的大小或者方向要受到 M 的影响，就称 M 为调节变量（温忠麟等，2005）。调节作用可以用交互模型来表示为：$Y = \beta_0 + \beta_1 X + \beta_2 M + \beta_3 XM$。$\beta_3$ 实际上体现了变量调节作用是否存在，以及该作用的方向和大小。当 $\beta_3 > 0$ 时，说明 M 对 X 和 Y 的关系有正向调节作用；当 $\beta_3 < 0$ 时，说明 M 对 X 和 Y 的关系有负向调节作用；当 $\beta_3 = 0$ 时，说明 M 对 X 和 Y 的关系无调节作用。

引入这类变量的目的在于解释同一种关系在不同的条件下是否会有变化。本研究已经检验了承诺型人力资源管理实践、主管下属关系、工作获得感之间的关系，现引入领导政治技能、主动性人格，探讨领导政治技能变量是否能够在承诺型人力资源管理实践与主管下属关系、承诺型人力资源管理实践与工作获得感的关系中起调节作用，以及主动性人格变量是否能够在承诺型人力资源管理实践与主管下属关系、承诺型人力资源管理实践与工作获得感的关系中起调节作用。

本研究使用 Bootstrap 法进行调节作用的检验。按照 Preacher 和 Hayes（2008）提出的 Bootstrap 方法，选择模型 1，将样本量设置为 5000，置信区间设置为 95%，选择偏差校正的非参数百分位法来取样。若 $p < 0.05$，则该调节效应显著。表 5-30 为 Bootstrap 法的检验结果。

表 5-30 工作获得感的影响机制研究中调节效用检验结果

变量	SSG		SGW	
	M1	M2	M3	M4
控制变量				
性别	−0.251	−0.231	0.011	0.019
年龄	−0.010	−0.024	0.041	0.030
受教育程度	0.017	0.010	0.008	−0.001

变量	SSG		SGW	
	M1	M2	M3	M4
工作年限	0.004	0.019	−0.005	0.011
所在单位性质	0.013	0.007	0.008	0.006
自变量				
CHRMP	0.012	0.01	0.166	0.561***
调节变量				
LPS	0.442		0.101	
PPS		0.288		0.334*
CHRMP×LPS	0.172**		0.081**	
CHRMP×PPS		0.169**		0.003

注：①N=584；②＊表示 p<0.05，＊＊表示 p<0.01，＊＊＊表示 p<0.001；③CHRMP 表示承诺型人力资源管理实践，LPS 表示领导政治技能，PPS 表示主动性人格，SSG 表示主管下属关系，SGW 表示工作获得感。

表 5-30 中的模型 1 表明，承诺型人力资源管理实践与领导政治技能的交互项显著正向影响主管下属关系（β=0.172，p<0.01），因此，假设 H6 得到支持。模型 3 表明，承诺型人力资源管理实践与领导政治技能的交互项显著正向影响工作获得感（β=0.081，p<0.01），因此，假设 H5 得到支持。模型 2 表明，承诺型人力资源管理实践与主动性人格的交互项对主管下属关系的影响显著（β=0.169，p<0.01），因此，假设 H8 得到支持。模型 4 表明，承诺型人力资源管理实践与主动性人格的交互项对工作获得感的影响不显著（β=0.003，p>0.05），因此，假设 H7 未得到支持。

第八节　假设检验结果汇总及最终模型

本研究旨在探讨承诺型人力资源管理实践对工作获得感的影响，验证主管下属关系的中介作用以及主动性人格和领导政治技能的调节作用。假设检验汇总如表 5-31 所示。

表 5-31 工作获得感的影响机制研究假设检验结果汇总

假设	假设内容	检验结果
H1	承诺型人力资源管理实践对工作获得感有正向影响	支持
H2	承诺型人力资源管理实践对主管下属关系有正向影响	支持
H3	主管下属关系对工作获得感有正向影响	支持
H4	主管下属关系在承诺型人力资源管理实践和工作获得感之间起中介作用：承诺型人力资源管理实践通过主管下属关系间接正向影响工作获得感	支持
H5	领导政治技能正向调节承诺型人力资源管理实践和工作获得感之间的关系：领导政治技能水平越高，承诺型人力资源管理实践对工作获得感的影响越强；领导政治技能水平越低，承诺型人力资源管理实践对工作获得感的影响越弱	支持
H6	领导政治技能正向调节承诺型人力资源管理实践和主管下属关系之间的关系：领导政治技能水平越高，承诺型人力资源管理实践对主管下属关系的影响越强；领导政治技能水平越低，承诺型人力资源管理实践对主管下属关系的影响越弱	支持
H7	主动性人格正向调节承诺型人力资源管理实践和工作获得感之间的关系：员工主动性人格越高，承诺型人力资源管理实践对工作获得感的影响越强；员工主动性人格越低，承诺型人力资源管理实践对工作获得感的影响越弱	不支持
H8	主动性人格正向调节承诺型人力资源管理实践和主管下属关系之间的关系：员工主动性人格越高，承诺型人力资源管理实践对主管下属关系的影响越强；员工主动性人格越低，承诺型人力资源管理实践对主管下属关系的影响越弱	支持

根据假设检验结果，修正后的最终模型如图 5-2 所示。

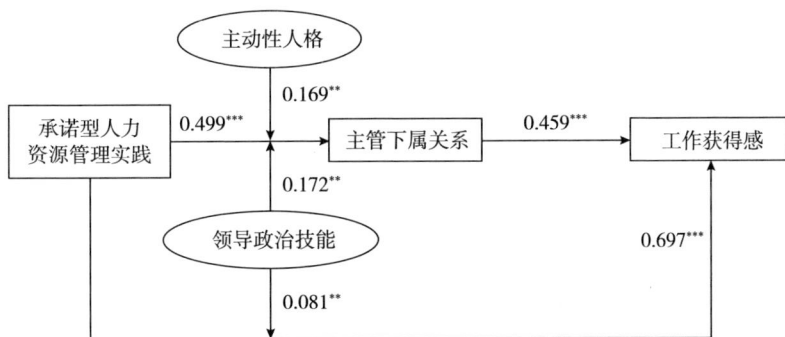

图 5-2 工作获得感的影响机制研究的最终模型

注：①N=584；②＊＊表示 $p < 0.01$，＊＊＊表示 $p < 0.001$。

第六章 工作获得感的传导作用研究

前两章分别将工作获得感作为自变量和因变量，从组织和领导双视角探讨了工作获得感对创造力的作用机制以及承诺型人力资源管理实践对工作获得感的影响机制。本章将聚焦工作获得感的"传导作用"，从组织和领导两个视角综合探讨家长式领导如何作用于工作获得感，并进一步对其任务绩效水平产生影响，旨在同时回答"如何提升工作获得感"以及"工作获得感发挥何种效用"的问题。

第一节 问题提出

在知识经济时代，创新是企业适应竞争、持续发展的动力源泉。如何激发员工工作活力并提升其绩效水平是当前学术界和企业界热议的话题。基于中国社会情境提出的获得感（Sense of Gain），是反映公民生活状态的本土化新概念，指人们在社会发展过程中对自身实际获得情况的主观评价（Gu et al.，2020；Wang et al.，2022）。工作获得感（Sense of Gain at Work，SGW）是由组织情境中的获得感衍生而来的，指员工对在工作中因付出而客观获得各种实惠的主观感受（Gu et al.，2020），影响着员工的态度、行为和绩效（Shi et al.，2023；朱平利、刘娇阳，2020）。可见，探究如何提升工作获得感具有十分重要的意义。

先前研究表明，不同领导风格也会影响员工的工作获得感，授权型领导（朱平利、刘娇阳，2020）和教练型领导（Wang et al.，2022）均能有效提升员工的工作获得感水平。而作为本土化领导风格代表的家长式领导，其对员工的工作获得感会产生何种影响还鲜少有学者进行探究。此外，现有研究表明，工作获得感能显著预测员工的工作态度与行为，如工作幸福感、离职倾向、组织公民行为以及团队创造力等（Gu et al.，2020；Shi et al.，2023；Wang et al.，2022），而对员工绩效的预测作用研究略显不足。绩效作为体现员工工作成果的直接指标，一直是企业关注的重点。然而，组织提升员工工作获得感是否能激发其工作积极性，增加任务绩效，还有待进一步验证。基于此，本研究基于组织支持理论，以家长式领导的三个维度为自变量，任务绩效为因变量，组织支持为调节变量，探究工作获得感的激发与效能，试图解答工作获得感"如何产生"以及"能发挥何种效用"两个问题。

第二节 理论与假设

一、家长式领导与员工任务绩效的关系

家长式领导（Paternalistic Leadership，PL）是在人治的氛围下，所体现出来的具有严明纪律与权威、父亲般的仁慈及道德廉洁性的领导方式，包括威权（authoritarianism）、仁慈（benevolence）、德行（morality）领导三个方面（Cheng et al.，2000；Cheng et al.，2004；Farh and Cheng，2000）。威权领导强调绝对的权威，会对下属实行严格管控，要求其绝对服从上级指令，且存在贬抑下属能力的行为。仁慈领导会对下属提供特别、全面而又长久的关怀。这种关怀不仅仅限于工作方面的帮助与支持，有时还会扩及员工家庭。德行领导则拥有较高的个人操守和敬业精神，重视集体利益，会以身作则为下属树立榜样。先前研究表明，家长式领导作为根植于中国传统文化的领导方式，对华人组织的领导效能有着更强的解释力（Cheng et al.，2003），对员工绩效、态度与行为有着独特且显著的影响（Cheng et al.，2004；Wang et al.，2018）。比如，Bedi（2020）通过元分析发现，威权领导显著负向影响员工工作满意度和任务绩效，而仁慈领导和德行领导则对员工工作满意度和任务绩效有显著的正向影响。任务绩效作为员工工作绩效的关键组成部分，是与工作产出直接相关的，能直接用于员工绩效评价的客观指标。另外，当管理者表现出家长式领导行为，会在严格要求员工的同时，给予其全方位且长久的关怀，同时在工作中展现出较高的敬业精神和专业素养，进而会对员工的工作态度、行为与绩效产生影响。

基于组织支持理论，员工能为组织付出辛勤劳动，是源于某种感恩的回馈意识，进而员工会基于互惠原则，表现出更高水平的工作绩效和关系绩效以回报组织（Eisenberger et al.，1986）。威权领导强调权威，会在工作中贬低下属能力，且不愿与下属沟通或分享信息（Farh and Cheng，2000），员工与领导之间的交换关系质量较低，这会使员工增加负面情绪并降低工作成果（Graen and Uhl-Bien，

1995），如任务绩效（Bedi，2020）。仁慈领导不仅会在工作中给予下属必要的情感和资源支持，也会在工作之外为下属提供帮助（Farh and Cheng，2000），员工感知到领导的关怀，会促使其产生更多的积极情绪，且更愿意追随领导者，最后表现出更高水平的任务绩效以报答领导（Cheng et al.，2004）。德行领导在工作中公私分明（Westwood，1997），其为人正直（Cheng et al.，2000；Farh and Cheng，2000），强调个人诚实和奉献精神（Chan et al.，2008），这会使员工对领导产生更多的"认同"（Wu et al.，2012），并"效仿"领导表现出更多的敬业、勤奋工作等积极行为（Farh and Cheng，2000），从而提升个人的任务绩效。

基于此，提出以下研究假设：

H1a：威权领导对员工任务绩效有显著的负向影响；

H1b：仁慈领导对员工任务绩效有显著的正向影响；

H1c：德行领导对员工任务绩效有显著的正向影响。

二、家长式领导与工作获得感的关系

工作获得感是员工对在工作中因付出而客观获得各种实惠的主观感受（Gu et al.，2020），包括生存获得感、关系获得感和成长获得感三个方面。对员工而言，生存获得感是指员工在收入、福利、薪酬方面的获得感知。关系获得感体现了员工在上下级关系、同事关系、单位诚信状况以及道德氛围方面的获得感知。成长获得感则是指员工在培训、榜样力量、自我价值以及晋升空间方面的实际获得感知。

领导是组织中最重要的信息源，其领导风格和领导行为所传递的信息会对员工在工作中的感受产生直接影响。已有关于家长式领导对员工态度方面的实证研究，国内外学者主要是从工作满意度、组织承诺、离职意向、忠诚度等方面入手（Bedi，2020），目前尚且没有直接研究家长式领导与工作获得感的关系，但有关家长式领导与工作满意度关系的研究表明，威权领导会负向影响员工工作满意度，而仁慈领导与德行领导有助于改善员工工作态度，使员工对领导与工作的满意度较高（Bedi，2020；Cheng et al.，2004；Farh and Cheng，2000）。工作获得感与工作满意度均强调员工得到某方面满足而产生的心理感受，两者具有相似性。因而本研究预测，威权领导存在严密控制下属、不愿与下属分享信息、漠视下属建议、斥责下属等行为（Cheng et al.，2004；Farh and Cheng，2000），会带来紧张压抑、缺少人性化的工作氛围。这种领导会使员工感知不到组织的重视与支持，从而降低其在工作中的实际获得感知和对组织的情感依恋。仁慈领导在工作领域和非工作领域都会给予下属及时且必要的支持与关心（Cheng et al.，2004；Farh and Cheng，2000），能使员工切实感受到组织对其的全方位关怀，进而促使这类员工产生较高水平的工作获得感。德行领导在组织中是下属的学习榜样（Westwood，1997），为员工提供一个充满信任和支持的环境，有助于增加其心理授权（Chan et al.，2008）。该领导能够给予员工信心和力量，与其进行双向沟通，传递组织对下属的重视，让其成为决策机制中的合作伙伴（Adiguzel et al.，2021），从而促使员工的工作获得感得到进一步提高。

基于此，提出以下研究假设：

H2a：威权领导对员工生存获得感有显著的负向影响；

H2b：威权领导对员工关系获得感有显著的负向影响；

H2c：威权领导对员工成长获得感有显著的负向影响；

H2d：仁慈领导对员工生存获得感有显著的正向影响；

H2e：仁慈领导对员工关系获得感有显著的正向影响；

H2f：仁慈领导对员工成长获得感有显著的正向影响；

H2g：德行领导对员工生存获得感有显著的正向影响；

H2h：德行领导对员工关系获得感有显著的正向影响；

H2i：德行领导对员工成长获得感有显著的正向影响。

三、工作获得感与任务绩效的关系

已有研究表明，工作获得感作为反映员工工作场所积极的心理体验，能给员工带来积极的情绪体验（Bakker，2015），并提高其工作满意度（Wright and Huang，2012）。首先，当员工能在组织中愉快工作并获得满意的薪资时，其会在工作中产生更多的积极情绪，从而增加工作投入，提升任务绩效水平。其次，当员工在诚信且道德的单位工作，并拥有良好的上下级关系和同事关系时，在工作中能及时得到组织、领导和同事的支持与帮助，更好地应对工作中的挑战，从而产出更高水平的任务绩效。最后，当组织和领导能为员工成长和实现自我价值提供资源与平台，帮助员工规划职业生涯，满足其精神追求时，这类员工会认为工作更有意义，进而更加专注地投入到工作中去，并设定更高水平的任务绩效目标。

基于此，提出以下研究假设：

H3a：员工生存获得感对任务绩效有显著的正向影响；

H3b：员工关系获得感对任务绩效有显著的正向影响；

H3c：员工成长获得感对任务绩效有显著的正向影响。

四、工作获得感的中介作用

基于组织支持理论，员工要感知到组织和领导对其重视与关心，才会反过来对组织产生承诺与情感依恋（Eisenberger et al.，1986）。威权领导强调严密控制、信息隐匿和漠视下属建议，容易降低员工在生存、关系和成长方面的获得感知。当员工产生较低水平的获得感知时，其工作积极性和对组织的依恋度会降低，从而减少工作行为，降低任务绩效水平。仁慈领导强调为下属提供全面且持久的关怀，能给予必要的情感和工作资源支持（Farh and Cheng，2000），因而有助于激发员工产生积极情绪，并与领导之间建立更为密切的关系（Chen et al.，2019），进而提升员工的工作获得感水平，增加个人投入，最终增加任务绩效（Wang et al.，2018）。德行领导以身作则，关心下属发展，并积极与其沟通交流，能有效增加员工的获得感知水平，从而促使其认同组织，并更加投入工作，创造高水平的任务绩效以回馈组织。

基于此，提出以下研究假设：

H4a：生存获得感在威权领导与员工任务绩效之间起中介作用；

H4b：关系获得感在威权领导与员工任务绩效之间起中介作用；

H4c：成长获得感在威权领导与员工任务绩效之间起中介作用；

H4d：生存获得感在仁慈领导与员工任务绩效之间起中介作用；

H4e：关系获得感在仁慈领导与员工任务绩效之间起中介作用；

H4f：成长获得感在仁慈领导与员工任务绩效之间起中介作用；

H4g：生存获得感在德行领导与员工任务绩效之间起中介作用；

H4h：关系获得感在德行领导与员工任务绩效之间起中介作用；

H4i：成长获得感在德行领导与员工任务绩效之间起中介作用。

五、组织支持的调节作用

组织支持是员工对组织重视其贡献和关注其幸福感的全面看法（Eisenberger et al.，1990；Eisenberger et al.，1986）。根据组织支持理论，组织的关心和重视能促使员工愿意长期留在组织内部，更加投入地工作，进而以更高水平的绩效来回报组织（Eisenberger et al.，1986）。已有研究表明，组织支持对员工的态度、感知与行为有直接或间接的积极效用，其作为一种重要的工作资源，能正向预测员工的任务绩效、积极情绪、工作满意度等（Kurtessis et al.，2017；Rhoades and Eisenberger，2002）。当员工在工作中感觉资源不足时，来自组织的支持可以为其及时补充损耗的资源，缓解员工的压力和消极情绪。

组织提供给员工的组织支持资源涉及物质、心理、社会或组织等多个方面。基于组织支持理论，在高组织支持水平下，员工能够明显感知到组织对自身的关心与帮助，因而能够及时补足自身因"付出回报不成正比"而带来的消极情绪和抵触情绪以及在工作过程中的资源损耗，进一步弱化因工作获得感水平降低而对任务绩效产生的负面影响。感受到高水平组织支持的员工更有可能感到有义务"回报"组织（Eisenberger et al.，1990；Eisenberger et al.，1986；Shore and Wayne，1993）。具体而言，具有较高组织支持的员工拥有更为充足的工作资源，能够在物质、人际关系、职业发展等方面感知到组织的支持与重视，对组织的关注和奖励抱有期望（Eisenberger et al.，1990），进而主动增加工作投入（Rhoades and Eisenberger，2002），以更高水平的任务绩效回馈组织（Eisenberger et al.，1990）。

基于此，提出以下研究假设：

H5a：组织支持正向调节员工生存获得感与任务绩效之间的关系；

H5b：组织支持正向调节员工关系获得感与任务绩效之间的关系；

H5c：组织支持正向调节员工成长获得感与任务绩效之间的关系。

综上所述，提出的所有假设汇总情况如表6-1所示。

表6-1 工作获得感的传导作用研究假设检验结果汇总

假设	假设内容
H1a	威权领导对员工任务绩效有显著的负向影响
H1b	仁慈领导对员工任务绩效有显著的正向影响
H1c	德行领导对员工任务绩效有显著的正向影响
H2a	威权领导对员工生存获得感有显著的负向影响
H2b	威权领导对员工关系获得感有显著的负向影响
H2c	威权领导对员工成长获得感有显著的负向影响
H2d	仁慈领导对员工生存获得感有显著的正向影响
H2e	仁慈领导对员工关系获得感有显著的正向影响
H2f	仁慈领导对员工成长获得感有显著的正向影响
H2g	德行领导对员工生存获得感有显著的正向影响
H2h	德行领导对员工关系获得感有显著的正向影响
H2i	德行领导对员工成长获得感有显著的正向影响
H3a	员工生存获得感对任务绩效有显著的正向影响
H3b	员工关系获得感对任务绩效有显著的正向影响
H3c	员工成长获得感对任务绩效有显著的正向影响
H4a	生存获得感在威权领导与员工任务绩效之间起中介作用
H4b	关系获得感在威权领导与员工任务绩效之间起中介作用
H4c	成长获得感在威权领导与员工任务绩效之间起中介作用
H4d	生存获得感在仁慈领导与员工任务绩效之间起中介作用

假设	假设内容
H4e	关系获得感在仁慈领导与员工任务绩效之间起中介作用
H4f	成长获得感在仁慈领导与员工任务绩效之间起中介作用
H4g	生存获得感在德行领导与员工任务绩效之间起中介作用
H4h	关系获得感在德行领导与员工任务绩效之间起中介作用
H4i	成长获得感在德行领导与员工任务绩效之间起中介作用
H5a	组织支持正向调节员工生存获得感与任务绩效之间的关系
H5b	组织支持正向调节员工关系获得感与任务绩效之间的关系
H5c	组织支持正向调节员工成长获得感与任务绩效之间的关系

本研究构建了以家长式领导三个维度为自变量，以员工获得感三个维度为中介变量，以任务绩效为因变量，以组织支持为调节变量的理论模型，具体如图6-1所示。

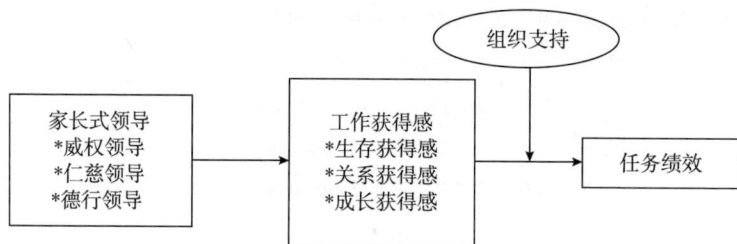

图6-1　工作获得感的传导作用研究的理论模型

第三节　研究方法

一、研究设计

问卷调查法之所以成为管理学定量研究中最为普及的方法之一，是因为它具备了快速有效、可操作性强、成本低等优点（陈晓萍等，2012）。本研究也选择了问卷调查法，问卷设计共分4步进行，具体步骤如下：

1. 为各变量选择测量工具

本研究所涉及的变量除了"工作获得感"之外，在国际顶级刊物上都有比较成熟的量表，而且大部分量表在国内已被使用。因此，中介变量"工作获得感"选择采用在第三章基于 ERG 理论开发的工作获得感量表，其他变量都选择沿用现有的成熟量表。

2. 翻译外文量表

本研究采用了被广泛接受的回译（Back Translation）方法对量表进行翻译，力求既不偏离问卷原意，又符合汉语语境。具体做法是：先由两位大学英语教师将英文量表翻译为中文，再由三位管理学研究生将中文翻译回英文，并比较其中存在的差异，不断调整具体用语。

3. 设计初始问卷

为了进一步检查问卷中是否存在歧义或者不好理解的题项，本研究请 7 名大学生（3 位硕士研究生、4 位本科生）对初始问卷进行试填，并根据他们的反馈意见进行修改。

4. 形成正式问卷

本研究依然选择中国企业员工进行调研，具体步骤如下：

第一，在"问卷星"上设计好问卷。每个题项下设 5 个选项，1 代表"非常不符合"、2 代表"不太符合"、3 代表"说不清楚"、4 代表"比较符合"、5 代表"非常符合"。

第二，确定具体调研企业和对象。

第三，依托于团队项目，在项目组相关成员的支持下，调研小组与选定的企业取得联系。

第四，通过与样本企业的人力资源经理/人事主管进行沟通并获得其支持，随机邀请企业员工完成一份在线问卷。参与者被告知，他们的信息和回答是保密的，仅用于研究。

第五，付费。参与者完成在线问卷后会由后台研究人员进行审核，问卷填写合格的人将会随机获取一定数目的红包。

二、测量工具

本研究共涉及 8 个变量，即自变量"家长式领导（威权领导、仁慈领导、德行领导）"、因变量"任务绩效"、中介变量"工作获得感（生存获得感、关系获得感、成长获得感）"和调节变量"组织支持"。

1. 家长式领导

对家长式领导的测量，本研究主要采用郑伯埙等（2000）、傅晓等（2012）编制的家长式领导量表，共计 15 个题项。其中威权领导 5 个题项，仁慈领导 5 个题项，德行领导 5 个题项。各题项的编号及具体内容如表 6-2 所示。

表 6-2　家长式领导的测量量表

变量（维度）	编号	题项
威权领导	AL1	开会时，都按照直接上司的意思做最后的决定
	AL2	该单位的大小事情都由直接上司独自决定
	AL3	与直接上司一起工作时，他/她带给我很大的压力
	AL4	直接上司从不把信息透露给我们
	AL5	当任务无法完成时，直接上司会斥责我们
仁慈领导	BL1	直接上司平常会向我嘘寒问暖
	BL2	直接上司会关心我的个人生活情况
	BL3	直接上司对我的照顾会扩及我的家人
	BL4	对相处较久的下属，直接上司会给予细致周到的照顾
	BL5	当我遇到困难时，直接上司会及时给予帮助
德行领导	ML1	直接上司为人正派，不会假公济私
	ML2	直接上司对待我们公正无私
	ML3	直接上司不会因个人的利益去拉关系、走后门
	ML4	直接上司是我做人做事的好榜样
	ML5	直接上司能够以身作则

2. 任务绩效

对于任务绩效的测量，本研究主要采用韩翼等（2007）编制的工作绩效量表中的任务绩效分量表，包括 5 个题项。各题项的编号及具体内容如表 6-3 所示。

表 6-3　任务绩效的测量量表

变量	编号	题项
任务绩效	TP1	我能称职地完成所交给的职责
	TP2	我能履行工作说明书（或岗位职责）中明确表示的责任
	TP3	我能完成团队所期望的任务目标
	TP4	我能达到工作的正式绩效要求
	TP5	我能完成必须要做的工作任务

3. 工作获得感

对于工作获得感的测量，采用第三章基于 ERG 理论开发并经过检验的工作获得感量表，共计 15 个题项。其中，生存获得感 5 个题项，关系获得感 4 个题项，成长获得感 6 个题项。各题项的编号及具体内容如表 6-4 所示。

表 6-4　工作获得感的传导作用研究测量量表

变量（维度）	编码	题项
生存获得感	SGW11	在该单位工作，我感到心情愉快
	SGW12	在该单位工作，有利于我的身心健康
	SGW13	在该单位工作，我获得了满意的收入
	SGW14	在该单位工作，我拥有充足的业余时间
	SGW15	我满意该单位的工作强度
关系获得感	SGW21	在该单位工作，我与直接上司的关系良好
	SGW22	在该单位工作，我拥有良好的同事关系
	SGW23	我满意该单位的诚信状况
	SGW24	我满意该单位的道德氛围
成长获得感	SGW31	该单位提供的培训有利于我的成长
	SGW32	在该单位工作，我从榜样身上获得了力量
	SGW33	在该单位工作，激发了我的精神追求
	SGW34	在该单位工作，有利于实现我的自我价值
	SGW35	该单位提供了良好的晋升空间
	SGW36	我对该单位的行业前景充满信心

4. 组织支持

对于组织支持的测量，本研究主要采用 Eisenberger 等（1986）、刘璞等（2008）编制的组织支持量表，包括 6 个题项，其中有 1 个反向题项。各题项的编号及具体内容如表 6-5 所示。

表 6-5　组织支持的测量量表

变量	编号	题项
组织支持	OS1	该单位很关心我的目标和价值
	OS2	在我有困难时，该单位会给予帮助
	OS3	该单位在意我的观点和看法

变量	编号	题项
	OS4	该单位很关心我的身体状况
组织支持	OS5	如果我需要格外的帮助的话，该单位很乐意帮助我
	OS6	如果有机会的话，该单位会占我便宜（R）

注：R 表示反向计分题。

三、数据收集与初步处理

本研究通过问卷星进行在线问卷收集，调研历时三周，调研对象为四川省的 45 家高新技术企业本科及以上学历的技术或研发人员。本次调研共收集到 518 份问卷。为提高数据质量，以下三种问卷被剔除：①问卷填写集中选择某一个选项或者选项带有明显规律的；②有三题以上漏选的；③问卷填写时间特别短的。最终，收集到 459 份有效问卷，有效率为 88.61%。问卷所有题项均采用李克特五点计分法，从 1（非常不符合）到 5（非常符合）。

基本人口统计信息包括性别、年龄、受教育程度、工作年限、岗位职级 5 个方面，具体统计信息见表 6-6。从性别来看，男性占 58.6%；从年龄来看，主要集中在 26—45 周岁，占比达 76.3%；从受教育程度来看，以本科生为主，占比达 81.0%；从工作年限来看，大多数工龄在 15 年以上，占比达 34.6%；从岗位职级来看，以中层管理或中级职称（技能）为主，占比达 39.0%。

表 6-6　工作获得感的传导作用研究样本的基本人口统计信息

统计变量	选项内容	样本数	百分比（%）
性别	男	269	58.6
	女	190	41.4
年龄	25 周岁及以下	14	3.1
	26—35 周岁	218	47.5
	36—45 周岁	132	28.8
	46—55 周岁	85	18.5
	56 周岁及以上	10	2.2
受教育程度	本科	372	81.0
	硕士研究生	85	18.5
	博士研究生	2	0.4

续表

统计变量	选项内容	样本数	百分比（%）
工作年限	不满 1 年	16	3.5
	1—2 年	21	4.6
	3—5 年	63	13.7
	6—10 年	119	25.9
	11—15 年	81	17.6
	超过 15 年	159	34.6
岗位职级	高层管理或高级职称（技能）	76	16.6
	中层管理或中级职称（技能）	179	39.0
	基层管理或初级职称（技能）	145	31.6
	其他	59	12.9

注：N=459。

第四节　数据质量评估

一、各量表的信度检验

本研究仍然采用内部一致性系数（Cronbach's α 系数）来检验各量表的信度（使用 SPSS 25.0 软件）。如表 6-7 所示，威权领导、仁慈领导、德行领导、任务绩效、生存获得感、关系获得感、成长获得感、组织支持等量表的 Cronbach's α 系数在 0.791 至 0.932 之间，均大于 0.70 的标准。因此，本研究的各测量量表均具有良好的信度。

表6-7　工作获得感的传导作用研究中各测量量表的信度分析

变量	维度	Cronbach's α 系数
家长式领导	威权领导	0.791
	仁慈领导	0.884
	德行领导	0.932

续表

变量	维度	Cronbach's α 系数
任务绩效		0.867
工作获得感	生存获得感	0.839
	关系获得感	0.802
	成长获得感	0.827
组织支持		0.873

注：N=459。

二、各量表的效度检验

在对威权领导、仁慈领导、德行领导等测量量表进行因子分析之前，先要通过各量表的 KMO 值和 Bartlett's 球形度检验的 p 值来判断是否适合做因子分析，研究结果具体如表6-8所示。

表6-8　工作获得感的传导作用研究中各量表是否适合做因子分析

量表名称	KMO 值	Bartlett's 球形度检验 p 值
家长式领导	0.922	0.000
任务绩效	0.838	0.000
工作获得感	0.891	0.000
组织支持	0.867	0.000

注：N=459。

由表6-8可知，家长式领导、任务绩效、工作获得感和组织支持量表的 KMO 值在 0.838—0.922，均大于 0.70，且 p 值均为 0.000。因此，各量表都适合做因子分析，进一步分析如下：

1. 家长式领导量表

家长式领导量表的因子分析结果如表6-9所示，采用主成分分析法共提取了三个共同因素，三个共同因素共解释了总方差的 68.323%，说明该量表具有较高的效度。

表 6-9 家长式领导量表的因子分析

解释的总方差

成分	初始特征值			提取载荷平方和		
	特征值	解释方差的百分比（%）	累积解释方差的百分比（%）	特征值	解释方差的百分比（%）	累积解释方差的百分比（%）
1	7.087	47.247	47.247	7.087	47.247	47.247
2	1.891	12.609	59.856	1.891	12.609	59.856
3	1.270	8.467	68.323	1.270	8.467	68.323
4	0.848	5.655	73.978			
5	0.597	3.980	77.958			
6	0.504	3.359	81.316			
7	0.417	2.782	84.098			
8	0.410	2.733	86.831			
9	0.392	2.614	89.445			
10	0.377	2.511	91.956			
11	0.324	2.161	94.117			
12	0.305	2.031	96.147			
13	0.221	1.476	97.623			
14	0.200	1.334	98.957			
15	0.156	1.043	100.000			

注：①N=459；②提取方法：主成分分析法；③提取标准：特征值大于1。

2. 任务绩效量表

任务绩效量表的因子分析结果如表 6-10 所示，采用主成分分析法共提取了一个共同因素，该共同因素解释了总方差的 65.405%，说明该量表具有较高的效度。

表 6-10 任务绩效量表的因子分析

解释的总方差

成分	初始特征值			提取载荷平方和		
	特征值	解释方差的百分比（%）	累积解释方差的百分比（%）	特征值	解释方差的百分比（%）	累积解释方差的百分比（%）
1	3.270	65.405	65.405	3.270	65.405	65.405

续表

成分	初始特征值			提取载荷平方和		
	特征值	解释方差的百分比（%）	累积解释方差的百分比（%）	特征值	解释方差的百分比（%）	累积解释方差的百分比（%）
2	0.603	12.062	77.468			
3	0.490	9.795	87.262			
4	0.338	6.757	94.019			
5	0.299	5.981	100.000			

解释的总方差

注：①N＝459；②提取方法：主成分分析法；③提取标准：特征值大于1。

3. 工作获得感量表

工作获得感量表的因子分析结果如表6-11所示，采用主成分分析法共提取了三个共同因素，三个共同因素共解释了总方差的68.176%，说明该量表具有较高的效度。

表6-11　工作获得感的传导作用研究中量表的因子分析

解释的总方差

成分	初始特征值			提取载荷平方和		
	特征值	解释方差的百分比（%）	累积解释方差的百分比（%）	特征值	解释方差的百分比（%）	累积解释方差的百分比（%）
1	5.367	48.788	48.788	5.367	48.788	48.788
2	1.354	12.313	61.100	1.354	12.313	61.100
3	0.778	7.076	68.176	0.778	7.076	68.176
4	0.639	5.807	73.983			
5	0.627	5.697	79.680			
6	0.524	4.764	84.445			
7	0.453	4.119	88.564			
8	0.423	3.848	92.412			
9	0.350	3.180	95.592			
10	0.314	2.857	98.449			
11	0.171	1.551	100.000			

注：①N＝459；②提取方法：主成分分析法；③提取标准：特征值大于1。

4. 组织支持量表

组织支持量表的因子分析结果如表 6-12 所示，采用主成分分析法共提取了一个共同因素，该共同因素解释了总方差的 66.573%，说明该量表具有较高的效度。

表 6-12 组织支持量表的因子分析

成分	初始特征值			提取载荷平方和		
	特征值	解释方差的百分比（%）	累积解释方差的百分比（%）	特征值	解释方差的百分比（%）	累积解释方差的百分比（%）
1	3.329	66.573	66.573	3.329	66.573	66.573
2	0.561	11.217	77.790			
3	0.400	8.001	85.791			
4	0.389	7.781	93.572			
5	0.321	6.428	100.000			

注：①N=459；②提取方法：主成分分析法；③提取标准：特征值大于1。

综上所述，家长式领导、任务绩效、工作获得感和组织支持量表的效度检验结果显示都具有较好的效度。因此，各量表的所有题项均保留。

第五节 回归分析

一、相关性分析

本研究采用 SPSS 25.0 软件对威权领导、仁慈领导、德行领导、生存获得感、关系获得感、成长获得感、任务绩效、组织支持以及控制变量进行相关性分析，各变量的均值（Mean）、标准差（SD）及变量间的相关系数如表 6-13 所示。结果表明：威权领导与任务绩效（$r=-0.163$，$p<0.01$）、生存获得感（$r=-0.184$，$p<0.01$）、关系获得感（$r=-0.398$，$p<0.01$）、成长获得感（$r=-0.347$，$p<0.01$）负相关。仁慈领导与任务绩效（$r=0.303$，$p<0.01$）、生存获得感（$r=0.326$，$p<0.01$）、关系获得感（$r=0.514$，$p<0.01$）、成长获得感（$r=0.472$，$p<0.01$）正相关。德行领导与任务绩效（$r=0.375$，$p<0.01$）、生存获得感（$r=0.343$，$p<0.01$）、关系获得感（$r=0.611$，$p<0.01$）、成长获得感

（r＝0.506，p<0.01）正相关。生存获得感（r＝0.153，p<0.01）、关系获得感（r＝0.421，p<0.01）、成长获得感（r＝0.258，p<0.01）均与任务绩效正相关。这为后续假设检验的验证提供了初步支持。

表6-13　工作获得感的传导作用研究变量的描述性统计和相关系数

变量	1	2	3	4	5	6	7	8	9	10	11	12	13
1. 性别	1												
2. 年龄	0.012	1											
3. 受教育程度	0.078	0.033	1										
4. 工作年限	0.017	0.759**	0.021	1									
5. 岗位职级	0.037	-0.507**	-0.249**	-0.547**	1								
6. 威权领导	-0.089	0.062	-0.029	0.115*	-0.042	0.044							
7. 仁慈领导	-0.036	-0.177**	0.037	-0.238**	0.128**	0.043	1						
8. 德行领导	0.030	-0.100*	0.032	-0.135*	0.029	-0.054	0.660**	1					
9. 生存获得感	0.024	-0.057	-0.060	-0.041	0.051	0.073	0.326**	0.343**	1				
10. 关系获得感	-0.001	-0.111*	-0.018	-0.123**	0.012	-0.038	0.514**	0.611**	0.447**	1			
11. 成长获得感	-0.038	-0.113*	-0.054	-0.124**	0.071	0.028	0.472**	0.506**	0.631**	0.635**	1		
12. 任务绩效	0.042	0.062	0.001	0.063	-0.045	-0.017	0.303**	0.375**	0.153**	0.421**	0.258**	1	
13. 组织支持	-0.009	-0.141**	-0.006	-0.152**	0.048	0.037	0.608**	0.570**	0.570**	0.646**	0.696**	0.281**	1
均值	1.410	2.690	3.190	4.540	2.410	1.840	3.295	3.759	2.813	3.949	3.296	4.289	3.306
标准差	0.493	0.881	0.407	1.383	0.912	0.641	0.807	0.787	0.860	0.602	0.802	0.434	0.770

注：①N＝459；②*表示p<0.05，**表示p<0.01。

二、区分变量效度的验证性因素分析

为检验变量之间的区分效度，本研究采用 AMOS 25.0 软件进行验证性因素分析。检验结果如表6-14所示，八因子模型的拟合指标明显优于其他竞争模型：$\chi^2 = 1172.169$，df＝566，$\chi^2/df = 2.071$（小于3），RMSEA＝0.048（小于0.08），TLI＝0.932（大于0.90），CFI＝0.939（大于0.90），SRMR＝0.048（小于0.08）。由此可知，这八个变量之间具有良好的区分效度。

表6-14　验证性因素分析结果

模型	χ^2	df	χ^2/df	RMSEA	TLI	CFI	SRMR
八因子模型： AL、BL、ML、SGW1、SGW2、SGW3、TP、OS	1172.169	566	2.071	0.048	0.932	0.939	0.048

续表

模型	χ^2	df	χ^2/df	RMSEA	TLI	CFI	SRMR
七因子模型： AL+SGW1、BL、ML、SGW2、SGW3、TP、OS	1845.457	573	3.221	0.070	0.858	0.871	0.098
六因子模型： AL+SGW1+SGW2、BL、ML、SGW3、TP、OS	2131.727	579	3.682	0.077	0.829	0.843	0.069
五因子模型： AL+SGW1+SGW2+SGW3、BL、ML、TP、OS	2370.112	585	4.051	0.082	0.805	0.819	0.100
四因子模型： AL+SGW1+SGW2+SGW3+BL、ML、TP、OS	2963.314	589	5.031	0.094	0.743	0.759	0.103
三因子模型： AL+SGW1+SGW2+SGW3+BL+ML、TP、OS	3546.441	592	5.991	0.104	0.681	0.701	0.111
二因子模型： AL+SGW1+SGW2+SGW3+BL+ML+TP、OS	4342.430	594	7.310	0.117	0.597	0.620	0.123
单因子模型： AL+SGW1+SGW2+SGW3+BL+ML+TP+OS	4642.555	595	7.803	0.122	0.566	0.590	0.122
九因子模型：八因子+CMV	989.566	530	1.867	0.044	0.945	0.953	0.038
可接受的值	—	—	<3	<0.05	>0.9	>0.9	<0.05

注：①N=459；②+表示合并成一个变量；AL表示威权领导，BL表示仁慈领导，ML表示德行领导，SGW1表示生存获得感，SGW2表示关系获得感，SGW3表示成长获得感，TP表示任务绩效，OS表示组织支持。

三、共同方法偏差检验

由于经费、精力有限，本研究未采用员工—主管配对问卷，调查问卷的所有题项均由员工本人填写，因此有必要进行共同方法偏差检验。本研究运用SPSS 25.0软件对所收集的问卷数据进行Harman单因素分析，结果如表6-15所示。Harman单因素分析结果表明，有六个主成分因子的特征值大于1，累积方差贡献率为63.892%，其中未经旋转的第一个因子的方差贡献率为36.074%，则本研究不存在严重的共同方法偏差。同时，由表6-14可知，单因子模型的拟合度差（RMSEA=0.122，TLI=0.566，CFI=0.590，SRMR=0.122），且在八因子模型基础上加入共同方法偏差潜变量（CMV）后的九因子模型卡方值（χ^2）降低，CFI和TLI提高幅度均小于0.10（ΔCFI=0.014、ΔTLI=0.013），RMSEA和SRMR的降低幅度小于0.05（ΔRMSEA=0.004、ΔSRMR=0.010），因此进一步验证本研究不存在严重的共同方法偏差。

表6-15 整体数据的 Harman 单因素分析

解释的总方差

成分	初始特征值			提取载荷平方和		
	特征值	解释方差的百分比（%）	累积解释方差的百分比（%）	特征值	解释方差的百分比（%）	累积解释方差的百分比（%）
1	12.987	36.074	36.074	12.987	**36.074**	36.074
2	3.011	8.363	44.437	3.011	8.363	44.437
3	2.657	7.381	51.818	2.657	7.381	51.818
4	1.861	5.169	56.987	1.861	5.169	56.987
5	1.356	3.767	60.753	1.356	3.767	60.753
6	1.130	3.139	63.892	1.130	3.139	63.892

注：①N=459；②提取方法：主成分分析法；③提取标准：特征值大于1；④特征值小于1的已省略。

四、主效应检验

本研究采用多层线性回归验证提出的假设。检验结果如表6-16所示，在模型2中威权领导对员工任务绩效有显著的负向影响（$\beta=-0.169$，$p<0.001$），假设H1a得到支持。在模型4中仁慈领导对员工任务绩效有显著的正向影响（$\beta=0.342$，$p<0.001$），假设H1b得到支持。在模型6中德行领导对员工任务绩效有显著的正向影响（$\beta=0.391$，$p<0.001$），假设H1c得到支持。

表6-16 回归分析结果

项目	变量	任务绩效						
		M1	M2	M3	M4	M5	M6	M7
控制变量	性别	0.041	0.026	0.053	0.052	0.051	0.030	0.047
	年龄	0.030	0.021	0.036	0.024	0.064	0.034	0.047
	受教育程度	-0.012	-0.014	0.000	-0.037	0.025	-0.013	0.007
	工作年限	0.032	0.060	0.089	0.117	0.092	0.093	0.086
	岗位职级	-0.015	-0.012	0.010	-0.017	0.032	0.006	0.013
自变量	威权领导		-0.169***					
	仁慈领导				0.342***			
	德行领导						0.391***	
中介变量	生存获得感			-0.062				
	关系获得感					0.446***		
	成长获得感							0.124*

项目	变量	任务绩效						
		M1	M2	M3	M4	M5	M6	M7
调节变量	组织支持			0.335 ***		0.018		0.228 ***
交互项	生存获得感×组织支持			0.230 ***				
	关系获得感×组织支持					0.160 ***		
	成长获得感×组织支持							0.196 ***
回归模型摘要	R^2	0.006	0.034	0.145	0.116	0.220	0.156	0.140
	ΔR^2	0.006	0.028	0.051	0.110	0.025	0.149	0.038
	F 值	0.491	2.300 *	8.457 ***	8.463 ***	14.057 ***	11.874 ***	8.138 ***
	ΔF	0.491	13.078 ***	26.736 ***	55.938 ***	14.325 ***	79.661 ***	19.860 ***

注：①N＝459；② ＊ 表示 $p < 0.05$，＊＊＊ 表示 $p < 0.001$。

第六节　中介效应检验

本研究采用 Baron 和 Kenny（1986）的建议，验证工作获得感（生存获得感、关系获得感、成长获得感）的中介作用。中介作用需满足以下条件：①自变量对因变量具有显著影响；②自变量对中介变量具有显著影响；③中介变量对因变量具有显著影响；④自变量与中介变量同时进入回归方程解释因变量时，中介变量的作用显著而且自变量的作用消失（完全中介作用）或减弱（部分中介作用）。如表 6-16 和表 6-17 所示，威权领导对任务绩效有显著的负向影响（$\beta = -0.169$，$p < 0.001$），威权领导对生存获得感（$\beta = -0.186$，$p < 0.001$）、关系获得感（$\beta = -0.393$，$p < 0.001$）、成长获得感（$\beta = -0.347$，$p < 0.001$）有显著的负向影响，生存获得感（$\beta = 0.158$，$p < 0.01$）、关系获得感（$\beta = 0.439$，$p < 0.001$）、成长获得感（$\beta = 0.273$，$p < 0.001$）对任务绩效有显著的正向影响。同时分别加入威权领导与生存获得感、关系获得感、成长获得感，生存获得感（$\beta = 131$，$p < 0.01$）、关系获得感（$\beta = 440$，$p < 0.001$）、成长获得感（$\beta = 0.244$，$p < 0.001$）对任务绩效有显著的正向影响，威权领导对任务绩效的回归系数由 $\beta = -0.169$（$p < 0.001$）分别调整为 $\beta = -0.145$（$p < 0.01$）、$\beta = 0.003$（$p > 0.05$）、$\beta = -0.085$（$p > 0.05$）。因此，生存获得感在威权领导与任务绩效之间起部分中介作用，关系获得感、成长获得感起完全中介作用，假设 H2a、假设 H2b、假设

表6-17 中介效应检验

变量	任务绩效											
	M1	M2	M3	M4	M5	M6	M7	M8	M9	M10	M11	M12
控制变量												
性别	0.036	0.039	0.050	0.024	0.040	0.041	0.050	0.044	0.055	0.029	0.034	0.035
年龄	0.037	0.059	0.043	0.029	0.059	0.037	0.027	0.051	0.032	0.035	0.053	0.039
受教育程度	-0.006	0.012	0.002	-0.009	0.013	0.000	-0.033	-0.003	-0.024	-0.012	0.005	-0.008
工作年限	0.032	0.086	0.058	0.056	0.086	0.069	0.112	0.115	0.113	0.092	0.102	0.095
岗位职级	-0.016	0.026	-0.010	-0.013	0.026	-0.009	-0.017	0.018	-0.014	0.006	0.026	0.005
自变量												
威权领导				-0.145**	0.003	-0.085						
仁慈领导							0.324***	0.153**	0.271***			
德行领导										0.382***	0.198***	0.339***
中介变量												
生存获得感	0.158**			0.131**			0.054			0.026		
关系获得感		0.439***			0.440***			0.362***			0.319***	
成长获得感			0.273***			0.244***			0.151**			0.103*
回归模型摘要												
R²	0.031	0.194	0.080	0.051	0.194	0.086	0.119	0.211	0.134	0.156	0.219	0.163
ΔR²	0.025	0.188	0.073	0.044	0.188	0.079	0.112	0.204	0.127	0.150	0.212	0.157
F值	2.069*	15.547***	5.581***	3.018**	13.575***	5.284***	7.576***	15.011***	8.673***	10.413***	15.750***	10.989***
ΔF	11.468**	105.209***	35.899***	10.537***	52.491***	19.545***	28.651***	58.199***	33.012***	39.928***	61.135***	42.214***

注：①$N=459$；②* 表示 $p<0.05$，** 表示 $p<0.01$，*** 表示 $p<0.001$。

H2c、假设 H4a、假设 H4b、假设 H4c 得到支持。同样地，仁慈领导对任务绩效有显著的正向影响（β = 0.342，p<0.001），仁慈领导对生存获得感（β = 0.338，p<0.001）、关系获得感（β = 0.552，p<0.001）、成长获得感（β = 474，p<0.001）有显著的正向影响，生存获得感（β = 0.158，p<0.01）、关系获得感（β = 0.439，p<0.001）、成长获得感（β = 0.273，p<0.001）对任务绩效有显著的正向影响。同时分别加入仁慈领导与生存获得感、关系获得感、成长获得感，关系获得感（β = 0.362，p<0.001）、成长获得感（β = 0.151，p<0.01）对任务绩效有显著的正向影响，仁慈领导对任务绩效的回归系数由 β = 0.342（p<0.001）分别下降为 β = 0.153（p<0.01）和 β = 0.271（p<0.001）。因此，关系获得感、成长获得感在仁慈领导与任务绩效之间起部分中介作用，假设 H2d、假设 H2e、假设 H2f、假设 H4e、假设 H4f 得到支持。德行领导对任务绩效有显著的正向影响（β = 0.391，p<0.001），德行领导对生存获得感（β = 0.350，p<0.001）、关系获得感（β = 0.604，p<0.001）、成长获得感（β = 0.504，p<0.001）有显著的正向影响，生存获得感（β = 0.158，p<0.01）、关系获得感（β = 0.439，p<0.001）、成长获得感（β = 0.273，p<0.001）对任务绩效有显著的正向影响。同时分别加入德行领导与生存获得感、关系获得感、成长获得感，关系获得感（β = 0.319，p<0.001）、成长获得感（β = 0.103，p<0.05）对任务绩效有显著的正向影响，德行领导对任务绩效的回归系数由 β = 0.391（p<0.001）分别下降为 β = 0.198（p<0.001）和 β = 0.339（p<0.001）。因此，关系获得感、成长获得感在德行领导与任务绩效之间起部分中介作用，假设 H2g、假设 H2h、假设 H2i、假设 H4h、假设 H4i 得到支持。

进一步地，本研究采用 SPSS 25.0 软件和 Hayes（2013）开发的 PROCESS 程序验证工作获得感的中介作用。在 SPSS 25.0 软件中进行 bootstrap 中介变量检验，样本量设定为 5000，置信区间为 95%，bootstrap 取样方法选择偏差校正的非参数百分位法。检验结果如表 6-18 所示，威权领导通过生存获得感对任务绩效的间接效应为-0.014，95% 的置信区间为 [-0.030，-0.004]，不包含 0，假设 H4a 得到支持。威权领导通过关系获得感对任务绩效的间接效应为-0.099，95% 的置信区间为 [-0.134，-0.071]，不包含 0，假设 H4b 得到支持。威权领导通过成长获得感对任务绩效的间接效应为-0.048，95% 的置信区间为 [-0.078，-0.025]，不包含 0，假设 H4c 得到支持。同样地，仁慈领导通过生存获得感对任务绩效的间接效应为 0.010，95% 的置信区间为 [-0.007，0.028]，包含 0，假设 H4d 未得到支持。仁慈领导通过关系获得感对任务绩效的间接效应为 0.102，95% 的置信区间为 [0.071，0.139]，不包含 0，假设 H4e 得到支持。仁慈领导通过成长获得感对任务绩效的间接效应为 0.038，95% 的置信区间为 [0.012，0.069]，不包含 0，假设 H4f 得到支持。德行领导通过生存获得感对任务绩效的间接效应为 0.005，95%的置信区间为 [−0.012，0.025]，包含 0，假设 H4g 未得到支持。德行领导通过关系获得感对任务绩效的间接效应为 0.106，95%的置信区间为 [0.069，0.150]，不包含 0，假设 H4h 得到支持。德行领导通过成长获得感对任务绩效的间接效应为 0.029，95%的置信区间为 [0.001，0.061]，不包含 0，假设 H4i 得到支持。

表 6-18　bootstrap 中介效应检验结果

路径	非标准化间接效应估计	标准误差	95%的 CI	
			下限	上限
AL—SGW1—TP	−0.014	0.007	−0.030	−0.004
AL—SGW2—TP	−0.099	0.016	−0.134	−0.071
AL—SGW3—TP	−0.048	0.013	−0.078	−0.025
BL—SGW1—TP	0.010	0.009	−0.007	0.028
BL—SGW2—TP	0.102	0.017	0.071	0.139
BL—SGW3—TP	0.038	0.015	0.012	0.069
ML—SGW1—TP	0.005	0.009	−0.012	0.025
ML—SGW2—TP	0.106	0.021	0.069	0.150
ML—SGW3—TP	0.029	0.016	0.001	0.061

注：①N=459；②AL 表示威权领导，BL 表示仁慈领导，ML 表示德行领导，SGW1 表示生存获得感，SGW2 表示关系获得感，SGW3 表示成长获得感，TP 表示任务绩效。

第七节　调节效应检验

本研究进一步检验组织支持的调节作用，结果如表 6-16 所示。在模型 3 中生存获得感与组织支持的交互项与任务绩效显著正相关（$\beta = 0.230$，$p < 0.001$），假设 H5a 得到支持。在模型 5 中关系获得感与组织支持的交互项与任务绩效显著正相关（$\beta = 0.160$，$p < 0.001$），假设 H5b 得到支持。在模型 7 中成长获得感与组织支持的交互项与任务绩效显著正相关（$\beta = 0.196$，$p < 0.001$），假设 H5c 得到支持。

为更加直观反映组织支持的调节作用，本研究绘制了交互作用图（见图 6-2、图 6-3 和图 6-4）。由图 6-2、图 6-3、图 6-4 可知，相较于低组织支持水平，高组织支持水平下工作获得感各维度（生存获得感、关系获得感和成长获得感）对任务绩效的正向影响更强，假设 H5a、假设 H5b、假设 H5c 再次得到验证。

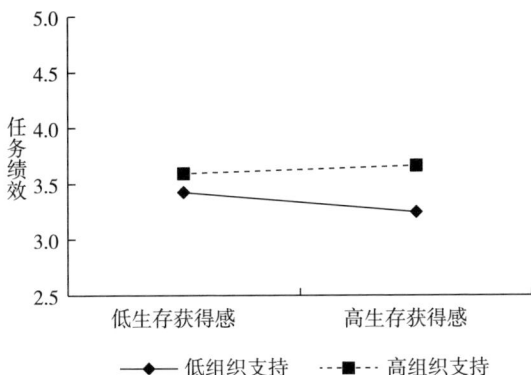

图 6-2 组织支持对生存获得感与任务绩效之间关系的调节作用

注：N=459。

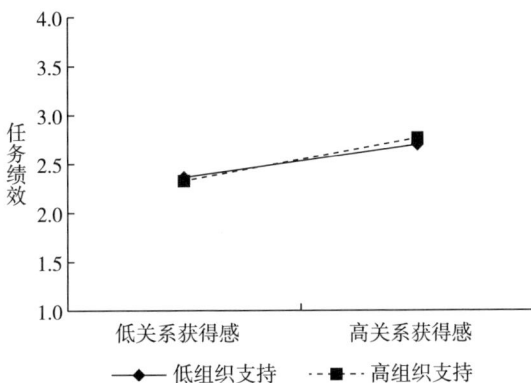

图 6-3 组织支持对关系获得感与任务绩效之间关系的调节作用

注：N=459。

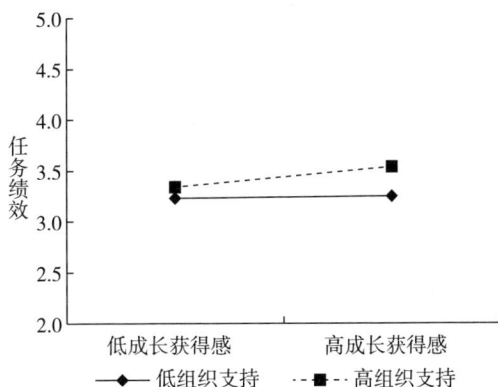

图 6-4 组织支持对成长获得感与任务绩效之间关系的调节作用

注：N=459。

第八节　假设检验结果汇总及最终模型

本研究的假设检验汇总如表6-19所示。

表6-19　工作获得感的传导作用研究假设检验结果汇总

假设	假设内容	研究结果
H1a	威权领导对员工任务绩效有显著的负向影响	支持
H1b	仁慈领导对员工任务绩效有显著的正向影响	支持
H1c	德行领导对员工任务绩效有显著的正向影响	支持
H2a	威权领导对员工生存获得感有显著的负向影响	支持
H2b	威权领导对员工关系获得感有显著的负向影响	支持
H2c	威权领导对员工成长获得感有显著的负向影响	支持
H2d	仁慈领导对员工生存获得感有显著的正向影响	支持
H2e	仁慈领导对员工关系获得感有显著的正向影响	支持
H2f	仁慈领导对员工成长获得感有显著的正向影响	支持
H2g	德行领导对员工生存获得感有显著的正向影响	支持
H2h	德行领导对员工关系获得感有显著的正向影响	支持
H2i	德行领导对员工成长获得感有显著的正向影响	支持
H3a	员工生存获得感对任务绩效有显著的正向影响	支持
H3b	员工关系获得感对任务绩效有显著的正向影响	支持
H3c	员工成长获得感对任务绩效有显著的正向影响	支持
H4a	生存获得感在威权领导与员工任务绩效之间起中介作用	支持
H4b	关系获得感在威权领导与员工任务绩效之间起中介作用	支持
H4c	成长获得感在威权领导与员工任务绩效之间起中介作用	支持
H4d	生存获得感在仁慈领导与员工任务绩效之间起中介作用	不支持
H4e	关系获得感在仁慈领导与员工任务绩效之间起中介作用	支持
H4f	成长获得感在仁慈领导与员工任务绩效之间起中介作用	支持
H4g	生存获得感在德行领导与员工任务绩效之间起中介作用	不支持
H4h	关系获得感在德行领导与员工任务绩效之间起中介作用	支持
H4i	成长获得感在德行领导与员工任务绩效之间起中介作用	支持

假设	假设内容	研究结果
H5a	组织支持正向调节员工生存获得感与任务绩效之间的关系	支持
H5b	组织支持正向调节员工关系获得感与任务绩效之间的关系	支持
H5c	组织支持正向调节员工成长获得感与任务绩效之间的关系	支持

根据假设检验结果，修正后的最终模型如图 6-5 所示。

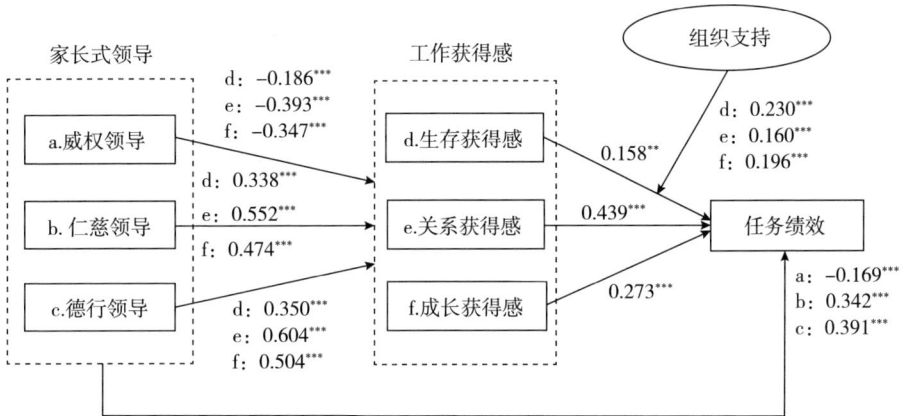

图 6-5　工作获得感的传导作用研究的最终模型

注：①N=459；②∗∗ 表示 p<0.01，∗∗∗ 表示 p<0.001。

第七章 工作获得感的调节作用研究

第四章、第五章和第六章分别从组织和领导两个视角探讨了工作获得感的作用机制、影响机制和传导作用。本章将聚焦工作获得感的"调节作用",探讨在不同工作获得感水平下,员工的人格与创造力之间的关系是否会有所变化,旨在继续回答"工作获得感发挥何种效用"的问题。

第一节 问题提出

随着"人格测评"的不断涌现,越来越多的组织和个人都踊跃参与其中,试图识别其特定人格类型,并针对性解析其特征和应对方式。基于9种形态划分,九型人格刻画了不同的类型特质(Hook et al.,2021),能够有力洞察个体的潜在欲望和深层动机。作为一种兼具古老根基和现代思想的人格分类学说,九型人格在全世界广为流传,逐步走进各类高校和企业,得到了实践家们较多关注和采用。研究表明,作为一种重要工具,九型人格在理论测评上具备有效性和价值性(Wagner and Walker,1983),在实践活动中可广泛运用于个人管理(王本贤、吴宏刚,2011)和组织建设(陈国海、熊淑宜,2006;裴宇晶,2011),但现有将其纳入实证分析框架的理论研究却相对滞后。

人格特质是一种个体内在属性,相对稳定且独特,其与思维方式及行为风格具有密切联系(姚若松等,2013)。既往文献显示,个体人格对任务绩效(Le et al.,2011)、创新绩效(高鹏等,2021)、创新行为(王飞等,2018)、主动社会化行为(杨文圣等,2019)、创造力(Raja and Johns,2010)等均具有一定预测效用。然而,当前以九型人格为视角建立的后效研究比较欠缺,仅初步分析了其对工作投入(Sutton et al.,2013)和工作绩效(严哲,2013)的作用,且时间相去较远。因此,从个体特质视角出发,开展组织情境中具体的九型人格类型将如何影响员工创造力的研究，能够进一步推动该人格体系领域的理论探索与实践讨论，同时为拓展该理论应用情境的普适性提供可能。

身处 VUCA 化的时代背景下，外部环境复杂多变，国家、组织及个人间竞争也愈加激烈。党的二十大报告指出，我国已进入创新型国家行列，要求自主创新能力进一步提升。结合国情实际而言，创新能够驱动国内产业的转型升级及各项社会事业的高质量发展，对提升我国国际地位也举足轻重。而实现创新，需以创造力为基础（Amabile et al.，1996；Hughes et al.，2018），即关注创造性想法（创意）的出现和实施（Baer，2012）。从长远而言，在动荡的知识经济中，创造力是推动文明向前发展的关键因素之一（Hennessey and Amabile，2010），也是组织和个人持续竞争优势的最重要来源之一（Joo et al.，2013）；就短期出发，创造力是解决困难和变更流程的有力抓手（van Knippenberg and Hirst，2020）。在实践界，创造力成为各类组织和管理人员所关心的共有议程；在学术界，"如何驱动创造力产生和提升"已成为创新研究的重要议题（Shi and Zhang，2022）。

立足于组织情境，工作场所中的创新和创造力的重要性日渐凸显，成为组织生存和成长的决定性因素（Anderson et al.，2014）；个体层次的创造力水平对组织创新起到关键作用（詹小慧等，2018）。在学界，创造力被视为一种过程或结果，指产生兼具新颖性（原创）和有用性（适当）的想法（Joo et al.，2013）。从现有文献来看，着眼于分析创造力的影响因素和提升路径是大势所趋。其中，在个体层面以人格特质为视角的研究相对较多地汇集在大五人格（Batey et al.，2010））或主动性人格（Akgunduz et al.，2018））两类变量上，而以其他人格类型理论（如九型人格等）为前因开展的创造力研究却比较匮乏。

心理因素是驱动员工采取何种行为表现的潜在条件，进而关系到组织存续和目标达成。因而，关注内部成员的主观知觉或体验感受，是现实组织环境中的应有要义和迫切需求。作为员工内在心理依恋的一种类型，组织认同是个体对群体产生一致性或归属感的表现（Ashforth and Mael，1989），既蕴含在心理层面也会展示在行为层面（李保东等，2008）。它能够明显促进员工在组织中建立积极的自我态度，实施有利于组织的个人行为（简浩贤等，2017；沈翔鹰、穆桂斌，2018），还能够有效抑制消极结果的发生（Ciampa et al.，2021）。梳理文献可知，个体的人格特质（申继亮等，2009）和主观感受（何凯元等，2020）影响组织认同形成；而组织认同又作用于创造性想法的产生（雷星晖等，2017）或创新行为的实施（王庆金等，2020）。此外，广大民众的美好生活需要会在"获得感"层面得到体现（谭旭运，2021）。基于本土社会情境孕育而生的"获得感"，一经提出便引发各领域学者竞相关注，已渐成为社会各界耳熟能详的热词。员工是构成组织的基本单元，工作获得感是获得感落脚于组织情境应运而生的组成和延伸，反映了员工在工作中的客观所得和主观所感（Gu et al.，2020；万佳、夏海鸥，2023；杨金龙、王桂玲，2019）。在与创造力相关的研究中，工作获得感的积极效果已然彰显（Shi et al.，2023），然而却鲜少将其纳入调节因素中来展开分析。

因此，从现实环境中的社会发展境况、组织所面临的环境与形势来看，建立创新意识和创新能力是推动国力强盛、社会进步和企业发展的不二法门。"人才是第一资源"，只有将期望和措施落实到行为主体上，切实建立具有针对性的特质洞察和感知关注，才能有效激发并提升员工创造性的思维和能力，进而促使组织获取可持续发展的动力源保障。综上所述，立足现有个体创新或创造性结果的预测类研究基础，本研究聚焦于组织行为学微观层次，选取九型人格作为新颖的切入视角，分析其具体类型对员工创造力的影响；同时，认为组织认同可能是这种作用中的机制因素；而兼具主客观属性的工作获得感，则可能是影响创造力出现的边界条件。基于计划行为理论和组织认同理论，本研究以中国本土组织情境的企业员工为研究对象，通过对构建的研究模型和相应假设关系展开实证分析，以期为组织管理者切实有效激发员工创造力提供九型人格视域下的建议和启示，并提出未来研究的进一步展望。

第二节　理论与假设

一、九型人格与员工创造力的关系

相对其他特质分类学说而言，大五人格中包含的五种人格类型有何作用效果，为更多研究人员所关注和探讨。具体来说，外向性是指在群体中寻求享受刺激，及保持自信、人际互动和领导导向的倾向；对经验的开放性代表对新体验和新观念的好奇和开放，以及思维和行为方面的灵活；宜人性体现在社交关系中的温暖、关爱和同情倾向；尽责性包含注重细节、克制冲动、偏爱秩序等倾向；而神经质由应对负面情绪的倾向构成，如焦虑、压力、抑郁等（Feist，2019）。研究表明，开放性、外向性、尽责性积极作用于程序员的创造性意图，而神经质对其起消极作用（Amin et al.，2020）。其中，开放性能够有力预测自我评估的创造力水平（Furnham and Bachtiar，2008；Hughes et al.，2013；Hunter et al.，2016），但需以积极情感为基础（Conner and Silvia，2015）；外向性是工作绩效的良好预测指标（姚若松等，2013）；神经质与角色内绩效、创造力、组织公民行为呈负向相关（Raja and Johns，2010）。同时，王艳平和赵文丽（2018）还发现，在大五人格对创造力的影响方面，除神经质具有显著消极影响外，其他四种人格类型均是正向的促进因素。

此外，主动性人格是各种个体采取主动行为的重要前提（李光红等，2017），表现出以行动为目标导向、遵循组织目标，并试图影响他们周围的环境，能够较少受情境压力的影响（Karimi et al.，2022）。当个体具备这种特质时，在识别问题和机会时会更有自主性，并由此探寻新方法（Chae and Park，2022）；同时，此类员工能够积极地表达个人思想，具有相对更强的沟通能力（Wang et al.，2022），由于自身信息资源的流通和变换，促使其萌生创造性的想法（Zhang et al.，2021）。而创造性人格则体现出富有冒险性、好奇心等特征，这与创造性的思维显著相关（张洪家等，2018）。

在九型人格中，完美型人格具有严于律己、喜欢秩序和组织导向的特点，与尽责性人格存在一定相似性。已有研究发现，具有完美主义倾向的员工，在企业中即使疲劳不断积累，也会不懈努力、不达目标不放弃（孟续铎、王欣，2014）。在工作场所当中，组织通常认为创造性行为反映的是心理能力和问题解决能力，用以实施创造性的见解（Yao and Li，2021）。创造性地开展活动，具有较大难度和挑战，需要员工具备突破常规和持之以恒的勇气，完美型人格持有的细节导向和目标导向，能够促使他们不断开辟新创意、实施新举措，直至攻克任务难题。助人型人格以关系为导向，十分关心他人需求，与宜人性存在一定相近之处。由这种人格类型所主导的员工，善于维系和善的人际关系，能够建立有利于自身工作开展的资源和环境。在需要运用创造性的思维或行动应对具有难度的任务时，他们更能够获取到同事或领导的信任、鼓励或支持，基于互惠原则，这类员工也会增强自身的创造性意图和投入程度。成就型人格行事果敢、善于执行，表现出较强的主动性。为完成任务或实现目标，此种人格类型的员工能够锚定方向，主动学习相关技能、不断提升自我能力，并积极协调各种资源以解决阻碍、探索创新。自我型人格富有艺术气质，注重审美和品位，追求真实，创造性觉悟较高。在既往研究中，以图书馆为工作背景，严哲（2013）发现馆员工作绩效会受到其自我型人格的显著正向影响。理智型人格崇尚智慧的价值观，善于学习和思考。此类员工在组织中倾向于与他人他事保持一定距离，对责任和义务设置清晰界限，不愿过多卷入与自己无关的交往中。而在实现创新的过程中，除了需进行开创性思考，还需树立起对职位的无边界感意识，与人交流切磋，才能确保想法的新颖、可行。可见，由于理智型人格存在自我压制的特点，可能对创造力发挥造成一定阻碍。疑惑型人格秉持怀疑的思维模式，具有勤奋务实特征。在团队当中，具备这种特质的员工是集体中的好成员，常彰显出忠诚形象，善于分析失败的原因，遇到困难时愿意思考，能够成为创意的构想者。活跃型人格持有活泼好动、喜欢冒险、追求快乐的偏好。与之相近地，属于玩趣人格的员工往往幽默乐观，善于获取愉悦气氛，能够有效处理由长时工作带来的消极情绪，从而发挥自身创造力（王忠、郭欢，2015）。当员工活跃型人格较突出时，他们热情洋溢、兴趣爱好多样，敢于主动尝试新鲜事物，能够与他人相处融洽、善于交流，在面对挑战时能够自我振奋、乐在其中，更可能运用自身优势展现出较强的创造性。领袖型人格自信主动，拼搏意识强。在工作当中，由领袖型人格支配的员工领导魅力和掌权能力较强，能够带领、鼓动和启发他人从事有难度的任务，进而聚众人之智碰撞出更具开创性和应用性的方案，从而实现创新目标。

可见，不同的人格类型具有其各自相对明显的特征，可能致使员工在面对有困难、风险或挑战的事件时呈现出相应的思想状态或实际表现，从而对创造力的展现起到催化或阻滞作用。综合上述分析，在组织情境中九型人格可能会对员工创造力产生一定作用，由此提出如下假设：

H1a：完美型人格对员工创造力具有显著正向影响；

H1b：助人型人格对员工创造力具有显著正向影响；

H1c：成就型人格对员工创造力具有显著正向影响；

H1d：自我型人格对员工创造力具有显著正向影响；

H1e：理智型人格对员工创造力具有显著负向影响；

H1f：疑惑型人格对员工创造力具有显著正向影响；

H1g：活跃型人格对员工创造力具有显著正向影响；

H1h：领袖型人格对员工创造力具有显著正向影响；

H1i：和平型人格对员工创造力具有显著负向影响。

二、组织认同的中介作用

既往研究充分探析了组织认同的各种前因，已有很多视角，相对较多分布在工作特征、领导风格等组织层面的因素上。申继亮等（2009）指出，在考察组织认同的影响因素时，先前研究中个体差异变量的作用相对被忽视了。在探讨个体层面的因素如何影响组织认同时，王蕊和叶龙（2014）认为，不同的人格特质会造成个体间的差异，因此人格可以作为区分个体差异的标准。在人格心理学中，个体的态度和主观规范为其内在性格特质所影响（喻登科等，2021）。

同时，在以往的人格特质与组织认同的关系研究中，邱茜（2016）指出组织认同是对组织态度的反映，正是由于个体人格不同，使他们对目标能否实现的感受不同，进而对态度产生影响；领导的外向性人格和宜人性人格能够正向预测其组织认同。组织认同在成员情感层面发挥重要作用，对其与组织价值观的一致性具有强化作用；以企业员工为调查对象，研究发现具有主动性人格的员工对所在单位有更高程度的情感依附与认同（岳婷等，2022）。

结合计划行为理论来说，行为信念受到个体人格等多种主观因素作用，进而对行为态度产生影响。故本研究认为，内在人格特质的不同可能会对员工对组织的态度取向产生一定影响，其中包含对组织的认同程度。基于上述分析，结合九型人格各类型特点，提出如下假设：

H2a：完美型人格对组织认同具有显著正向影响；

H2b：助人型人格对组织认同具有显著正向影响；

H2c：成就型人格对组织认同具有显著正向影响；

H2d：自我型人格对组织认同具有显著正向影响；

H2e：理智型人格对组织认同具有显著负向影响；

H2f：疑惑型人格对组织认同具有显著正向影响；

H2g：活跃型人格对组织认同具有显著正向影响；

H2h：领袖型人格对组织认同具有显著正向影响；

H2i：和平型人格对组织认同具有显著正向影响。

组织认同指个体对自身与组织间一致性的心理感知，是个体基于其组织成员身份而形成的一种自我概念，源于对组织价值观的认知和内化（魏钧等，2007）。荆炜、韩冬日（2016）认为，组织认同是员工在其工作过程中对自身文化属性的保持与创新，并培育对组织的情感归属和心理承诺，能够促使员工谋求创新。当员工拥有较高的组织认同感时，他们会把组织价值观铭记于心，并展示出符合组织期望的行动（王庆金等，2020）。同时，此类员工为组织目标作出自我贡献的内驱力会更强，能够努力提升自己的创新绩效（郭晟豪、胡倩倩，2022）。对促使成员采取有利于组织发展的行为而言，组织认同至关重要，这些行为不仅有助于员工自身发展更加积极的自我概念，而且有益于实现组织目标（熊会兵、陶玉静，2024）。由此可见，成员的组织认同在其行为表现或绩效结果等方面所具有的积极作用已在不少研究文献中得以体现。

创造力被视为一种过程或结果，与行为、绩效相比较，它是更为基础的条件（Anderson et al.，2014），但同样需要被激发。强烈的组织认同感可以帮助员工建立紧密的组织成果共享意识，克服工作中的不愉快（Hui et al.，2020），促使他们将个人目标与组织目标保持一致，进一步迸发出更多的创造力（Liu et al.，2016）。由社会认同理论可知，当员工感知到认同所在组织时，他们才会更有意愿与组织荣辱与共，积极改进工作态度和行事方式，充分调动自身潜能、大胆构思和实施创新的想法，进而体现出创造力。根据计划行为理论，考虑到员工的组织认同是构成其采取有利于组织的行为意图和行为的态度要素之一，即当个体的组织认同较高时，他们则往往更加倾向于表现出与组织相关的积极行为意图及行为；而当个体的组织认同较低时，则可能会对这些有益于组织的行为秉持不感兴趣或消极的行为意向。因此，综合上述分析，提出如下假设：

H3：组织认同对员工创造力具有显著正向影响。

个体的人格特质具有内在性，需要借助相关情境线索来唤醒和表达，以驱使其展现特定行为，而这些线索往往存在于组织、任务和环境当中（喻登科等，2021）。组织认同是组织成员在衡量与其所加入的组织就行为、观念等诸多方面具有一致性的基础上，意识到自身在组织中既有理性的契约和责任感，也有非理性的归属和依赖感，从而表现出的对组织活动尽心尽力的行为结果。

计划行为理论表明，个体持有的行为信念会受到人格等主观因素影响，进而影响其行为态度、主观规范和知觉行为控制，然后对他们的行为意图及行为产生作用（段文婷、江光荣，2008）。由社会认同理论可知，当员工感知到对某群体的心理认同和归属时，他们更有可能将"自我"融入"大我"。结合上述分析，由于人格类型的差异可能带来员工差异化的工作情感体验，即对组织产生参差不齐的认同感知，由此影响其是否愿意以大局为重、与组织同呼吸共命运，积极开发新思维或实施富有创意的行为，进而表现出创造力。由此，提出如下假设：

H4a：组织认同在完美型人格与员工创造力之间发挥显著中介作用；

H4b：组织认同在助人型人格与员工创造力之间发挥显著中介作用；

H4c：组织认同在成就型人格与员工创造力之间发挥显著中介作用；

H4d：组织认同在自我型人格与员工创造力之间发挥显著中介作用；

H4e：组织认同在理智型人格与员工创造力之间发挥显著中介作用；

H4f：组织认同在疑惑型人格与员工创造力之间发挥显著中介作用；

H4g：组织认同在活跃型人格与员工创造力之间发挥显著中介作用；

H4h：组织认同在领袖型人格与员工创造力之间发挥显著中介作用；

H4i：组织认同在和平型人格与员工创造力之间发挥显著中介作用。

三、工作获得感的调节作用

在考虑组织认同何以形成时，不仅可从个体层面的人格特质视角来分析，其还可能受到其他多方面因素的影响，但相互间表现出协同效应还是挤压效应尚待挖掘。工作获得感是员工在努力工作前提下对客观所得的主观感受（Gu et al., 2020），在不同个体之间可能存在一定差异，体现的是组织视角下提供的客观条件对员工心理感知的影响。

以知识型员工为对象，魏钧（2009）发现提升主观幸福感对建设组织认同至关重要，因其能够增加个体积极情感体验，进而形成组织认同。许璟等（2017）则指出，工作场所中个体对组织支持的感知与其组织认同间存在密切关联，组织支持感对组织认同具有直接的影响作用。同时在组织内部，员工的外部声望感和内部尊重感均能够促进其组织认同的形成（何凯元等，2020）。因此，当员工感到在工作中具有高度的获得感时，他们也可能对组织产生更强的认同感。具体来说，组织基于成员的勤奋工作令其得到满意的保障或满足其需要时，员工则可能将组织与自身在思想观念或实际行为上视为具有一致性，对所在组织产生更深层次的情感归依，心理上形成认同感、行动上表现群利性；反之，如果员工在工作中缺乏或仅有较低程度的获得感，他们则容易丧失对该岗位的兴趣和期待，进而应付、厌倦或不满于组织的人事安排，对其组织认同的培育及发展起到阻滞作用。

此外，当前在组织背景下的工作获得感研究仍待丰富，且将其作为权变条件的分析亟须开展。综上分析，本研究将工作获得感作为边界条件纳入分析框架，提出如下假设：

H5a：工作获得感在完美型人格与组织认同之间发挥显著调节作用；

H5b：工作获得感在助人型人格与组织认同之间发挥显著调节作用；

H5c：工作获得感在成就型人格与组织认同之间发挥显著调节作用；

H5d：工作获得感在自我型人格与组织认同之间发挥显著调节作用；

H5e：工作获得感在理智型人格与组织认同之间发挥显著调节作用；

H5f：工作获得感在疑惑型人格与组织认同之间发挥显著调节作用；

H5g：工作获得感在活跃型人格与组织认同之间发挥显著调节作用；

H5h：工作获得感在领袖型人格与组织认同之间发挥显著调节作用；

H5i：工作获得感在和平型人格与组织认同之间发挥显著调节作用。

在工作当中，开展创造性的想法或行为通常是费时费力的。而当员工感知到由组织给予的支持时，他们的绩效水平、自尊水平、积极情绪、发展信心等能够得到增进，由此提升工作获得感，随之拥有更高的工作幸福感，更多地实施组织公民行为（朱平利、刘娇阳，2020）。

Miao 等（2020）在调查韩国白领后发现，员工在组织中的工作满意度对自身创造力具有显著的正向作用。可见，由高工作满意度、工作获得感等积极情绪所萦绕的组织氛围，为员工创造了积极的团队工作环境，员工会产生更多的认知交流，以促进创造力的发挥（Shi et al.，2023）。就组织层面出发，若向员工提供良好的工作环境、资源支持、绩效回馈和发展机会等，则他们更可能产生工作获得感这一积极的情感认知。具体来说，当员工具有较高的工作获得感时，他们会在自身积极情感的带动下表现出更多的积极作为和创新突破，从而发挥出自己的创造力；而如若员工的工作获得感较低，则将降低他们展现创造力的意愿。因此，结合上述分析，提出如下假设：

H6：工作获得感正向调节组织认同与员工创造力之间的关系。

本研究所推导和提出的假设汇总情况如表7-1所示。

表7-1 工作获得感的调节作用研究所提假设汇总

假设编号	假设内容
H1a	完美型人格对员工创造力具有显著正向影响
H1b	助人型人格对员工创造力具有显著正向影响
H1c	成就型人格对员工创造力具有显著正向影响
H1d	自我型人格对员工创造力具有显著正向影响
H1e	理智型人格对员工创造力具有显著负向影响
H1f	疑惑型人格对员工创造力具有显著正向影响
H1g	活跃型人格对员工创造力具有显著正向影响
H1h	领袖型人格对员工创造力具有显著正向影响
H1i	和平型人格对员工创造力具有显著负向影响
H2a	完美型人格对组织认同具有显著正向影响
H2b	助人型人格对组织认同具有显著正向影响
H2c	成就型人格对组织认同具有显著正向影响
H2d	自我型人格对组织认同具有显著正向影响
H2e	理智型人格对组织认同具有显著负向影响
H2f	疑惑型人格对组织认同具有显著正向影响
H2g	活跃型人格对组织认同具有显著正向影响
H2h	领袖型人格对组织认同具有显著正向影响
H2i	和平型人格对组织认同具有显著正向影响
H3	组织认同对员工创造力具有显著正向影响
H4a	组织认同在完美型人格与员工创造力之间发挥显著中介作用
H4b	组织认同在助人型人格与员工创造力之间发挥显著中介作用
H4c	组织认同在成就型人格与员工创造力之间发挥显著中介作用
H4d	组织认同在自我型人格与员工创造力之间发挥显著中介作用
H4e	组织认同在理智型人格与员工创造力之间发挥显著中介作用
H4f	组织认同在疑惑型人格与员工创造力之间发挥显著中介作用
H4g	组织认同在活跃型人格与员工创造力之间发挥显著中介作用
H4h	组织认同在领袖型人格与员工创造力之间发挥显著中介作用
H4i	组织认同在和平型人格与员工创造力之间发挥显著中介作用

假设编号	假设内容
H5a	工作获得感在完美型人格与组织认同之间发挥显著调节作用
H5b	工作获得感在助人型人格与组织认同之间发挥显著调节作用
H5c	工作获得感在成就型人格与组织认同之间发挥显著调节作用
H5d	工作获得感在自我型人格与组织认同之间发挥显著调节作用
H5e	工作获得感在理智型人格与组织认同之间发挥显著调节作用
H5f	工作获得感在疑惑型人格与组织认同之间发挥显著调节作用
H5g	工作获得感在活跃型人格与组织认同之间发挥显著调节作用
H5h	工作获得感在领袖型人格与组织认同之间发挥显著调节作用
H5i	工作获得感在和平型人格与组织认同之间发挥显著调节作用
H6	工作获得感正向调节组织认同与员工创造力之间的关系

四、理论模型构建

计划行为理论指出，个人因素（人格、性别、智力等）影响行为信念，进而对行为态度、主观规范与知觉行为控制产生影响，并最终作用于行为意向和行为（段文婷、江光荣，2008）。而社会认同理论认为，个体通过社会比较更加偏向于自身所属群体，在认知、情感、行为上表现出认同（张莹瑞、佐斌，2006）。结合理论基础、文献总结及前述探讨，本研究以个体层面的人格特质为视角切入，以九型人格作为自变量、员工创造力作为因变量、组织认同作为中介变量、工作获得感作为调节变量，探析组织情境中九型人格对员工创造力的影响。因此，本研究的理论模型如图7-1所示。

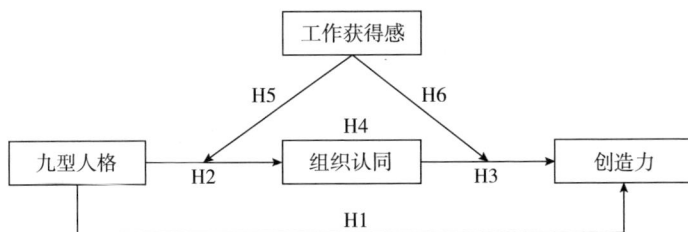

图7-1 工作获得感的调节作用研究理论模型

第三节 研究设计

一、问卷设计的步骤

问卷设计的科学性与合理性，对后续数据收集工作的准确性和有效性起到一定的助推作用。针对欲探讨分析的问题，本研究所编制的问卷题目为《人才人格研究调查问卷》。具体地，设计问卷内容主要有以下步骤：

第一，确定各变量的测量工具。针对研究所涉及的变量，选择合适的量表是至关重要的。因此，首先通过大量阅读相关文献资料，梳理所欲研究的核心变量已有成熟量表并结合其测量特点等判断是否适合。本研究综合多方因素，最终选择了兼具所发期刊权威性、使用广泛认可性，以及实际研究契合性的测量工具。

第二，获取和整理完整的测量工具。通常而言，通过文献溯源可以得到量表开发者在文章中呈现出来的题项原文；同时，可以结合专业的工具书籍，进行快速浏览以查找相关内容。因此，本研究主要通过对原始文献进行检索阅读及参考工具书的两种方式，完成了量表的获取工作。

第三，科学化测量工具的具体表达。本研究所采用的变量测量量表源于国外学者所编制，考虑在中国组织情境中翻译的准确性和被试的可理解性，采取翻译—回译程序，结合国人表达习惯将英文量表原文进行翻译，然后再翻译为尽量符合原意的英文版本，最后请教专业老师和管理学专家进行试填、微调和确认，进而形成力求精准、易懂的最终题项表述。

第四，划分问卷结构并形成调研问卷。结合所测量的变量类型，本研究对问卷结构加以划分。其中，第一部分是基本信息，包含人口统计学内容，即控制变量；第二部分是工作感受，包含创造力、组织认同和工作满意度的测量题项等；第三部分是人格特征，即包含九型人格的测量题项。基于此，形成预调研中使用的调查问卷，然后在预测试修正过程后形成用于正式调研的最终问卷。

二、测量工具的选取

1. 九型人格量表

在心理学领域，Wagner（2010）的九型人格量表得到广泛认可，主要用于测试人格类型。然而，由于其题项多达180个，且结构效度不够理想，应用在组织行为与人力资源管理等领域研究上仍具有一定的局限性。古银华等（2023）基于中国组织情境对该量表进行了精简，开发了本土的九型人格量表。因此，本研究采用古银华等（2023）在 Wagner（2010）基础上精简的量表，共 27 个题项，各类型（维度）含 3 个题项（见表 7-2）。

表 7-2　九型人格量表题项

变量（维度）	序号	题项
完美型 （1 号人格）	J11	和其他人比起来，我有更高的道德准则或行为规范
	J12	我以自己拥有比其他人更高的标准而自豪
	J13	我总认为其他人并没有足够努力地提高自己
助人型 （2 号人格）	J21	我会无私地为他人奉献，并希望由此得到他人的赞赏和感激
	J22	我乐于助人，也会寻找帮助他人的方式
	J23	我很关心别人的需求，愿意竭尽全力做能够满足他们的事情
成就型 （3 号人格）	J31	大家都认为我是一个颇有成就的人
	J32	我有执行力，喜欢并善于做决定
	J33	我做事几乎像机器一样高效
自我型 （4 号人格）	J41	我追求高雅，会尽量躲避普通和寻常的东西
	J42	我对事物有较高的审美品位
	J43	我有艺术气质
理智型 （5 号人格）	J51	我不怎么在别人面前展现自己，但我喜欢观察、了解他们
	J52	我有意远离多数人，避免与他们产生过于亲密或敌对的关系
	J53	我比较矜持，不愿过多地展现自己
疑惑型 （6 号人格）	J61	我常担忧自己想做的事情可能会出什么问题
	J62	我似乎比其他人更敏感，也更容易察觉危险
	J63	我会通过别人的言行，去寻找其隐藏的意图
活跃型 （7 号人格）	J71	我一直在寻找快乐
	J72	我对于兴奋的感觉上瘾，总是在想办法让自己更加开心
	J73	许多东西都会让我着迷，我对新奇的东西尤为兴奋
领袖型 （8 号人格）	J81	我是一个活跃分子，当事情需要改观时我就来带头搅搅局
	J82	我争强好胜，喜欢指挥别人
	J83	为了达到目的，必要时我也会吓唬他人
和平型 （9 号人格）	J91	在别人看重的事情中，我认为大多数都没什么大不了的
	J92	我对大多数事情都比较满意
	J93	我是个随和的人，不愿意为事情过于烦恼

2. 创造力量表

创造力注重于产生兼具新颖性和有用性的想法（Amabile，1988），其对个体或组织的持续竞争优势获取而言十分重要。本研究采用 Farmer 等（2003）制定的单维度量表对员工创造力进行测量，该量表是在参考 Tierney 等（1999）的研究基础上改编而来的，共包括 4 个题项。在实证检验中，该量表已被学者广泛采纳（见表 7-3）。

表 7-3　创造力量表题项

变量名称	序号	题项
创造力	CR01	我会在工作中首先尝试新的想法或方法
	CR02	我会在工作中努力寻求新的方法去解决问题
	CR03	我在工作中经常能产生一些开拓性的想法
	CR04	我是团队中的创新榜样

3. 组织认同量表

对组织认同的测量，现有量表较多，学者们根据对其结构层次的不同理解，开发了包含单维度或多维度的测量工具，在应用上均具有一定实践价值。本研究采用 Smidts 等（2001）制定的组织认同量表，该单维度量表在实证研究中被不少研究者所认可和使用，其总共由 5 个题项组成（见表 7-4）。

表 7-4　组织认同量表题项

变量名称	序号	题项
组织认同	OI01	我与我们单位之间命运相连
	OI02	我对我们单位存在强烈的归属感
	OI03	在这家单位工作我很自豪
	OI04	我充分认可这家单位
	OI05	我很荣幸能够成为单位的一员

4. 工作获得感量表

在组织情境中，获得感是个体联系自身对现实所得进行主观评判和综合体悟的结果。具体地，工作获得感（Sense of Gain at Work）是个体基于自身努力工作和客观对象属性而产生的主观感受（Gu et al.，2020）。本研究综合参照了 Gu 等（2020）、Wang 等（2022）、朱平利和刘娇阳（2020）、杨金龙和王桂玲

（2019）以及万佳和夏海鸥（2023）等学者提出的工作获得感量表，这些量表均主要测量了工作收入、薪酬福利、工作回报等方面。其中，Gu 等（2020）基于组织情境开发的工作获得感量表被广泛使用，尤其是 5 个题项的精简版被众多学者采纳。由于本研究其他变量题项较多，因此，也使用 Gu 等（2020）开发的 5 题项量表（见表 7-5）。

表 7-5　工作获得感量表题项

变量名称	序号	题项
工作获得感	SGW01	我满意该单位的薪酬水平
	SGW02	我满意该单位的福利水平
	SGW03	我满意该单位提供的养老保障措施
	SGW04	我满意该单位提供的住房保障措施
	SGW05	我满意该单位提供的医疗保障措施

5. 控制变量设计

参照以往人格特质及其创新行为方面的相关研究，同时结合本研究的主题与内容，在问卷的基本信息填答处，主要设计了性别、年龄、受教育程度、工作年限、单位性质和岗位职级 6 个控制变量，由被试根据自身情况进行自我报告。具体地，在进行控制变量的安排时，涉及如表 7-6 所示的选项内容。

表 7-6　控制变量题目与选项

选项编号	变量题目					
	性别	年龄	受教育程度	工作年限	单位性质	岗位职级
1	男	25 周岁及以下	初中及以下	不足 1 年	国有企业、国有控股企业	基层管理或初级职称（技能）人员
2	女	26—35 周岁	高中、职高、中师及中专	1—3 年	外资企业、合资企业	中层管理或中级职称（技能）人员
3	—	36—45 周岁	大专	4—6 年	民营企业	高层管理或高级职称（技能）人员
4	—	46—55 周岁	本科	7—10 年	事业单位	其他员工
5	—	56 周岁及以上	研究生	超过 10 年	国家行政机关	—
6	—	—	—	—	其他单位	—

由表 7-6 可知，在控制变量中性别为分类变量，而其他变量均为连续变量，

选项编号则是为便于开展数据分析而进行的分类编码，具体序号由 1—6 进行列示。

三、研究样本与数据收集

本研究采取问卷调查的方法进行数据收集。在开展正式调研前，先进行小样本数据收集以对量表信效度进行预测试，基于此修正问卷。预调研和正式调研分别历时近一个月，其中预调研共收集 221 份有效问卷，正式调研共收集到 314 份有效问卷。

在调研形式和对象方面，本研究借助团队咨询测评项目完成该环节，通过线下发放给被试者面对面填答的方式推进，所涉及的样本共涵盖分布在四川省的 49 家单位的研发部门人员。调研按培训咨询的场次安排分期实施，预留时间当场完成和提交。一方面，利用问卷星平台，邀请被试者通过扫描二维码或输入链接进行填写；另一方面，通过面对面的方式向被试者发放并获取纸质问卷。

在调研过程和方法方面，一是在面向被试者发放问卷之前，为确保所获取数据的质量，邀请未接触过问卷和未知晓具体内容的人员进行试填，以评估自测的最低平均有效时长，进而可以看出问卷在填答者填写过程中是否认真。二是在问卷发放过程当中，首先，耐心告知被试者调研的目的和初衷，向其说明填写完全匿名，不涉及个人隐私和敏感信息，同时与其单位及个人考评无关；其次，向其保证所填结果除用作学术分析外不涉及其他用途，除研究人员外其他任何人均无法查看内容，从而提高问卷填写的真实性和有效性；再次，作答前对题型和作答方式予以简单介绍，及时阐释被试者在作答时对题目产生的不解；最后，收回问卷并致以谢意，事后按筛选标准保留有效问卷。

第四节　小样本测试与问卷完善

一、数据检验步骤及方法

在实施正式调研之前，本研究首先开展预调研，通过分析所获数据对量表进行信度检验和效度检验，以评估问卷质量。同时，在此基础上对量表加以修订，以提高正式调研时数据收集的可靠性与准确性。总的来说，该部分数据检验有以下步骤：第一，对量表进行信度检验，将分析结果与内部一致性系数（Cronbach's α 系数）和修正后的题项与总分相关系数（Corrected-Item Total Correlation，CITC）的所取标准进行比对以保留或删除题项，从而实现对量表的净化。第二，对净化后的量表进行效度检验，根据 KMO（Kaiser-Meyer-Olkin）值和 Bartlett's 球形度检验的显著性来判断是否适合开展进一步的分析（量表信效度检验规则见表 7-7）。第三，对符合数值条件的各量表进行主成分分析。第四，对因子分析后保留题项的各量表再次进行信度检验。

表 7-7　信效度检验规则

检验类型	原则	数值	含义
信度检验	一是判断内部一致性系数（即 Cronbach's α 系数）	不超过 0.60	量表信度不足
		介于 0.60—0.70	量表信度可接受
		介于 0.70—0.80	量表信度相当好
		大于 0.80	量表信度非常好
	二是判断修正后的题项与总分相关系数（即 CITC）	小于 0.30	直接删除该题项
		介于 0.30—0.50	若删除此题项后量表 Cronbach's α 系数提高，则可以删除该题项
效度检验	Bartlett's 球形度检验的 p 值显著，判断 KMO 值	小于 0.60	不适合做因子分析
		介于 0.60—0.70	勉强可做因子分析
		介于 0.70—0.80	可以做因子分析
		大于 0.80	适合做因子分析

二、各量表的信度检验

在本节内容中，研究将利用预调研所获取的小样本数据依次检验九型人格、创造力、组织认同和工作获得感的量表信度，主要通过判断 Cronbach's α 系数与 CITC 来进行分析。

1. 九型人格量表

九型人格各类型分量表与整体量表的信度分析结果如表 7-8 所示，根据大多数人格量表的 Cronbach's α 系数不能小于 0.70，不过 0.60 左右的 Cronbach's α 系数也是可以接受的（Twenge and Campbell，2022）这一标准，由表 7-8 可知，完美型人格、成就型人格、疑惑型人格、和平型人格分量表的 Cronbach's α 系数均明显低于 0.60（分别为 0.426、0.472、0.382、0.349），并且各题项 CITC 值均小于或接近 0.30，依据规则可知其信度不足，因此剔除以上四种人格类型的题项（即 J11、J12、J13、J31、J32、J33、J61、J62、J63、J91、J92、J93）；同时，将量表其余 5 个分量表，即助人型人格、自我型人格、理智型人格、活跃型人格、领袖型人格的题项予以保留，后续将进一步分析上述五种人格类型的作用。

表 7-8 九型人格各维度及整体量表的信度分析

维度	题项	CITC	题项已删除的 Cronbach's α 系数	Cronbach's α 系数	整体 Cronbach's α 系数
完美型 (1号人格)	J11	0.234	0.399	0.426	0.757
	J12	0.381	0.046		
	J13	0.203	0.451		
助人型 (2号人格)	J21	0.548	0.549	0.693	
	J22	0.501	0.623		
	J23	0.501	0.628		
成就型 (3号人格)	J31	0.273	0.407	0.472	
	J32	0.324	0.320		
	J33	0.284	0.393		
自我型 (4号人格)	J41	0.338	0.622	0.607	
	J42	0.562	0.321		
	J43	0.375	0.574		
理智型 (5号人格)	J51	0.395	0.562	0.614	
	J52	0.423	0.534		
	J53	0.475	0.439		
疑惑型 (6号人格)	J61	0.066	0.593	0.382	
	J62	0.373	−0.016		
	J63	0.266	0.212		
活跃型 (7号人格)	J71	0.374	0.643	0.641	
	J72	0.559	0.383		
	J73	0.428	0.575		
领袖型 (8号人格)	J81	0.404	0.497	0.596	
	J82	0.374	0.542		
	J83	0.443	0.436		
和平型 (9号人格)	J91	0.107	0.473	0.349	
	J92	0.259	0.165		
	J93	0.255	0.150		

注：N=221。

2. 创造力量表

如表 7-9 所示，创造力量表的 Cronbach's α 系数为 0.828，各题项 CITC 值均大于 0.50，依据规则可知其信度良好，因此该量表 4 个题项均保留。

表 7-9　创造力量表的信度分析

题项	CITC	题项已删除的 Cronbach's α 系数	Cronbach's α 系数
CR01	0.696	0.764	
CR02	0.603	0.807	0.828
CR03	0.686	0.769	
CR04	0.645	0.790	

注：N=221。

3. 组织认同量表

如表 7-10 所示，组织认同量表的 Cronbach's α 系数为 0.902，各题项 CITC 均大于 0.50，依据规则可知其信度极好，因此该量表 5 个题项均保留。

表 7-10　组织认同量表的信度分析

题项	CITC	题项已删除的 Cronbach's α 系数	Cronbach's α 系数
OI01	0.597	0.915	
OI02	0.774	0.877	
OI03	0.848	0.859	0.902
OI04	0.809	0.870	
OI05	0.776	0.877	

注：N=221。

4. 工作获得感量表

如表 7-11 所示，工作获得感量表的 Cronbach's α 系数为 0.818，各题项 CITC 均大于 0.50，依据规则可知其信度较好，因此该量表 5 个题项均保留。

表 7-11　工作获得感量表的信度分析

题项	CITC	题项已删除的 Cronbach's α 系数	Cronbach's α 系数
SGW01	0.518	0.808	0.818
SGW02	0.705	0.754	

续表

题项	CITC	题项已删除的 Cronbach's α 系数	Cronbach's α 系数
SGW03	0.691	0.759	
SGW04	0.594	0.791	0.818
SGW05	0.558	0.796	

注：N=221。

综上所述，经过删减题项净化量表后，各量表的整体 Cronbach's α 系数如表 7-12 所示。可见，本研究针对各构念所采用的量表内部一致性系数均大于 0.66，信度可接受，且大多数接近或大于 0.80。因此，用以开展进一步的实证分析是合适的。

表 7-12　工作获得感的调节作用研究中小样本各量表的信度检验结果

变量	题项数量	整体 Cronbach's α 系数
九型人格	15	0.661
创造力	4	0.828
组织认同	5	0.902
工作获得感	5	0.818

注：N=221。

三、各量表的效度检验

在已进行过信度检验的基础上，再利用预调研所获数据对净化后的量表进行效度检验。首先，根据规则判断 KMO 值和 Bartlett's 球形度检验的显著性；其次，对符合标准的量表进行主成分分析，通过累积方差解释率（50% 以上可以接受，60% 以上为理想）来判断是否接受为有效量表设计。本研究所涉的变量量表是否适合进行因子分析的结果见表 7-13。

表 7-13　工作获得感的调节作用研究中小样本各量表是否适合进行因子分析的结果

量表名称	KMO 值	Bartlett's 球形度检验的 p 值
九型人格	0.655	0.000
创造力	0.782	0.000
组织认同	0.835	0.000

量表名称	KMO 值	Bartlett's 球形度检验的 p 值
工作获得感	0.741	0.000

注：N=221。

由表 7-13 可知，本研究中每个量表的 KMO 值均超过 0.65，且 Bartlett's 球形度检验的 p 值均为显著（p<0.001），说明各量表均适合进行因子分析，以下将开展进一步的操作。

1. 九型人格量表

基于上述判断，对九型人格量表的保留题项进行因子分析（累积解释总方差结果如表 7-14 所示），发现提取了 5 个主成分，解释的总方差为 60.787%（大于 50%），说明因子对变量的解释能力是理想的，为有效量表设计。

表 7-14 九型人格量表的累积方差解释率

成分	初始特征值			提取平方和载入			旋转平方和载入		
	特征值	解释方差的百分比（%）	累积解释方差的百分比（%）	特征值	解释方差的百分比（%）	累积解释方差的百分比（%）	特征值	解释方差的百分比（%）	累积解释方差的百分比（%）
1	3.044	20.296	20.296	3.044	20.296	20.296	1.980	13.202	13.202
2	2.015	13.432	33.728	2.015	13.432	33.728	1.855	12.364	25.567
3	1.662	11.077	44.805	1.662	11.077	44.805	1.813	12.084	37.651
4	1.273	8.488	53.293	1.273	8.488	53.293	1.741	11.606	49.257
5	1.124	7.494	60.787	1.124	7.494	60.787	1.730	11.530	60.787
6	0.982	6.548	67.335						
7	0.753	5.020	72.356						
8	0.738	4.921	77.277						
9	0.619	4.130	81.407						
10	0.589	3.924	85.331						
11	0.523	3.485	88.816						
12	0.496	3.307	92.123						
13	0.481	3.204	95.326						
14	0.389	2.596	97.922						
15	0.312	2.078	100.000						

注：①N=221；②提取方法：主成分分析法；③提取标准：特征值大于 1。

同时，根据旋转后的成分矩阵（见表7-15）可知，该净化后的量表各题项因子载荷值均大于0.40，助人型人格分量表（J21—J23）、理智型人格分量表（J51—J53）、自我型人格分量表（J41—J43）、领袖型人格分量表（J81—J83）、活跃型人格分量表（J71—J73）分别聚集在成分1至成分5上，说明整体量表效度较高。

表7-15　九型人格量表的旋转成分矩阵

变量	题项	成分				
		1	2	3	4	5
助人型人格	J21	**0.787**	0.031	0.160	-0.067	0.131
	J22	**0.730**	-0.165	0.122	0.046	0.123
	J23	**0.788**	0.070	0.000	0.084	-0.030
自我型人格	J41	0.243	0.368	**0.412**	0.330	-0.029
	J42	0.155	0.115	**0.801**	-0.024	0.152
	J43	0.064	-0.025	**0.753**	0.135	0.071
理智型人格	J51	0.129	**0.638**	0.062	-0.266	0.097
	J52	-0.145	**0.752**	0.114	0.063	-0.027
	J53	-0.036	**0.785**	-0.087	-0.077	-0.044
活跃型人格	J71	0.182	0.002	-0.181	0.082	**0.749**
	J72	0.091	0.060	0.215	0.211	**0.762**
	J73	-0.066	-0.068	0.403	0.026	**0.680**
领袖型人格	J81	0.102	-0.160	-0.055	**0.750**	0.195
	J82	0.119	-0.212	0.348	**0.593**	-0.013
	J83	-0.106	0.060	0.057	**0.744**	0.116

注：①N=221；②提取方法：主成分分析法，具有Kaiser标准化的正交旋转法；③旋转在14次迭代后收敛。

2. 创造力量表

对创造力进行因子分析（累积解释总方差结果如表7-16所示），发现提取了1个主成分，解释的总方差为66.221%（大于60%），说明因子对变量的解释能力是理想的，为有效量表设计。

表 7-16 创造力量表的累积方差解释率

成分	初始特征值			提取平方和载入		
	特征值	解释方差的百分比（%）	累积解释方差的百分比（%）	特征值	解释方差的百分比（%）	累积解释方差的百分比（%）
1	2.649	66.221	66.221	2.649	66.221	66.221
2	0.607	15.168	81.390			
3	0.376	9.408	90.798			
4	0.368	9.202	100.000			

注：①N=221；②提取方法：主成分分析法；③提取标准：特征值大于1。

3. 组织认同量表

对组织认同进行因子分析（累积解释总方差结果如表 7-17 所示），发现提取了 1 个主成分，解释的总方差为 72.803%（大于 60%），说明因子对变量的解释能力是理想的，为有效量表设计。

表 7-17 组织认同量表的累积方差解释率

成分	初始特征值			提取平方和载入		
	特征值	解释方差的百分比（%）	累积解释方差的百分比（%）	特征值	解释方差的百分比（%）	累积解释方差的百分比（%）
1	3.640	72.803	72.803	3.640	72.803	72.803
2	0.654	13.073	13.073			
3	0.354	7.077	7.077			
4	0.196	3.916	3.916			
5	0.157	3.131	3.131			

注：①N=221；②提取方法：主成分分析法；③提取标准：特征值大于1。

4. 工作获得感量表

对工作获得感进行因子分析（累积解释总方差结果如表 7-18 所示），发现提取了 1 个主成分，解释的总方差为 58.489%（大于 50%），说明因子对变量的解释能力可以接受，为有效量表设计。

表 7-18　工作获得感的调节作用研究中量表的累积方差解释率

成分	初始特征值			提取平方和载入		
	特征值	解释方差的百分比（%）	累积解释方差的百分比（%）	特征值	解释方差的百分比（%）	累积解释方差的百分比（%）
1	2.924	58.489	58.489	2.924	58.489	58.489
2	0.968	19.366	77.855			
3	0.471	9.429	87.284			
4	0.402	8.041	95.325			
5	0.234	4.675	100.000			

注：①N=221；②提取方法：主成分分析法；③提取标准：特征值大于1。

四、问卷修正及完善

由以上对量表展开信效度分析的结果可知，在问卷内容上，九型人格中助人型人格、自我型人格、理智型人格、活跃型人格、领袖型人格 5 个分量表的题项，以及其余各构念量表的全部题目均得以保留。而九型人格中完美型人格、成就型人格、疑惑型人格、和平型人格 4 个分量表的题项被删除，可能的原因在于：在先前研究中，九型人格更多集中在心理学或医学等领域，而将其量表应用到管理学领域的中国组织情境相关研究中，可能存在一定影响。量表的检验和优化需要历经漫长的研究过程，未来的研究仍需继续在不同情境的样本群体中对本研究所采用的九型人格量表进行验证，如对完美型人格、成就型人格、疑惑型人格、和平型人格 4 维度增加或变换题项进行优化。

第五节　正式调研数据收集与质量评估

基于已进行的预调研测试，本研究将保留下来的题项作为正式调研过程中所使用的问卷量表。本研究正式调研主要通过团队咨询测评的方式推进完成，历时一个多月。在调研方式上，以线下面对面实地发放并回收纸质问卷为主，以现场通过线上"问卷星"二维码和链接填答的提交方式为辅。面向四川省内各类单位的研发部门员工介绍并发放调研问卷，以尽量保障数据获取的可靠性。在正式调研阶段，研究共回收 413 份问卷，其中有效问卷量为 314 份（问卷有效回收率为 76.03%）。具体地，在筛选问卷时主要采取以下标准和措施：①作答时间明显不足而无法保障数据质量的，即对填答总用时低于平均有效用时（483 秒）的问卷予以剔除；②填答结果呈明显规律性的，即对量表所有题目作答结果总方差为 0 的问卷进行剔除。

一、大样本的基本人口统计

本研究中控制变量所涉及的人口统计学信息包括 6 个方面的内容，即性别、年龄、受教育程度、工作年限、所在单位性质和岗位职级。以下，将对正式调研中所获有效数据的基本信息进行具体的统计分析，结果见表 7-19。

表 7-19 工作获得感的调节作用研究中大样本基本信息的描述性统计

统计项目	选项编号	选项内容	样本数	百分比（%）
性别	1	男	230	73.2
	2	女	84	26.8
年龄	1	25 周岁及以下	18	5.7
	2	26—35 周岁	91	29.0
	3	36—45 周岁	151	48.1
	4	46—55 周岁	40	12.7
	5	56 周岁及以上	14	4.5
受教育程度	1	初中及以下	0	0.0
	2	高中、职高、中师及中专	1	0.3
	3	大专	15	4.8
	4	本科	218	69.4
	5	研究生	80	25.5
工作年限	1	不足 1 年	16	5.1
	2	1—3 年	7	2.2
	3	4—6 年	17	5.4
	4	7—10 年	33	10.5
	5	超过 10 年	241	76.8
所在单位性质	1	国有企业、国有控股企业	139	44.3
	2	外资企业、合资企业	3	1.0
	3	民营企业	16	5.1
	4	事业单位	75	23.9
	5	国家行政机关	64	20.4
	6	其他单位	17	5.4

续表

统计项目	选项编号	选项内容	样本数	百分比（%）
岗位职级	1	基层管理或初级职称（技能）人员	65	20.7
	2	中层管理或中级职称（技能）人员	156	49.7
	3	高层管理或高级职称（技能）人员	61	19.4
	4	其他员工	32	10.2
总计			314	100

注：N=314。

由表 7-19 可知，在性别分布方面，男性占 73.2%，女性占比为 26.8%，整体呈现出不太均匀且以男性偏多的特点；在年龄分布方面，大多数调研对象集中在 36—45 周岁（占比 48.1%），而 26—35 周岁次之（占比 29.0%）；在受教育程度分布方面，一半以上的被试者为本科学历（占比 69.4%），研究生学历的样本量也较多（占比 25.5%）；在工作年限分布方面，超过 10 年的被试者数量最多（占比 76.8%），而 7—10 年的样本量占比为 10.5%，可见整体而言调研对象具备比较深厚的工作阅历；在单位性质分布方面，大部分为国有企业、国有控股企业（占比 44.3%），然后是事业单位和国家行政机关（分别占比 23.9% 和 20.4%）；在岗位职级分布方面，有接近一半的被试者为中层管理或中级职称（技能）人员（占比 49.7%），而高层管理或高级职称（技能）人员与基层管理或初级职称（技能）人员的比例相当，分别为 19.4% 与 20.7%。

二、大样本各测量条款的描述性统计

本研究采用李克特（Likert）5 点计分法，数字 1—5 分别表示符合程度的递增。由描述性统计分析结果可知，正式调研数据中各变量的偏度绝对值均远小于 3、峰度绝对值均远小于 10（见表 7-20），因此接受数据为正态分布的假设，接下来可以对数据继续开展分析。

表 7-20　工作获得感的调节作用研究中大样本各变量的描述性统计分析

变量（维度）	均值	标准差	偏度		峰度	
	统计量	统计量	统计量	标准误差	统计量	标准误差
J2	3.8747	0.72475	-0.617	0.138	0.299	0.274
J4	2.9586	0.91222	0.055	0.138	-0.523	0.274
J5	3.3694	0.88258	-0.163	0.138	-0.492	0.274

变量（维度）	均值	标准差	偏度		峰度	
	统计量	统计量	统计量	标准误差	统计量	标准误差
J7	3.2951	0.91489	−0.009	0.138	−0.610	0.274
J8	2.4013	0.90181	0.318	0.138	−0.557	0.274
CR	3.4403	0.90780	−0.324	0.138	−0.634	0.274
OI	3.7732	0.96325	−0.617	0.138	−0.403	0.274
SGW	3.3732	0.93483	−0.293	0.138	−0.454	0.274

注：①N＝314；②J2、J4、J5、J7、J8分别表示助人型人格、自我型人格、理智型人格、活跃型人格、领袖型人格，CR表示创造力，OI表示组织认同，SGW表示工作获得感。

三、各量表的信度检验

对本研究中的各构念进行整体量表的信度检验，具体结果如表7-21所示。可以看出，各变量的内部一致性系数（Cronbach's α系数）大多数接近或大于0.80，且九型人格各分量表的Cronbach's α系数均在0.60左右及以上，符合接受要求。依据规则可知，本研究所采用量表具有良好信度，可以用以开展下一步的实证分析。

表7-21 工作获得感的调节作用研究中大样本各量表的信度检验结果

变量（维度）	题项数量	Cronbach's α 系数
助人型人格	3	0.676
自我型人格	3	0.652
理智型人格	3	0.605
活跃型人格	3	0.645
领袖型人格	3	0.580
创造力	4	0.837
组织认同	5	0.900
工作获得感	5	0.834

注：N＝314。

四、各量表的效度检验

在已经进行量表信度检验的基础上，再对量表开展效度检验。同样地，先根据 KMO 值和 Bartlett's 球形度检验的 p 值来判断是否适合做进一步分析，然后对满足数值条件（同本章第四节）的量表开展主成分分析。本研究中的所有变量是否适合进行因子分析的结果如表 7-22 所示。

表 7-22   工作获得感的调节作用研究中大样本各量表是否适合进行因子分析的结果

量表名称	KMO 值	Bartlett's 球形度检验的 p 值
九型人格	0.704	0.000
创造力	0.779	0.000
组织认同	0.835	0.000
工作获得感	0.768	0.000

注：N=314。

由表 7-22 可知，本研究中所有量表 KMO 值均超过 0.70，同时 Bartlett's 球形度检验的 p 值均显著（p<0.001），说明各量表均适合进行因子分析。以下，对各变量开展进一步的探索性因素分析，结果如表 7-23 所示。

表 7-23   工作获得感的调节作用研究中大样本各量表的因子分析结果汇总

题项	共同度	因子载荷	累积方差解释率（%）
J21	0.640	0.786	
J22	0.637	0.768	
J23	0.578	0.752	
J41	0.544	0.596	
J42	0.695	0.797	
J43	0.651	0.792	
J51	0.568	0.709	
J52	0.580	0.727	
J53	0.582	0.747	60.302
J71	0.590	0.750	
J72	0.656	0.731	
J73	0.587	0.724	
J81	0.570	0.691	
J82	0.538	0.625	
J83	0.628	0.781	

题项	共同度	因子载荷	累积方差解释率（%）
CR01	0.736	0.858	
CR02	0.636	0.798	67.395
CR03	0.695	0.834	
CR04	0.629	0.793	
OI01	0.527	0.726	
OI02	0.728	0.853	
OI03	0.836	0.914	72.510
OI04	0.774	0.880	
OI05	0.761	0.873	
SGW01	0.520	0.721	
SGW02	0.733	0.856	
SGW03	0.708	0.841	60.879
SGW04	0.536	0.732	
SGW05	0.548	0.740	

注：①N=314；②提取方法：主成分分析法；③J 表示九型人格，CR 表示创造力，OI 表示组织认同，SGW 表示工作获得感。

对所有构念进行进一步的因子分析，由表 7-23 可以看出，运用主成分分析方法，每个变量（维度）均聚集为一个成分。同时，提取的各变量累积方差解释率均高于 60%。此外，所有题项的共同度值均超过 0.50；并且，各题项的因子载荷值都大于或接近 0.60。因此，综合上述分析，可以说明本研究所运用的测量工具均为有效量表设计，效度较高。

五、共同方法偏差检验

共同方法偏差（Common Method Biases，CMB）由共同方法变异（Common Method Variance，CMV）引起，也称同源方法偏差，是指因使用相同的渠道、方法或工具等进行测评，对研究造成的误差。这种误差可能会导致研究结果偏离真实值，并对研究结论的可靠性产生影响。在本研究中，对于变量的测量均是采用将问卷发放给在职员工通过自我评估报告的方式获取的数据，且每份问卷均是由同一被试者进行作答。即使在质量方面已经进行严格把控，但无法完全避免由相同的数据采集方式和数据填答对象所引发的偏差。因此，有必要开展共同方法偏差检验这一环节，本研究将运用 Harman 单因素检验的方法进行分析。首先，通过问卷中每个变量所包含的全部题项数据，计算整体量表的 KMO 值及 Bartlett's 球形度检验的显著性，以判断是否能够开展下一步的因子分析（结果见表 7-24）。

表 7-24　工作获得感的调节作用研究中整体量表的 KMO 和 Bartlett's 球形度检验结果

取样足够度的 Kaiser-Meyer-Olkin 度量		0.815
Bartlett's 球形度检验	近似卡方	3708.101
	df	406
	Sig.	0.000

注：N=314。

由表 7-24 可知，整体量表的 KMO 值大于 0.80 且 Bartlett's 球形度检验的 p 值小于 0.001。因此，进一步开展因子分析是可行的，基于主成分分析方法的具体结果如表 7-25 所示。对于共同方法偏差问题是否严重的判断，其经验标准是生成多个（即超过 1 个）特征值大于 1 的因子，最大因子变异解释应低于 50% 或 40%（汤丹丹、温忠麟，2020）。从表 7-25 可看出，当同时放入九型人格（含助人型人格、自我型人格、理智型人格、活跃型人格和领袖型人格）、创造力、组织认同与工作获得感的所有题项后，在未经旋转时总共提取出 8 个特征值大于 1 的因子，且第一个因子变异解释率为 21.357%（小于 40%），故可认为本研究不存在严重的共同方法偏差问题。

表 7-25　工作获得感的调节作用研究中大样本共同方法偏差检验结果

成分	初始特征值			提取平方和载入		
	特征值	解释方差的百分比（%）	累积解释方差的百分比（%）	特征值	解释方差的百分比（%）	累积解释方差的百分比（%）
1	6.194	21.357	21.357	6.194	21.357	21.357
2	3.263	11.253	32.610	3.263	11.253	32.610
3	2.291	7.900	40.509	2.291	7.900	40.509
4	1.875	6.466	46.976	1.875	6.466	46.976
5	1.556	5.366	52.342	1.556	5.366	52.342
6	1.355	4.672	57.014	1.355	4.672	57.014
7	1.207	4.161	61.174	1.207	4.161	61.174
8	1.097	3.784	64.958	1.097	3.784	64.958

注：①N=314；②特征值小于 1 的已省略；③提取方法：主成分分析法；④提取标准：特征值大于 1。

六、变量区分效度检验

为了检验本研究模型中的核心变量之间的结构效度和整体模型的适配性，将九型人格（含助人型人格、自我型人格、理智型人格、活跃型人格、领袖型人格）、创造力、组织认同、工作获得感纳入作为基准模型，进行验证性因素分析，具体结果如表7-26所示。

表 7-26　工作获得感的调节作用研究中验证性因素分析结果

模型	χ^2	df	χ^2/df	RMSEA	SRMR	CFI	TLI
M1 八因子： J2、J4、J5、J7、J8、OI、CR、SGW	730.552***	349	2.093	0.059	0.053	0.889	0.871
M2 七因子： J2+J4、J5、J7、J8、OI、CR、SGW	884.543***	356	2.485	0.069	0.066	0.846	0.825
M3 六因子： J2+J4+J5、J7、J8、OI、CR、SGW	1020.676***	362	2.820	0.076	0.077	0.809	0.785
M4 五因子： J2+J4+J5+J7、J8、OI、CR、SGW	1130.665***	367	3.081	0.082	0.085	0.778	0.755
M5 四因子： J2+J4+J5+J7+J8、OI、CR、SGW	1173.641***	371	3.163	0.083	0.087	0.767	0.745
M6 三因子： J2+J4+J5+J7+J8+OI、CR、SGW	1477.235***	374	3.950	0.097	0.105	0.680	0.652
M7 二因子： J2+J4+J5+J7+J8+OI+CR、SGW	1869.101***	376	4.971	0.113	0.116	0.566	0.532
M8 单因子： J2+J4+J5+J7+J8+OI+CR+SGW	2236.642***	377	5.933	0.126	0.126	0.460	0.418

注：①N=314；②J2表示助人型人格，J4表示自我型人格，J5表示理智型人格，J7表示活跃型人格，J8表示领袖型人格，OI表示组织认同，CR表示创造力，SGW表示工作获得感；③+表示因子合并；④***表示p<0.001。

由表7-26可知，相较于其他竞争模型（七因素、六因素、五因素、四因素、三因素、二因素、单因素）而言，本研究所构建的八因素基本模型具有相对最优的拟合效果：$\chi^2 = 730.552$，df=349，$\chi^2/\mathrm{df}=2.093$（小于3），RMSEA=0.059（小于0.08），SRMR=0.053（小于0.08），CFI=0.889（小于0.90），TLI=0.871（大于0.85）。可见，本研究的上述各变量间具有良好的区分效度。

第六节 研究假设检验

一、相关性分析

对各变量进行相关性分析，可以判断其相互之间是否存在某种关系，以及这种关系存在的具体正负，但尚无法明确得出变量间准确的因果影响的相关性。本部分主要是针对研究中所涉及的主要变量进行相关情况的描述性统计，如表7-27所示，展示了各变量的均值、标准差和相关系数。

表7-27 工作获得感的调节作用研究中主要变量的均值、标准差、相关系数

变量	均值	标准差	1	2	3	4	5	6	7	8
1. J2	3.875	0.725	1							
2. J4	2.959	0.912	0.220***	1						
3. J5	3.369	0.883	−0.033	0.202***	1					
4. J7	3.295	0.915	0.197***	0.288***	0.022	1				
5. J8	2.401	0.902	0.146**	0.243***	−0.158**	0.339***	1			
6. OI	3.773	0.963	0.353***	0.087	−0.165**	0.068	0.064	1		
7. CR	3.440	0.908	0.379***	0.231***	−0.170**	0.192**	0.227***	0.341***	1	
8. SGW	3.373	0.935	0.218***	0.028	−0.033	0.123*	−0.009	0.496***	0.130*	1

注：①N=314；② *** 表示 $p < 0.001$，** 表示 $p < 0.01$，* 表示 $p < 0.05$；③J2 表示助人型人格，J4 表示自我型人格，J5 表示理智型人格，J7 表示活跃型人格，J8 表示领袖型人格，OI 表示组织认同，CR表示创造力，SGW 表示工作获得感。

由表7-27可知，在九型人格中助人型人格、自我型人格、理智型人格、活跃型人格、领袖型人格五种人格类型（自变量）、组织认同（中介变量）、工作获得感（调节变量）均与创造力（因变量）显著相关，并且由以上相关关系的正负号可知基本与研究假设相吻合。因此，上述结果为接下来开展回归分析奠定了一定的基础。

二、多重共线性检验

多重共线性（Multicollinearity）指的是回归模型中研究的多个解释变量之间的

相关关系过高或过精而导致偏离真实或准确的估计。本研究将通过回归分析探讨不同的九型人格类型对员工创造力的影响，为检验各预测变量间是否存在严重的线性相关问题，将自变量（九型人格中五种人格类型：助人型人格、自我型人格、理智型人格、活跃型人格、领袖型人格）、中介变量（组织认同）及调节变量（工作获得感）同时归为解释变量来对因变量（创造力）进行多重共线性检验（见表7-28）。

表7-28　工作获得感的调节作用研究中多重共线性检验结果

模型	维数	特征值	条件索引	方差比例								VIF
				常量	J2	J4	J5	J7	J8	OI	SGW	
1	1	7.598	1.000	0.00	0.00	0.00	0.00	0.00	0.00	0.00	0.00	—
	2	0.124	7.839	0.00	0.00	0.01	0.04	0.02	0.52	0.02	0.06	1.220
	3	0.096	8.883	0.00	0.00	0.15	0.21	0.00	0.05	0.08	0.10	1.231
	4	0.057	11.563	0.01	0.00	0.76	0.24	0.02	0.09	0.03	0.00	1.136
	5	0.052	12.120	0.00	0.00	0.01	0.07	0.87	0.23	0.02	0.00	1.228
	6	0.037	14.351	0.01	0.22	0.00	0.04	0.00	0.00	0.13	0.69	1.226
	7	0.025	17.521	0.01	0.48	0.00	0.11	0.06	0.01	0.68	0.14	1.502
	8	0.012	24.903	0.97	0.30	0.00	0.32	0.02	0.05	0.03	0.01	1.359
Durbin-Watson（D-W）												1.972

注：①N=314；②因变量为CR；③J2表示助人型人格，J4表示自我型人格，J5表示理智型人格，J7表示活跃型人格，J8表示领袖型人格，OI表示组织认同，SGW表示工作获得感。

当某一行中（即某一特征值上）存在两个变量具有高于0.80的方差比例时，则表明存在变量间严重的共线性（吴明隆，2010）。根据规则进行判断，结合表7-28中的数值结果，可知本研究的各解释变量间不存在共线性严重的问题。同时，检验模型共线性问题，常用回归分析中的VIF值加以判断。通常而言，当VIF超过10（严格是5）时就代表模型存在严重的多重共线性，其数值越大就说明问题越严重。此外，检验变量自相关性，可通过Durbin-Watson（D-W）进行衡量。一般来说，当D-W值处于2附近（介于1.7—2.3）就代表没有自相关性，模型构建较好；反过来，若其数值明显偏离2则说明存在自相关性，模型构建不理想。综合上述结果可见，本研究模型的VIF值均低于5，D-W值为1.972（接近于2），说明构建良好。

三、主效应检验

对于本研究欲探讨的九型人格具体类型对员工创造力的影响，采用层级回归的方法来进行分析。首先，将创造力设定为因变量，将控制变量（性别、年龄、受教育程度、工作年限、所在单位性质、岗位职级）作为自变量放入第一层（M1）；其次，将九型人格相应研究维度（助人型人格、自我型人格、理智型人格、活跃型人格、领袖型人格）依次放入第二层（M2—M6）进行回归分析见表7-29。

表7-29　助人型、自我型、理智型、活跃型、领袖型人格对创造力的分层回归结果

变量	CR					
	M1	M2	M3	M4	M5	M6
控制变量						
C1	-0.066	-0.041	-0.056	-0.066	-0.067	-0.051
C2	0.126	0.090	0.115	0.118	0.143	0.167 *
C3	0.142 *	0.149 **	0.130 *	0.143 *	0.136 *	0.114
C4	0.058	0.012	0.061	0.064	0.051	0.037
C5	-0.169 **	-0.127 *	-0.181 **	-0.153 **	-0.173 **	-0.138 *
C6	0.020	-0.043	-0.004	0.008	0.024	0.013
自变量						
J2		0.351 ***				
J4			0.231 ***			
J5				-0.152 **		
J7					0.203 ***	
J8						0.210 ***
回归模型摘要						
R²	0.075	0.187	0.127	0.098	0.116	0.116
ΔR²	0.075	0.111	0.052	0.023	0.041	0.041
F	4.162 ***	10.031 ***	6.383 ***	4.748 ***	5.754 ***	5.744 ***
ΔF	4.162 ***	41.915 ***	18.303 ***	7.718 **	14.230 ***	14.164 ***

注：①N=314；②＊＊＊表示 $p<0.001$，＊＊表示 $p<0.01$，＊表示 $p<0.05$；③C1—C6分别表示性别、年龄、受教育程度、工作年限、所在单位性质、岗位职级，J2、J4、J5、J7、J8分别表示助人型人格、自我型人格、理智型人格、活跃型人格、领袖型人格，CR表示创造力。

具体地，由表7-29可以看出：在模型1中，6个控制变量对因变量创造力的变异量能够解释7.5%，$\Delta F=4.162$，$p<0.001$，说明控制变量能够显著预测员工创造力；其中，受教育程度显著正向影响员工创造力（$\beta=0.142$，$p<0.05$），而所在单位性质对员工创造力具有显著的负向影响（$\beta=-0.169$，$p<0.01$）。同

时，观察模型 2 至模型 6 可以发现，在排除人口统计学变量对模型产生干扰的基础上，助人型人格（β=0.351，p<0.001）、自我型人格（β=0.231，p<0.001）、活跃型人格（β=0.203，p<0.001）和领袖型人格（β=0.210，p<0.001）均显著正向影响员工创造力，这与本研究预期相吻合，因此假设 H1b、H1d、H1g、H1h 均分别得到验证。此外，由模型 4 则可以看出，理智型人格对员工创造力的负向影响显著（β=-0.152，p<0.01），故假设 H1e 也得到了支持。

四、中介效应检验

考虑 X 对 Y 产生影响，若 X 通过 M 影响 Y，则称 M 是中介变量。通过常用的逐步法进行中介效应的回归分析，主要模型结果如表 7-30、表 7-31 所示。首先，以组织认同为因变量，性别、年龄、受教育程度、工作年限、所在单位性质、岗位职级为 6 个控制变量，然后依次纳入九型人格相应类型。由模型 1 可知，控制变量中年龄、受教育程度、岗位职级均显著正向影响组织认同（β=0.225，p<0.05；β=0.119，p<0.05；β=0.234，p<0.001），而所在单位性质显著负向影响组织认同（β=-0.198，p<0.001）。由模型 2 和模型 4 可看出，助人型人格对组织认同具有显著正向影响（β=0.269，p<0.001）、理智型人格对组织认同具有显著负向影响（β=-0.126，p<0.05），假设 H2b 和假设 H2e 得到验证；从模型 3、模型 5、模型 6 可发现，自我型人格（β=0.057，p>0.05）、活跃型人格（β=0.091，p>0.05）和领袖型人格（β=0.048，p>0.05）未显著影响组织认同，不支持假设 H2d、假设 H2g、假设 H2h。

表 7-30　助人型、自我型、理智型、活跃型、领袖型人格对组织认同的分层回归结果

变量	OI					
	M1	M2	M3	M4	M5	M6
控制变量						
C1	-0.040	-0.021	-0.038	-0.041	-0.041	-0.037
C2	0.225**	0.198**	0.222**	0.219**	0.233**	0.234**
C3	0.119*	0.125*	0.116*	0.120*	0.117*	0.113*
C4	0.055	0.019	0.055	0.060	0.052	0.050
C5	-0.198***	-0.166**	-0.201***	-0.184**	-0.200***	-0.190**
C6	0.234***	0.186**	0.228***	0.224***	0.236***	0.233***
自变量						
J2		0.269***				

续表

变量	OI					
	M1	M2	M3	M4	M5	M6
J4			0.057			
J5				−0.126*		
J7					0.091	
J8						0.048
回归模型摘要						
R^2	0.164	0.230	0.167	0.180	0.172	0.166
ΔR^2	0.164	0.066	0.003	0.016	0.008	0.002
F	10.031***	13.031***	8.773***	9.568***	9.085***	8.705***
ΔF	10.031***	26.107***	1.187	5.839*	3.017	0.793

注：①N=314；②*** 表示 $p<0.001$，** 表示 $p<0.01$，* 表示 $p<0.05$；③C1—C6 分别表示性别、年龄、受教育程度、工作年限、所在单位性质、岗位职级，J2、J4、J5、J7、J8 分别表示助人型人格、自我型人格、理智型人格、活跃型人格、领袖型人格，OI 表示组织认同。

表 7-31　组织认同的中介作用检验结果（一）

变量	CR					
	M7	M8	M9	M10	M11	M12
控制变量						
C1	−0.054	−0.036	−0.045	−0.055	−0.056	−0.041
C2	0.059	0.048	0.052	0.057	0.078	0.099
C3	0.107	0.123*	0.097	0.109	0.104	0.082
C4	0.042	0.008	0.045	0.047	0.037	0.023
C5	−0.110	−0.092	−0.124*	−0.101	−0.118*	−0.083
C6	−0.050	−0.083	−0.068	−0.055	−0.042	−0.054
自变量						
J2		0.294***				
J4			0.215***			
J5				−0.117*		
J7					0.178**	
J8						0.197***

续表

变量	CR					
	M7	M8	M9	M10	M11	M12
中介变量						
OI	0.298***	0.213***	0.284***	0.281***	0.279***	0.288***
回归模型摘要						
R^2	0.150	0.222	0.195	0.163	0.181	0.185
ΔR^2	0.074	0.035	0.067	0.065	0.065	0.069
F	7.694***	10.848***	9.210***	7.413***	8.418***	8.668***
ΔF	26.787***	13.662***	25.429***	23.613***	24.031***	25.872***

注：①N＝314；②＊＊＊表示p<0.001，＊＊表示p<0.01，＊表示p<0.05；③C1—C6分别表示性别、年龄、受教育程度、工作年限、所在单位性质、岗位职级，J2、J4、J5、J7、J8分别表示助人型人格、自我型人格、理智型人格、活跃型人格、领袖型人格，OI表示组织认同，CR表示创造力。

其次，在排除控制变量干扰的基础上，以创造力为因变量，将组织认同作为自变量纳入进行回归（模型7），可以发现组织认同能够显著正向影响员工创造力（β＝0.298，p<0.001）；由模型8至模型12可得出，在控制自变量的影响后，组织认同（中介变量）对创造力（因变量）同样具有显著正向影响（分别为β＝0.213，p<0.001；β＝0.284，p<0.001；β＝0.281，p<0.001；β＝0.279，p<0.001；β＝0.288，p<0.001），因此，假设H3得到验证。同时，在控制中介变量影响的基础上，可以发现助人型人格、自我型人格、理智型人格、活跃型人格和领袖型人格对员工创造力的影响均依旧显著（分别为β＝0.294，p<0.001；β＝0.215，p<0.001；β＝-0.117，p<0.05；β＝0.178，p<0.01；β＝0.197，p<0.001），其中，除理智型人格的负向作用外，其余人格类型呈现出的预测作用均为正向，但较之前有所减弱。综合上述结果可知，组织认同分别在助人型人格、理智型人格和创造力之间发挥部分中介作用，即支持假设H4b、假设H4e。

采取逐步法进行层级回归，以上得到的结果显示：自我型人格、活跃型人格和领袖型人格对组织认同的影响均不显著。为进一步确认中介效应是否存在，本研究参照温忠麟和叶宝娟（2014）提出的检验流程，采取Bootstrap方法对间接效应（即系数乘积a×b）是否显著开展进一步的分析，具体结果如表7-32所示。设定偏差校正后的置信区间为95%，若检验结果中不包含0，则a×b显著，说明中介效应存在。

表7-32 组织认同的中介作用检验结果（二）

路径	Boot 标准误	偏差校正95%置信区间		中介效应值
		Boot 下限	Boot 上限	
J2→OI→CR	0.021	0.021	0.101	0.057
J4→OI→CR	0.017	−0.018	0.049	0.014
J5→OI→CR	0.019	−0.086	−0.013	−0.045
J7→OI→CR	0.018	−0.006	0.066	0.027
J8→OI→CR	0.018	−0.008	0.061	0.024

注：①N＝314；②J2、J4、J5、J7、J8分别表示助人型人格、自我型人格、理智型人格、活跃型人格、领袖型人格，OI表示组织认同，CR表示创造力。

设置Bootstrap抽样5000次，由表7-32可知，将组织认同作为中介变量，发现助人型人格通过其对员工创造力发挥正向影响的中介效应值为0.057，95%的置信区间为［0.021，0.101］（不包含0），因此，组织认同在助人型人格和员工创造力之间发挥部分中介作用；同理，组织认同也部分中介了理智型人格对员工创造力的负向影响，中介效应值为−0.045，95%的置信区间为［−0.086，−0.013］（不包含0）。然而，组织认同在自我型人格、活跃型人格、领袖型人格对员工创造力影响中的中介效应是不显著的（95%的置信区间包含0）。综合上述讨论和分析，结果表明，假设H4d、假设H4g、假设H4h未得到支持；同时，假设H4b和假设H4e在此再次得到了验证。

五、调节效应检验

考虑X对Y产生影响，但其关系（正负/方向、强弱/大小）受到M的影响，则称M为调节变量。这种变量既可能是定性的，也可能是定量的。运用交互模型表示调节效应，其公式为：$Y＝\beta_0＋\beta_1X＋\beta_3XM$，其中$\beta_3$表征调节作用是否存在。若$\beta_3$为正值，则说明M是X和Y关系间的正向调节因素；反过来，若β_3为负值，则表明M是X和Y关系间的负向调节因素；同理，若β_3恰为0，则说明M对X和Y关系没有显著的调节作用。

为检验工作获得感在九型人格具体类型与组织认同之间是否具有显著调节作用，本研究运用层次回归的方式开展分析，即将组织认同作为因变量，分别将助人型人格、自我型人格、理智型人格、活跃型人格、领袖型人格作为自变量，将工作获得感作为调节变量。具体地，先把6个控制变量放入自变量第一层（M1）；再将未经标准化处理的助人型人格、自我型人格、理智型人格、活跃型人格、领袖型人格（自变量）与工作获得感（调节变量）分别放入第二层

（M2、M4、M6、M8、M10）；最后放入经标准化处理后的自变量和调节变量的乘积项，即助人型人格、自我型人格、理智型人格、活跃型人格、领袖型人格×工作获得感（M3、M5、M7、M9、M11），所得结果见表 7-33 及表 7-34。

表 7-33 工作获得感对助人型、自我型人格与组织认同关系的调节效应检验结果

变量	OI				
	M1	M2	M3	M4	M5
控制变量					
C1	−0.040	−0.033	−0.031	−0.046	−0.045
C2	0.225**	0.142*	0.144*	0.154*	0.155*
C3	0.119*	0.117*	0.117*	0.110*	0.111*
C4	0.055	0.015	0.013	0.040	0.040
C5	−0.198***	−0.137**	−0.141**	−0.160**	−0.161**
C6	0.234***	0.168**	0.174***	0.196***	0.1958***
自变量					
J2		0.197***	0.188***		
J4				0.049	0.049
调节变量					
SGW		0.406***	0.402***	0.438***	0.438***
交互项					
J2×SGW			−0.068		
J4×SGW					−0.014
回归模型摘要					
R²	0.164	0.383	0.387	0.351	0.351
ΔR²	0.164	0.219	0.004	0.187	0.000
F	10.031***	23.625***	21.332***	20.601***	18.268***
ΔF	10.031***	54.015***	2.224	43.899***	0.097

注：①N=314；②*** 表示 p<0.001，** 表示 p<0.01，* 表示 p<0.05；③C1—C6 分别表示性别、年龄、受教育程度、工作年限、所在单位性质、岗位职级，J2、J4、J5、J7、J8 分别表示助人型人格、自我型人格、理智型人格、活跃型人格、领袖型人格，SGW 表示工作获得感，OI 表示组织认同。

由表 7-33 和表 7-34 中的模型 3、模型 5、模型 7、模型 9、模型 11 中可以发现：助人型人格、自我型人格、理智型人格、活跃型人格、领袖型人格与工作获得感的交互项对组织认同的影响均不显著（分别为 β=−0.068，p>0.05；β=

-0.014，p>0.05；β=-0.031，p>0.05；β=0.044，p>0.05；β=0.026，p>0.05），这表明工作获得感在助人型人格、自我型人格、理智型人格、活跃型人格、领袖型人格和组织认同间没有起到显著的调节效应，故假设H5b、假设H5d、假设H5e、假设H5g、假设H5h未得到支持。

表7-34　工作获得感对理智型、活跃型、领袖型人格与组织认同关系的
调节效应检验结果

变量	OI					
	M6	M7	M8	M9	M10	M11
控制变量						
C1	-0.048	-0.050	-0.048	-0.046	-0.044	-0.046
C2	0.151*	0.151*	0.160*	0.154*	0.166**	0.167**
C3	0.114*	0.113*	0.112*	0.111*	0.106*	0.104*
C4	0.044	0.040	0.039	0.044	0.035	0.037
C5	-0.145**	-0.146**	-0.159**	-0.157**	-0.150**	-0.149**
C6	0.191***	0.194***	0.202***	0.198***	0.199***	0.196***
自变量						
J5	-0.119*	-0.115*				
J7			0.030	0.033		
J8					0.049	0.047
调节变量						
SGW	0.437***	0.441***	0.435***	0.431***	0.439***	0.437***
交互项						
J5×SGW		-0.031				
J7×SGW				0.044		
J8×SGW						0.026
回归模型摘要						
R^2	0.362	0.363	0.349	0.351	0.351	0.351
ΔR^2	0.198	0.001	0.185	0.002	0.187	0.001
F	21.666***	19.270***	20.469***	18.286***	20.587***	18.291***
ΔF	47.463***	0.427	43.459***	0.884	43.855***	0.301

注：①N=314；②***表示p<0.001，**表示p<0.01，*表示p<0.05；③C1—C6分别表示性别、年龄、受教育程度、工作年限、所在单位性质、岗位职级，J2、J4、J5、J7、J8分别表示助人型人格、自我型人格、理智型人格、活跃型人格、领袖型人格，SGW表示工作获得感，OI表示组织认同。

同时，本研究还欲揭示工作获得感能否在组织认同与创造力的关系中发挥调节作用，即需检验假设 H6（即工作获得感正向调节组织认同与创造力之间的关系）是否成立。以创造力为因变量、组织认同为自变量（调节变量为工作获得感），同样采用分层回归的方法进行分析。具体地，在自变量第一层放入控制变量（M1），第二层纳入未进行标准化处理的组织认同变量和工作获得感变量（M2），接着第三层再纳入组织认同变量与工作获得感变量（进行标准化处理后）的乘积项，即组织认同×工作获得感（M3），所得结果见表 7-35。

表 7-35　工作获得感对组织认同与创造力关系的调节效应检验结果

变量	CR		
	M1	M2	M3
控制变量			
C1	−0.066	−0.052	−0.071
C2	0.126	0.061	0.047
C3	0.142*	0.104	0.102
C4	0.058	0.042	0.057
C5	−0.169**	−0.110	−0.091
C6	0.020	−0.052	−0.054
中介变量			
OI		0.325***	0.360***
调节变量			
SGW		−0.052	−0.040
交互项			
OI×SGW			0.157**
回归模型摘要			
R^2	0.075	0.152	0.174
ΔR^2	0.075	0.076	0.022
F	4.162***	6.817***	7.120***
ΔF	4.162***	13.745***	8.251**

注：①N=314；②*** 表示 p<0.001，** 表示 p<0.01，* 表示 p<0.05；③C1—C6 分别表示性别、年龄、受教育程度、工作年限、所在单位性质、岗位职级，J2、J4、J5、J7、J8 分别表示助人型人格、自我型人格、理智型人格、活跃型人格、领袖型人格，SGW 表示工作获得感，OI 表示组织认同，CR 表示创造力。

通过表7-35中的模型3可以看出，组织认同与工作获得感的交互项显著正向影响员工创造力（β=0.157，p<0.01）。这说明当工作获得感越高时，组织认同对其创造力的正向影响就会越强，反之越弱。因此，假设6得以验证。

第七节　假设检验结果汇总及最终模型

本章主要是对研究假设中的所涉关系和效应进行了检验和分析，以探讨组织情境中九型人格具体类型对员工创造力的影响，并尝试揭示组织认同在这一过程中可能发挥的中介作用，以及工作获得感所起到的调节作用。以下将各假设的具体检验结果进行汇总，详见表7-36。

表 7-36　工作获得感的调节作用研究假设检验结果汇总

假设编号	假设内容	检验结果
H1b	助人型人格对员工创造力具有显著正向影响	支持
H1d	自我型人格对员工创造力具有显著正向影响	支持
H1e	理智型人格对员工创造力具有显著负向影响	支持
H1g	活跃型人格对员工创造力具有显著正向影响	支持
H1h	领袖型人格对员工创造力具有显著正向影响	支持
H2b	助人型人格对组织认同具有显著正向影响	支持
H2d	自我型人格对组织认同具有显著正向影响	不支持
H2e	理智型人格对组织认同具有显著负向影响	支持
H2g	活跃型人格对组织认同具有显著正向影响	不支持
H2h	领袖型人格对组织认同具有显著正向影响	不支持
H3	组织认同对员工创造力具有显著正向影响	支持
H4b	组织认同在助人型人格与员工创造力之间发挥显著中介作用	支持
H4d	组织认同在自我型人格与员工创造力之间发挥显著中介作用	不支持
H4e	组织认同在理智型人格与员工创造力之间发挥显著中介作用	支持
H4g	组织认同在活跃型人格与员工创造力之间发挥显著中介作用	不支持
H4h	组织认同在领袖型人格与员工创造力之间发挥显著中介作用	不支持
H5b	工作获得感在助人型人格与组织认同之间发挥显著调节作用	不支持
H5d	工作获得感在自我型人格与组织认同之间发挥显著调节作用	不支持

假设编号	假设内容	检验结果
H5e	工作获得感在理智型人格与组织认同之间发挥显著调节作用	不支持
H5g	工作获得感在活跃型人格与组织认同之间发挥显著调节作用	不支持
H5h	工作获得感在领袖型人格与组织认同之间发挥显著调节作用	不支持
H6	工作获得感正向调节组织认同与员工创造力之间的关系	支持

结合上述数据分析结果及假设检验情况，本研究修正后的模型如图 7－2 所示。

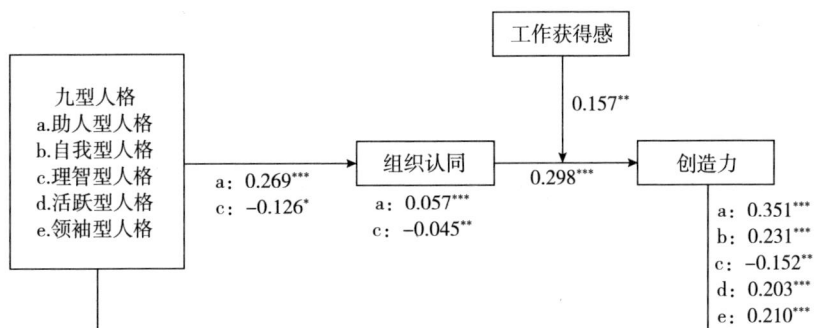

图 7－2 工作获得感的调节作用研究的最终模型

注：①N＝314；②＊＊＊表示 p<0.001，＊＊ 表示 p<0.01，＊ 表示 p<0.05。

第八章 主要结论与管理策略

本章将在第一节总结归纳前面各个研究得到的主要结论,并在第二节探索这些结论带来的工作获得感提升策略,最后在第三节提出本研究的局限和未来展望。

第一节 研究结论

一、界定工作获得感的内涵与结构维度

本书将获得感纳入组织情境中,衍生出"工作获得感"这一概念。通过文献梳理,将工作获得感定义为:员工对在工作中因付出而客观获得的各种实惠的主观感受。该定义包括三层含义:①"工作付出"是工作获得感的前提;②"各种实惠"是工作获得感的基础;③"主观感受"是工作获得感的核心。

工作获得感包含物质层面和精神层面两个方面。其中,物质获得感是员工在薪酬与福利水平、养老、住房和医疗保障等物质方面产生的获得感;精神获得感是员工在组织文化、同事关系、业余活动、自我价值和榜样力量等精神方面产生的获得感。

进一步地,本书基于 ERG 理论,将"工作获得感"定义为员工在工作中因付出而在生存、关系和成长等方面客观获得各种实惠的主观感受。该定义包含多层含义:①"工作付出"是工作获得感的前提;②"在生存、关系和成长三个方面的客观获得"是工作获得感的基础;③"主观感受"是工作获得感的本质与核心。

工作获得感包含生存获得感、关系获得感和成长获得感三个维度。其中,生存获得感源于与人的生存密切相关的各种需要的满足,反映了员工在组织中对自

己健康状况、心态情绪、收入水平、工作强度以及业余生活等获得的整体感知。关系获得感源于维持人与人之间友善关系愿望的实现，反映了员工对同事关系、道德氛围、诚信状况及与上司关系程度的整体感知。成长获得感源于个体希望得到发展愿望的实现，体现了员工自我价值实现、晋升机会、精神追求、榜样激励、行业前景以及培训教育等方面提升程度的感知。

二、开发工作获得感量表

首先，通过问卷调查与数据分析，本书得到了由物质和精神两个维度、共计14个题项构成的工作获得感量表。然而，由14个题项构成的量表还存在以下两个问题：一是物质获得感（5个题项）和精神获得感（9个题项）两个维度各自的题项数目有较大差距；二是该量表题项存在横跨因子现象，即同一题项在物质获得感和精神获得感两个维度上的因素负荷量均在0.40以上。

鉴于以上两个方面的原因，本书进一步采用探索性因素分析和验证性因素分析对量表进行优化，最终得到了由11个题项组成的量表。其中，第一个维度"物质获得感"由"我满意该单位的薪酬水平"等5个题项构成；第二个维度"精神获得感"由"我在该单位工作能获得愉快的心情"等6个题项构成（见表8-1）。

表8-1 基于物质和精神视角的工作获得感量表

维度	题项
物质获得感	我满意该单位的薪酬水平
	我满意该单位的福利水平
	我满意该单位提供的养老保障措施
	我满意该单位提供的住房保障措施
	我满意该单位提供的医疗保障措施
精神获得感	我在该单位工作能获得愉快的心情
	该单位有完善的规章制度并严格执行
	我满意该单位的文化氛围
	我满意该单位的同事关系
	我满意该单位组织的业余活动
	我满意该单位对员工的服务意识和服务效率

其次，通过问卷调查法和项目分析、探索性因素分析等方法，本书得到了由

生存、关系、成长三个维度、共计 15 个题项构成的工作获得感量表。其中，第一个维度"生存获得感"由"在该单位工作，我感到心情愉快"等 5 个题项构成；第二个维度"关系获得感"由"在该单位工作，我与直接上司的关系良好"等 4 个题项构成；第三个维度"成长获得感"由"该单位提供的培训有利于我的成长"等 6 个题项构成（见表 8-2）。

表 8-2　基于 ERG 理论的工作获得感量表

维度	题项
生存获得感	在该单位工作，我感到心情愉快
	在该单位工作，有利于我的身心健康
	在该单位工作，我获得了满意的收入
	在该单位工作，我拥有充足的业余时间
	我满意该单位的工作强度
关系获得感	在该单位工作，我与直接上司的关系良好
	在该单位工作，我拥有良好的同事关系
	我满意该单位的诚信状况
	我满意该单位的道德氛围
成长获得感	该单位提供的培训有利于我的成长
	在该单位工作，我从榜样身上获得了力量
	在该单位工作，激发了我的精神追求
	在该单位工作，有利于实现我的自我价值
	该单位提供了良好的晋升空间
	我对该单位的行业前景充满信心

三、验证工作获得感的作用机制

本书基于组织支持理论、资源保存理论和积极情绪拓展—建构理论，从工作获得感的视角切入，同时将组织承诺和主管承诺引入员工创造力的理论框架，以明确工作获得感对创造力的影响及传导机制，并引入调节变量承诺倾向，探究感知和人格的相互作用对组织承诺和主管承诺以及二者在发挥中介作用时的影响。通过 637 份员工问卷对理论模型进行验证，本书主要得到了以下结论：

第一，工作获得感正向影响创造力。

第二，工作获得感对组织承诺呈现显著正相关，员工组织承诺对创造力呈现显著正相关，员工组织承诺在工作获得感和创造力之间具有中介作用。

第三，工作获得感对主管承诺呈现显著正相关，员工主管承诺对创造力呈现显著正相关，员工主管承诺在工作获得感和创造力之间具有中介作用。

第四，员工承诺倾向对工作获得感和创造力之间的关系具有正向调节作用。

四、验证工作获得感的影响机制

本书以归属需求理论为基础，探索了承诺型人力资源管理实践与工作获得感的关系，并且引入了主管下属关系作为中介变量。同时根据相关理论基础和研究成果，考虑了领导政治技能和主动性人格的调节作用，从而丰富了该作用机制的情境条件。通过 584 份员工问卷对理论模型进行验证，本书主要得到了以下结论：

第一，承诺型人力资源管理实践对工作获得感有正向影响。

第二，承诺型人力资源管理实践对主管下属关系有正向影响。

第三，主管下属关系对工作获得感有正向影响。

第四，主管下属关系在承诺型人力资源管理实践和工作获得感之间起中介作用：承诺型人力资源管理实践通过主管下属关系间接正向影响工作获得感。

第五，领导政治技能正向调节承诺型人力资源管理实践和工作获得感之间的关系：领导政治技能水平越高，承诺型人力资源管理实践对工作获得感的影响越强；领导政治技能水平越低，承诺型人力资源管理实践对工作获得感的影响越弱。

第六，领导政治技能正向调节承诺型人力资源管理实践和主管下属关系之间的关系：领导政治技能水平越高，承诺型人力资源管理实践对主管下属关系的影响越强；领导政治技能水平越低，承诺型人力资源管理实践对主管下属关系的影响越弱。

第七，主动性人格正向调节承诺型人力资源管理实践和工作获得感之间的关系：员工主动性人格越高，承诺型人力资源管理实践对其工作获得感的影响越强；员工主动性人格越低，承诺型人力资源管理实践对其工作获得感的影响越弱。

第八，主动性人格正向调节承诺型人力资源管理实践和主管下属关系之间的关系：员工主动性人格越高，承诺型人力资源管理实践对主管下属关系的影响越强；员工主动性人格越低，承诺型人力资源管理实践对主管下属关系的影响越弱。

五、验证工作获得感的传导作用

本书基于组织支持理论，从组织、领导和个人三重视角，以家长式领导的三个维度（威权领导、仁慈领导、德行领导）为自变量，以任务绩效为因变量，并引入调节变量组织支持，探讨工作获得感的激发与效能。通过459份员工问卷对理论模型进行验证，本书主要得到以下结论：

第一，从工作获得感的激发来看，家长式领导的三个维度分别对工作获得感各维度（生存获得感、关系获得感、成长获得感）产生显著影响，但影响方向和强度存在差异。具体而言，威权领导对员工的生存获得感、关系获得感、成长获得感有显著的抑制作用，而仁慈领导和德行领导对员工的生存获得感、关系获得感、成长获得感均起到促进作用。

第二，从工作获得感的效能来看，员工生存获得感、关系获得感和成长获得感分别对任务绩效产生积极影响，即员工的任务绩效水平会随着其在生存、关系和成长方面获得感知水平的提升而提高。同时，威权领导会通过抑制工作获得感各维度（生存获得感、关系获得感、成长获得感）进一步降低其任务绩效水平；仁慈领导和德行领导仅能从关系获得和成长获得两个维度进一步对任务绩效产生正向影响，而生存获得的中介效应不显著。这或许是因为：仁慈领导更强调为员工提供全方位的情感关怀和支持，德行领导更强调符合较高伦理、道德要求，而与员工直接利益的关系不如威权领导密切（张军成和凌文辁，2016），进而无法传导仁慈领导和德行领导对任务绩效的影响。进一步研究发现，组织支持在员工生存获得、关系获得、成长获得与任务绩效关系中有调节作用，组织支持水平越高，工作获得感各维度（生存获得感、关系获得感、成长获得感）对任务绩效的正向影响越强。

六、验证工作获得感的调节作用

本书基于计划行为理论和社会认同理论，以个体人格特质为视角，选取组织认同作为中介变量、工作获得感作为调节变量，构建了九型人格影响员工创造力的理论模型，以深入探究不同的九型人格类型对员工创造力的作用关系和过程。通过314份员工问卷对理论模型进行验证，本书主要得到以下结论：

第一，助人型人格、自我型人格、理智型人格、活跃型人格、领袖型人格均显著影响员工创造力。其中，助人型人格、自我型人格、活跃型人格、领袖型人格均正向预测员工创造力，理智型人格对员工创造力呈现负向预测作用。

第二，助人型人格对组织认同具有显著的正向影响，而理智型人格对组织认同具有显著的负向影响。

第三，组织认同对员工创造力具有显著正向影响。

第四，组织认同在助人型人格、理智型人格与员工创造力之间发挥显著中介作用。

第五，工作获得感正向调节组织认同与其创造力之间的关系：工作获得感水平越高，组织认同对其创造力的影响越强；工作获得感水平越低，组织认同对其创造力的影响越弱。

第二节　工作获得感的提升策略

工作获得感的形成包含"获得供给—客观获得—主观感知"三个阶段，获得供给是指工作获得感的各类供给侧；客观获得是指劳动者切切实实得到的各种实惠；主观感知是指个体对客观获得的主观感受，即最终形成的工作获得感。基于前期研究成果，本研究从微观视角切入，重点探索了"客观获得"和"主观感知"这两个阶段，关注如何通过创新管理实践、调整领导风格、提升领导政治技能、满足人才需求、提高获得能力等措施来增强员工客观获得感及主观感知。

一、创新人力资源管理实践

人力资源管理实践作为组织管理实践活动中更远端和更直接的组织环境影响因素，在一定程度上会对员工的工作获得感产生影响。先前研究表明，基于员工视角的支持性人力资源管理实践会从公平奖惩、决策参与和成长机会三个方面满足员工的基本心理需求，进而促使员工在工作中客观获得更多的实惠（Gu et al.，2020）。本研究发现，承诺型人力资源管理实践对工作获得感具有促进作用，因此，组织在实施管理政策时可以注重管理实践对员工的实施效用与反馈。员工因个体差异的因素（人格特质、期望水平等）对组织的管理实践感知水平不同，因而会呈现出差异化的态度和行为。特别是在管理实践中，企业往往只关注为员工提供资源和支持，但忽视了组织的支持被员工感知到的程度。因此，组织要重视组织价值观和文化的建设与传递、注重知识和技巧的培训、关注发展的多样化绩效考核、重视员工参与和广泛的信息共享、富有弹性的工作设计等。具体来说，在承诺型管理实践中，不仅要关注其具体的实践活动，更要关注整个体系的构建，组织可以通过以下几个方面来提升员工的感知水平，进而提高其工作获得感：首先，宏观上要做到与企业战略相结合，企业战略指导公司发展的大方向与目标，大方向下的战略层次与具体措施的制定和实施才更加有意义。其次，微观上在具体的管理措施上包括以下几个方面：一是严格的员工招聘程序与社会化的知识与技能培训；二是为保护内部市场劳动力主要采用内部晋升渠道；三是薪酬体系建设以绩效与贡献为基础；四是适度授权，重视员工参与和信息共享，给予其必要的工作自主权（自由安排时间、自主支配资源等）。最后，具体措施组织要做到联系实际情况，制定适合组织和员工的相关管理政策，并且在实施过程中要注重员工的反馈并不断进行完善，重视员工的情感联系与回应，以提高员工的工作获得感感知。

二、塑造和调整领导风格

领导是组织中最重要的信息源，其领导风格和领导行为所传递的信息会对员工在工作中的感受产生直接影响。先前研究表明，授权型领导、教练型领导能有效提升员工的工作获得感（Gu et al.，2020；朱平利、刘娇阳，2020）。适宜的领导风格能有效提升工作获得感。本书发现，仁慈领导、德行领导对员工的生存获得感、关系获得感和成长获得感均有显著的正向影响，而威权领导则会对员工的生存获得感、关系获得感和成长获得感产生抑制作用。因此，组织需要在选拔和培养仁慈领导、德行领导的同时，调整和减少威权领导行为。具体措施包括：首先，在选拔领导时，组织可重点考虑选拔在工作中或生活中更为关心下属，支持下属成长，愿意为其提供情感和工作资源的人才；或是选拔在组织中能作为下属的学习榜样，给予下属信心和力量，为其提供充满信任和支持的工作环境，愿意与下属进行双向沟通，让其成为决策机制中合作伙伴的人才。其次，提升现有领导者的领导能力，通过组织领导力课程、开展情景模拟等方式，激励现有领导学习和掌握仁慈领导、德行领导等有利于员工发展的适配的领导风格特质，如将下属视为家人、对下属一视同仁、为下属营造公平氛围等。同时，减少威权领导行为，如"一言堂"的专制作风、不愿意与下属沟通以及分享信息、贬低下属的能力且不愿授权等。最后，将领导行为纳入绩效考核体系，对展现出仁慈领导、德行领导等领导风格和领导行为，对员工产生有效激励的领导表示肯定，及时给予奖励。

三、提升领导政治技能水平

先前研究表明，具有高水平政治技能的领导可以有效地影响和激励下属（Ahearn et al.，2004），员工要感知到组织提供各项支持性的管理措施，才能对员工产生积极的影响（Eisenberger et al.，1986），这往往需要代表组织的领导者在其中发挥效用。本书也发现，领导政治技能正向调节承诺型人力资源管理实践和工作获得感之间的关系，即领导政治技能水平越高，承诺型人力资源管理实践对工作获得感的促进作用越强。因此，组织需要切实加强领导的政治技能水平：首先，领导政治技能作为管理者应具备的胜任力之一，组织应有针对性地采取培训等措施来提升现有领导者的政治技能，同时应将领导政治技能纳入到领导干部考核和提拔指标中。其次，领导者在组织中能起模范带头作用，具有极强的人格魅力、号召力和感染力，与员工友好互动往来，员工往往愿意跟随这类领导者一起奋斗，更加融入组织，主动感知到组织实施的各项举措，将个人视为组织的一分子，付出更多的努力，进而增加客观的获得（Chen and Aryee，2007）。最后，领导者应增强对员工的服务意识和服务效率，培养员工归属感。领导者扛大旗的同时，在日常工作中应对其下属敞开心胸，善于观察和发现下属的日常状态，在下属遇到困难时尽力传授经验和技巧，提供各种稀缺资源，帮助其渡过难关。基于社会交换理论的互惠原则，员工也会尽力报答曾帮助过自己的领导。同时，面对善于交流沟通的领导，员工往往愿意与其交心，从而更容易构建起高质量的领导—下属交换关系。此外，下属认可领导，便在一定程度上认可自己所在的组织，进而更加投入工作以回报组织和领导，最终增加个人的客观获得。

四、满足员工物质需求

组织应注重员工的物质需求，提升员工的生存获得感感知。员工对自身的工作和生活品质要求较高，薪酬福利是员工工作和生活的基础，满意的薪酬福利使员工更愿意留在组织中，组织提供的实实在在的有形福利能够有效驱动员工的创新行为。一方面，组织需要提供给员工与之贡献相匹配的薪酬、福利、奖励等金钱财富，同时建立动态调整的薪酬体系，使员工的工资水平能随着个人绩效提升、工龄增加等动态变化，保障其工资水平的内部公平性和外部激励性。另一方面，组织要充分保障员工的自主工作时间和业余空闲时间，减少员工事务性负担，使其可自主安排工作进度和调度必要的工作资源，获取充足的休息时间，以补充在创新性工作中损耗的资源，减轻员工因现有资源损失而带来的压力和焦虑，从而更好应对后续可能发生的损失，并为持续创造性开展工作提供可能。

五、满足员工关系需求

组织应尤其注重员工的相互关系需求，提升员工关系获得感感知。相较于生存获得感（均值0.860）和成长获得感（均值0.802），关系获得感（均值0.602）还有很大的提升空间。良好的人际关系、和谐的组织氛围等工作环境的支持能有效激发员工的潜能（Luo and Zhu，2023）。员工注重与组织情感交换，组织的重视以及领导的关心与支持能够提升员工的归属感，增加员工对组织情感上的依赖，促进其以更大的热情为组织付出，为组织的发展创造价值。组织应当打造真诚互信、公平道德、沟通共享的组织文化氛围，增进员工与组织之间、员工与员工之间的情感，也可以通过举办团建活动、文艺比赛、运动会等促进员工的人际交往，增强员工之间的凝聚力。组织还可以增加任务的复杂性和相互依赖性，发展以团队为导向的奖励系统，促进员工之间的知识分享和合作。员工的直接领导也应当适当授权，增加与员工的双向沟通，将其视为决策机制的合作伙伴，进而建立起高质量的主管下属关系，同时，也会让员工深刻感知到自己是组织中重要的一员，增加了员工的内部人身份感知和组织承诺（Gu et al.，2020），进而更加愿意对组织付出更多的努力，而随着实际付出的不断增多，其客观获得也随之增加。

六、满足员工发展需求

组织应注重员工的发展需求，提升员工成长获得感感知。员工具有较高的职业憧憬，尤其重视个人成长与职业发展（Qu et al.，2022）。组织提供成长支持能够增强员工的心理契约，提升员工回报组织的义务感，激发员工对工作意义的追寻，促进其开展创新活动。一是管理者应主动与员工沟通，了解其对工作成就的追求和所拥有的工作价值观，愿景激励行为能够使员工充分了解自己负责的工作对组织发展的意义，促进员工认同组织的价值观，帮助员工理清未来职业发展的方向，将自己的职业目标与组织的使命和愿景相结合，促进员工为企业的崇高事业努力奉献。二是组织应该考虑员工的长远发展，提供必要的培训学习机会，提升员工在理论学习、技术创新、人际交往等方面的技能，使其保持职业竞争力，降低其在创造性任务中的无助和迷惘，消除阻碍员工工作和创新的干扰因素。三是组织应建立及时有效的反馈机制，鼓励员工为公司的发展出谋划策，积极发表自己的见解。四是应对现有员工进行合理的分配和适时适当的调整，做到"人尽其才"，尽可能将员工放在最适合其发展的岗位上，为员工提供充分的成长空间，避免人才的浪费，可以通过轮岗帮助员工了解不同部门岗位的工作内容和重要性，以便员工对整个公司的发展运作有充分的了解，提升对本职工作的认可，并更好地进行职业生涯规划。五是通过榜样效应强化员工对目标和创造性工作能成功的信念，通过各种荣誉表彰促进员工形成敢于追求创新和提高成就的价值观念，打消员工担心创新失败的顾虑，鼓励员工全身心投入到创新工作中去。

七、提升员工综合素养

工作获得感是员工在工作中实际付出与客观获得相比较之后产生的主观感知。从微观来看，员工提升自身的工作获得感不仅需要组织提供相应的资源支持和创造良好的生态环境，也需要依靠内部驱动力来全面推动个人综合素质的提高，进而增强员工在工作中的客观获得能力。首先，增强自主学习能力，不断优化个人知识结构，构建广博精深、结构合理的知识体系。随着新一轮科技革命和产业革命的迅猛发展，创新已然成为国际科技竞争博弈下的"关键变量"，科学研究范式发生了深刻的变革，科学技术发展的跨学科性更凸显，学科交叉融合不断深入，创新广度显著加强、深度显著加深、速度显著加快、精度显著加强，员工仅凭固有的知识体系已然无法在创新方面取得质的突破，因而有必要不断拓展自己的知识面，扎实专业基础知识和理论知识，及时了解和掌握本领域的发展动向和前沿成果，同时积极主动了解相邻学科以及必要的横向学科知识和发展趋势。其次，要有"勇于拼搏、不怕困难、迎难而上"的精神，培养灵活流畅、系统深刻的思维模式。创新活动具有高度复杂性、独特性和综合性，灵活、流畅的思维模式能帮助员工在解决创造性问题的过程中充分发挥"发散性思维"的作用，采用不同思维模式（逻辑思维、逆向思维、类比思维、联想思维等）来突破和重构已有知识、经验和其他信息资源，以开拓性的新认知模式来认识和解决问题。系统深刻的思维模式有助于员工洞察问题的本质，从多种因素的相互联系中分析问题、把握问题和解决问题，以增加创造性产出。再次，塑造创新意识和创新精神等个人品质。员工需要塑造坚忍不拔的探索精神、认真负责的工作态度等品格特征，并保持着强烈的好奇心和求知欲，敢于质疑，积极发挥在创新活动中的主观能动性，充分释放潜能。最后，要综合培养创新实践活动所必备的关键能力。创新活动科技含量高、实现周期长，要实现"从 0 到 1"的实验室创新和"从 1 到 100"的科技成果转化，需要发挥一系列能力要素的综合效应，比如洞察力、理解力、推理力、团队合作、学习迁移等。因而，员工需要通过自学、参与培训、实践锻炼等多种方式，查漏补缺，不断提升个人的综合能力，为后续更好地开展创新活动做好充分的准备。

第三节　研究局限和研究展望

一、研究局限

本书还存在一些不足，有待在后续研究中进行完善和改进。不足之处主要体现在以下几个方面：

第一，实证数据均采用员工自我报告形式。本书在多个实证研究中所涉及的测量变量，均是采用问卷调查法，由员工本人自我报告的同源数据，可能存在共同方法偏差，这有待在后续研究中进行完善。

第二，实证数据均为横截面数据。本书在不同实证研究中所涉及的多个变量，如工作获得感、创造力、任务绩效等，均处于动态变化过程中，且真实情况的反映可能需要一定的时间周期。本研究均是在某一特定的时间点，让员工填写某一套问卷，因而对某些变量的测量可能会产生偏差，也无法完全确定各变量之间的因果关系，这有待在后续研究中进行克服。

第三，实证数据样本数据来源有限。本书问卷调查的样本基本上来自四川和重庆两个地区。样本的地域局限性可能会在一定程度上影响研究结果的推广，这有待在后续研究中进行克服。

二、研究展望

工作获得感是获得感在组织情境中的衍生概念，是极具中国本土特色的新兴概念，工作获得感理论及其相关研究仍处于探索阶段，需要更多的学者从不同的视角进行深入研究。

第一，采取多时点数据收集方法，如日记研究法（Diary Study）和经验取样法（Experience Sampling Method）。工作获得感属于在短期内有波动的变量，日记研究法和经验取样法是研究短期波动的有效方式，未来研究可以在进行工作获得感相关机制理论模型的实证检验阶段采用这两种研究方法进行数据收集。

第二，采用案例研究等方法对工作获得感理论进行验证。未来研究可选取具有典型性和代表性的组织进行多案例研究，运用深度访谈、查阅档案、网络爬虫等技术手段收集经验数据，在三角验证和跨案例比较的基础上构建和完善工作获得感理论。

第三，加大对工作获得感外部影响因素的探究。先前研究表明，地区人才政策、发展环境（自然环境、经济发展水平）等外部因素均会对员工的吸引、培养、激励等方面产生显著影响（彭川宇、刘月，2022；叶晓倩、陈伟，2019）。因而，在后续研究中可进一步探索科技投入水平、教育发展水平、人才政策水平、经济发展水平、生活便利程度等对工作获得感的影响机制。

参考文献

［1］白秀丽、贺燕、李静文等：《护士职业获得感现状及其影响因素分析》，《中国护理管理》2020 年第 1 期。

［2］曹现强、李烁：《获得感的时代内涵与国外经验借鉴》，《人民论坛·学术前沿》2017 年第 2 期。

［3］陈国海、熊淑宜：《九型人格在企业人才招聘中的应用》，《商场现代化》2006 年第 20 期。

［4］陈建安、顾杏、程爽：《雇主品牌的"里"和"面"：驱动员工敬业与口碑的有效性研究》，《外国经济与管理》2021 年第 3 期。

［5］陈沛然：《员工获得感及其镜像研究的管理启示》，《甘肃社会科学》2020 年第 3 期。

［6］陈晓萍、徐淑英、樊景立：《组织与管理研究的实证方法》（第 2 版），北京大学出版社 2012 年版。

［7］陈晓暾、鹿祎璇、王钰：《员工获得感激励机制探究》，《合作经济与科技》2021 年第 17 期。

［8］陈永霞、贾良定、李超平等：《变革型领导、心理授权与员工的组织承诺：中国情景下的实证研究》，《管理世界》2016 年第 1 期。

［9］崔明明、苏屹、李丹：《跨界行为对员工任务绩效的影响——基于价值观的多元调节作用》，《经济管理》2018 年第 8 期。

［10］丁元竹：《让居民拥有获得感必须打通最后一公里——新时期社区治理创新的实践路径》，《国家治理》2016 年第 2 期。

［11］董洪杰、谭旭运、豆雪姣等：《中国人获得感的结构研究》，《心理学探新》2019 年第 5 期。

［12］董瑛：《增进人民群众对反腐倡廉的"获得感"研究——新形势下反腐倡廉建设新理念新布局》，《理论与改革》2017 年第 1 期。

［13］段文婷、江光荣：《计划行为理论述评》，《心理科学进展》2008 年第

2 期。

　　［14］范晓倩、于斌：《绩效压力如何促进员工创造力——领导—成员交换的调节作用》，《上海财经大学学报》2021 年第 2 期。

　　［15］丰露：《当代国有企业青年员工的工作获得感探析》，《企业研究》2021 年第 1 期。

　　［16］傅晓、李忆、司有和：《家长式领导对创新的影响：一个整合模型》，《南开管理评论》2012 年第 2 期。

　　［17］高鹏、薛璞、谢莹：《自我监控人格对创新绩效的影响：基于社会信息处理理论》，《科技进步与对策》2021 年第 7 期。

　　［18］高中华、赵晨：《工作场所的组织政治会危害员工绩效吗？基于个人—组织契合理论的视角》，《心理学报》2014 年第 8 期。

　　［19］郭晟豪、胡倩倩：《力学不倦：组织认同、工作繁荣下的创新绩效》，《管理评论》2022 年第 1 期。

　　［20］韩翼、廖建桥、龙立荣：《雇员工作绩效结构模型构建与实证研究》，《管理科学学报》2007 年第 5 期。

　　［21］何凯元、王济干、孙沐芸等：《双重动机视角下员工组织外部声望感与内部尊重感对组织认同的影响机制研究》，《管理学报》2020 年第 12 期。

　　［22］胡洪曙、武锶芪：《基于获得感提升的基本公共服务供给结构优化研究》，《财贸经济》2019 年第 12 期。

　　［23］黄立清、林竹、黄春霞等：《高校辅导员获得感评价指标体系构建》，《中国健康心理学杂志》2019 年第 6 期。

　　［24］黄艳敏、张文娟、赵娟霞：《实际获得、公平认知与居民获得感》，《现代经济探讨》2017 年第 11 期。

　　［25］黄勇、彭纪生：《情绪对创造力的影响——情感承诺的中介作用》，《软科学》2016 年第 7 期。

　　［26］黄勇、余江龙：《从主动性人格到主动担责行为：基于角色定义的视角》，《中国人力资源开发》2019 年第 3 期。

　　［27］黄勇、杨洁、胡赛赛：《组织支持感与员工创造力——相对组织支持感和情感承诺的影响》，《贵州财经大学学报》2020 年第 5 期。

　　［28］黄勇、崔敏、颜卉：《见贤思齐：领导创造力对员工创造力的跨层次影响机制》，《科学学与科学技术管理》2021 年第 4 期。

　　［29］简浩贤、徐云飞、曹曼等：《基于组织认同视角的包容性领导与员工敬业度关系研究》，《管理学报》2017 年第 11 期。

　　［30］蒋永穆、张晓磊：《共享发展与全面建成小康社会》，《思想理论教育

导刊》2016 年第 3 期。

［31］金雅雪：《让员工有更多的获得感》，《现代国企研究》2017 年第 6 期。

［32］康飞、张颖：《企业员工获得感研究：量表编制与效度检验》，《科学与管理》2021 年第 1 期。

［33］柯江林、孙健敏：《心理资本对工作满意度、组织承诺与离职倾向的影响》，《经济与管理研究》2014 年第 1 期。

［34］李保东、王彦斌、唐年胜等：《组织认同心理结构三因素模型检验》，《统计与决策》2008 年第 12 期。

［35］李根祎：《组织承诺在职业可持续性对员工创新行为影响中的作用机制研究——基于社会交换理论》，《财经论丛》2022 年第 5 期。

［36］李光红、袁朋伟、董晓庆：《主动性人格与创新行为：一个跨层次被调节的中介模型》，《山东大学学报（哲学社会科学版）》2017 年第 6 期。

［37］李辉、苏勇、吕逸婧：《承诺型人力资源实践总能带来员工承诺吗？一个被中介的调节效应模型》，《中国人力资源开发》2015 年第 23 期。

［38］李燚、张满、李娜等：《参与多多益善？参与式领导与员工创造力的曲线关系研究》，《管理评论》2022 年第 4 期。

［39］林丛丛、李秀凤：《承诺型人力资源管理实践与团队创新：一个跨层次研究模型》，《科学学与科学技术管理》2019 年第 5 期。

［40］林怀艺、张鑫伟：《论共享》，《东南学术》2016 年第 4 期。

［41］林叶、李燕萍：《高承诺人力资源管理对员工前瞻性行为的影响机制——基于计划行为理论的研究》，《南开管理评论》2016 年第 2 期。

［42］凌文辁、张治灿：《中国职工组织承诺的结构模型研究》，《管理科学学报》2000 年第 2 期。

［43］凌文辁、杨海军、方俐洛：《企业员工的组织支持感》，《心理学报》2006 年第 2 期。

［44］刘巨钦、李淑钊：《家族企业上下属关系和员工工作绩效的实证分析》，《广西大学学报（哲学社会科学版）》2013 年第 4 期。

［45］刘宁、徐冉、肖少北等：《海南省女性流动人口获得感的现状及其影响因素分析》，《中国健康教育》2019 年第 8 期。

［46］刘璞、井润田、刘煜：《基于组织支持的组织公平与组织承诺关系的实证研究》，《管理评论》2008 年第 11 期。

［47］刘小平：《员工组织承诺的形成过程：内部机制和外部影响——基于社会交换理论的实证研究》，《管理世界》2011 年第 11 期。

［48］刘小平、王重鸣：《中西方文化背景下的组织承诺及其形成》，《外国经济与管理》2002 年第 1 期。

［49］卢纹岱：《SPSS for Windows 统计分析》，电子工业出版社 2000 年版。

［50］栾贞增、张晓东：《主动下属如何展现高水平创造力——领导谦逊的激活作用》，《科技进步与对策》2021 年第 20 期。

［51］罗帆、徐瑞华：《高承诺人力资源管理实践对亲组织非伦理行为的影响——组织支持感的中介作用与道德认同的调节作用》，《中国人力资源开发》2017 年第 10 期。

［52］罗叶、贺晓英、宁满秀：《新型农村社会养老保险制度对农村老人经济获得感的影响》，《湖南农业大学学报（社会科学版）》2021 年第 1 期。

［53］吕小康、黄妍：《如何测量"获得感"？——以中国社会状况综合调查（CSS）数据为例》，《西北师大学报（社会科学版）》2018 年第 5 期。

［54］马振清、刘隆：《获得感、幸福感、安全感的深层逻辑联系》，《国家治理》2017 年第 44 期。

［55］孟续铎、王欣：《企业员工"过劳"现状及其影响因素的研究——基于"推—拉"模型的分析》，《人口与经济》2014 年第 3 期。

［56］聂伟：《就业质量、生活控制与农民工的获得感》，《中国人口科学》2019 年第 2 期。

［57］裴宇晶：《九型人格理论在企业人力资源管理中的应用》，《现代管理科学》2011 年第 12 期。

［58］齐卫平：《以获得感、幸福感、安全感满足人民向往美好生活的新时代需要》，《国家治理》2017 年第 44 期。

［59］乔玥、陈文汇、曾巧：《国有林场改革成效评价——职工获得感的统计分析》，《林业经济问题》2019 年第 1 期。

［60］秦国文：《改革要致力于提高群众获得感》，《新湘评论》2016 年第 1 期。

［61］邱茜：《人格特质对破坏性领导的影响研究——基于工作满意度和组织认同的中介作用》，《东岳论丛》2016 年第 3 期。

［62］邵芳：《组织支持理论研究评述与未来展望》，《经济管理》2014 年第 2 期。

［63］申继亮、李永鑫、张娜：《教师人格特征和组织认同与工作倦怠的关系》，《心理科学》2009 年第 4 期。

［64］沈翔鹰、穆桂斌：《家长式领导与员工建言行为：组织认同的中介作用》，《心理与行为研究》2018 年第 6 期。

［65］石晶：《新的美好生活，新的感受期盼——当前公众获得感幸福感安全感状况及影响因素调查报告》，《国家治理》2017年第44期。

［66］谭旭运、董洪杰、张跃等：《获得感的概念内涵、结构及其对生活满意度的影响》，《社会学研究》2020年第5期。

［67］谭旭运：《获得感与美好生活需要的关系研究》，《江苏社会科学》2021年第3期。

［68］汤丹丹、温忠麟：《共同方法偏差检验：问题与建议》，《心理科学》2020年第1期。

［69］唐钧：《在参与与共享中让人民有更多获得感》，《人民论坛·学术前沿》2017年第2期。

［70］陶厚永、吴芊芊、胡文芳：《悖论式领导行为对员工创造力的影响研究》，《管理评论》2022年第2期。

［71］田贝、高冬东：《企业员工工作获得感问卷的编制及相关应用》，硕士学位论文，河南大学，2020年。

［72］田京、马健生：《农村教师有效参与校本教研的激励路径探析——基于生存·关系·成长理论的视角》，《教师教育研究》2017年第1期。

［73］万佳、夏海鸥：《专科护士工作获得感源泉的质性研究》，《护理学杂志》2023年第5期。

［74］汪海霞、王慧慧：《同事公正氛围与员工创新行为：职场地位和工作获得感的链式中介作用》，《新疆农垦经济》2022年第7期。

［75］王道勇：《论全面深化改革时期的获得感问题》，《教学与研究》2017年第4期。

［76］王飞、郝旭光、赵春霞等：《中层管理者迈尔斯布里格斯（MBTI）人格类型对其创新行为的影响——一个被调节的中介模型》，《科技进步与对策》2018年第5期。

［77］王广民、林泽炎：《创新型科技人才的典型特质及培育政策建议——基于84名创新型科技人才的实证分析》，《科技进步与对策》2008年第7期。

［78］王龙、霍国庆：《社会安全的本源影响因素及其作用机理实证研究》，《管理评论》2019年第11期。

［79］王浦劬、季程远：《新时代国家治理的良政基准与善治标尺——人民获得感的意蕴和量度》，《中国行政管理》2018年第1期。

［80］王庆金、魏玉凤、李翔龙：《职场排斥对员工创新行为的影响——组织承诺与组织认同的双重中介作用》，《科技进步与对策》2020年第22期。

［81］王思斌：《发展社会工作增强获得感》，《中国社会工作》2017年第

13 期。

　　[82] 王恬、谭远发、付晓珊：《我国居民获得感的测量及其影响因素》，《财经科学》2018 年第 9 期。

　　[83] 王蕊、叶龙：《基于人格特质的科技人才创新行为研究》，《科学管理研究》2014 年第 4 期。

　　[84] 王艳平、赵文丽：《人格特质对员工创造力的影响研究》，《软科学》2018 年第 3 期。

　　[85] 王媛媛：《工作家庭平衡对工作获得感的影响研究》，硕士学位论文，浙江财经大学，2019 年。

　　[86] 王忠军、龙立荣、刘丽丹：《组织中主管—下属关系的运作机制与效果》，《心理学报》2011 年第 7 期。

　　[87] 魏钧、陈中原、张勉：《组织认同的基础理论、测量及相关变量》，《心理科学进展》2007 年第 6 期。

　　[88] 魏钧：《主观幸福感对知识型员工组织认同的影响》，《科研管理》2009 年第 2 期。

　　[89] 温忠麟、侯杰泰、张雷：《调节效应与中介效应的比较和应用》，《心理学报》2005 年第 2 期。

　　[90] 温忠麟、叶宝娟：《中介效应分析：方法和模型发展》，《心理科学进展》2014 年第 5 期。

　　[91] 文宏、刘志鹏：《人民获得感的时序比较——基于中国城乡社会治理数据的实证分析》，《社会科学》2018 年第 3 期。

　　[92] 吴克昌、刘志鹏：《基于因子分析的人民获得感指标体系评价研究》，《湘潭大学学报（哲学社会科学版）》2019 年第 3 期。

　　[93] 吴明隆：《结构方程模型：AMOS 的操作与应用》，重庆大学出版社2010 年版。

　　[94] 吴士健、杜梦贞：《真实型领导对员工建设性越轨行为的影响—— 一个链式中介效应模型》，《软科学》2021 年第 3 期。

　　[95] 吴士健、高文超、权英：《差序式领导、创造力自我效能感对员工创造力的影响：中庸思维的调节作用》，《科技进步与对策》2021 年第 17 期。

　　[96] 项凯标、颜锐、蒋小仙：《职业成长、组织承诺与工作绩效：机理和路径》，《财经问题研究》2017 年第 12 期。

　　[97] 谢俊、储小平、汪林：《效忠主管与员工工作绩效的关系：反馈寻求行为和权力距离的影响》，《南开管理评论》2012 年第 5 期。

　　[98] 谢治菊、兰英：《基层公务员公平认知与获得感探讨——基于 3209 份

调查问卷的分析》，《湘潭大学学报（哲学社会科学版）》2019 年第 2 期。

[99] 辛秀芹：《民众获得感"钝化"的成因分析——以马斯洛需求层次理论为视角》，《中共青岛市委党校（青岛行政学院）学报》2016 年第 4 期。

[100] 辛于雯、付萌萌、王珊等：《自主性动机对创造力的预测：认知抑制的调节作用》，《心理科学》2022 年第 1 期。

[101] 邢占军、牛千：《获得感：供需视阈下共享发展的新标杆》，《理论学刊》2017 年第 5 期。

[102] 熊会兵、陶玉静：《高绩效工作系统如何影响员工创新行为——组织认同与服务型领导的作用》，《科技进步与对策》2024 年第 2 期。

[103] 熊建生、程仕波：《试论习近平关于人民获得感的思想》，《马克思主义研究》2018 年第 8 期。

[104] 许璟、赵磊、魏丽华等：《组织支持感对组织认同的影响：内部人身份感知和自尊的中介作用》，《心理学探新》2017 年第 3 期。

[105] 许龙、高素英、刘宏波等：《中国情境下员工幸福感的多层面模型》，《心理科学进展》2017 年第 12 期。

[106] 严哲：《基于九型人格论的图书馆馆员个体差异与工作绩效的多维度分析》，《新世纪图书馆》2013 年第 4 期。

[107] 阎国华：《高校思想政治理论课获得感的内在要素与形成机制》，《思想理论教育》2018 年第 1 期。

[108] 杨建春、毛江华：《授权型领导对酒店员工创新服务行为的影响研究》，《软科学》2019 年第 11 期。

[109] 杨金龙、王桂玲：《农民工工作获得感：理论构建与实证检验》，《农业经济问题》2019 年第 9 期。

[110] 杨文圣、牟家增、李博文等：《主动性人格与员工行为的关系：政治技能视角下有中介的调节模型》，《心理科学》2019 年第 6 期。

[111] 杨晓辉：《ERG 理论视角下基层年轻公务员激励机制研究——基于浙东 K 区青年干部问卷调查的分析》，《中共太原市委党校学报》2017 年第 6 期。

[112] 姚若松、陈怀锦、苗群鹰：《公交行业一线员工人格特质对工作绩效影响的实证分析——以工作态度作为调节变量》，《心理学报》2013 年第 10 期。

[113] 叶蒲、李超平：《教练对绩效提升的作用机制及其应用》，《中国人力资源开发》2017 年第 4 期。

[114] 叶胥、谢迟、毛中根：《中国居民民生获得感与民生满意度：测度及差异分析》，《数量经济技术经济研究》2018 年第 10 期。

[115] 于东平、王敬菲、陶文星：《管理者创造力与组织绩效：创新机会识

别的中介作用和积极情绪的调节作用》，《科技进步与对策》2021 年第 19 期。

[116] 喻登科、严红玲、吴文君：《知识型员工知性特质与创新潜能：组织认同的中介调节作用》，《科技进步与对策》2021 年第 24 期。

[117] 詹小慧、杨东涛、栾贞增等：《主动性人格对员工创造力的影响——自我学习和工作投入的中介作用》，《软科学》2018 年第 4 期。

[118] 张安驰：《中国式分权下的经济发展与城市贫困人群获得感提升》，《经济与管理评论》2020 年第 1 期。

[119] 张洪家、汪玲、张敏：《创造性认知风格、创造性人格与创造性思维的关系》，《心理与行为研究》2018 年第 1 期。

[120] 张凯丽、唐宁玉、尹奎：《离职倾向与行为表现的关系：自我效能感和主动性人格的调节作用》，《管理科学》2018 年第 6 期。

[121] 张勉、李海：《组织承诺的结构、形成和影响研究评述》，《科学学与科学技术管理》2007 年第 5 期。

[122] 张勉、张德：《企业雇员组织承诺三因素模型实证研究》，《南开管理评论》2002 年第 5 期。

[123] 张品：《"获得感"的理论内涵及当代价值》，《河南理工大学学报（社会科学版）》2016 年第 4 期。

[124] 张莹瑞、佐斌：《社会认同理论及其发展》，《心理科学进展》2006 年第 3 期。

[125] 张玉静：《中国员工多路径离职模型的实证研究》，硕士学位论文，武汉大学，2004 年。

[126] 赵慧娟、龙立荣：《基于多理论视角的个人—环境匹配、自我决定感与情感承诺研究》，《管理学报》2016 年第 6 期。

[127] 赵君、赵书松：《发展式绩效考核对反生产行为的影响——探讨组织承诺和领导政治技能的作用》，《软科学》2016 年第 9 期。

[128] 赵申苒、康萌萌、王明辉等：《仁慈领导对员工亲环境行为的影响：上下属关系与权力距离的作用》，《心理与行为研究》2018 年第 6 期。

[129] 赵卫华：《消费视角下城乡居民获得感研究》，《北京工业大学学报（社会科学版）》2018 年第 4 期。

[130] 赵玉华、王梅苏：《"让人民群众有更多获得感"：全面深化改革的试金石》，《中共山西省委党校学报》2016 年第 3 期。

[131] 赵中华、孟凡臣：《知识治理对目标方知识员工行为激励的机理研究》，《南开管理评论》2019 年第 3 期。

[132] 郑伯埙、周丽芳、樊景立：《家长式领导：三元模式的建构与测量》，

《本土心理学研究》2000 年第 14 期。

[133] 周盛:《大数据时代改革获得感的解析与显性化策略》,《浙江学刊》2018 年第 5 期。

[134] 郑风田、陈思宇:《获得感是社会发展最优衡量标准——兼评其与幸福感、包容性发展的区别与联系》,《人民论坛·学术前沿》2017 年第 2 期。

[135] 钟婧:《用百姓的"获得感"提升改革的"含金量"》,《人民论坛》2017 年第 25 期。

[136] 周海涛、张墨涵、罗炜:《我国民办高校学生获得感的调查与分析》,《高等教育研究》2016 年第 9 期。

[137] 朱平利、刘娇阳:《员工工作获得感:结构、测量、前因与后果》,《中国人力资源开发》2020 年第 7 期。

[138] Adams J S, *Advances in experimental social psychology–Inequity in social exchange*. New York: Academic Press, 1965, pp. 267–299.

[139] Adiguzel Z, Cakir F S and Ahmet A, "The Mediation Role of Perceived Organizational Support in the Effect of Workplace Spirituality on Job Control and Organizational Citizenship", *Atatürk Üniversitesi İktisadive İdari Bilimler Dergisi*, Vol. 35, No. 1, 2021.

[140] Ahearn K K, Ferris G R, Hochwarter W A, et al., "Leader political skill and team performance", *Journal of Management*, Vol. 30, No. 3, 2004, pp. 309–327.

[141] Ajzen I, "The theory of planned behavior", *Organizational Behavior and Human Decision Processes*, Vol. 50, No. 2, 1991, pp. 179–211.

[142] Akgunduz Y, Alkan C and Gök Ö A, "Perceived organizational support, employee creativity and proactive personality: The mediating effect of meaning of work", *Journal of Hospitality and Tourism Management*, No. 34, 2018, pp. 105–114.

[143] Alderfer C P, "An empirical test of a new theory of human needs", *Organizational Behavior and Human Performance*, Vol. 4, No. 2, 1969, pp. 142–175.

[144] Allen D G, Shore L M and Griffeth R W, "The role of perceived organizational support and supportive human resource practices in the turnover process", *Journal of Management*, Vol. 29, No. 1, 2003, pp. 99–118.

[145] Allen N J and Meyer J P, "The measurement and antecedents of affective, continuance and normative commitment to the organization", *Journal of Occupational Psychology*, Vol. 63, No. 1, 1990, pp. 1–18.

[146] Allen N J and Meyer J P, "Affective, continuance, and normative com-

mitment to the organization: An examination of construct validity", *Journal of Vocational Behavior*, Vol. 49, No. 3, 1996, pp. 252-276.

[147] Amabile T M, "A model of creativity and innovation in organizations", *Research in Organizational Behavior*, Vol. 10, No. 1, 1988, pp. 123-167.

[148] Amabile T M, Conti R, Coon H, et al., "Assessing the work environment for creativity", *Academy of Management Journal*, Vol. 39, No. 5, 1996, pp. 1154-1184.

[149] Anastasi A, "Psychological testing: Basic concepts and common misconceptions". in Annual Meeting of the American Psychological Association, 1984, Toronto, ON, Canada. American Psychological Association, 1985.

[150] Anderson N, Potočnik K and Zhou J, "Innovation and creativity in organizations: A state-of-the-science review, prospective commentary, and guiding framework", *Journal of Management*, Vol. 40, No. 5, 2014, pp. 1297-1333.

[151] Arnolds C A and Boshoff C, "Compensation, esteem valence and job performance: An empirical assessment of Alderfer's ERG theory", *The International Journal of Human Resource Management*, Vol. 13, No. 4, 2002, pp. 697-719.

[152] Arshad M, Qasim N, Farooq O, et al., "Empowering leadership and employees' work engagement: A social identity theory perspective", *Management Decision*, Vol. 60, No. 5, 2021, pp. 1218-1236.

[153] Arthur J B, "Effects of human resource systems on manufacturing performance and turnover", *Academy of Management Journal*, Vol. 37, No. 3, 1994, pp. 670-687.

[154] Ashforth B E and Mael F, "Social identity theory and the organization", *Academy of Management Review*, Vol. 14, No. 1, 1989, pp. 20-39.

[155] Baer M, "Putting Creativity to Work: The implementation of creative ideas in organizations", *Academy of Management Journal*, Vol. 55, No. 5, 2012, pp. 1102-1119.

[156] Bakker A B, "A job demands-resources approach to public service motivation", *Public Administration Review*, Vol. 75, No. 5, 2015, pp. 723-732.

[157] Baron R M and Kenny D A, "The moderator-mediator variable distinction in social psychological research: Conceptual, strategic, and statistical considerations", *Journal of Personality and Social Psychology*, Vol. 51, No. 6, 1986, pp. 1173-1182.

[158] Bateman T S and Crant J M, "The proactive component of organizational behavior: A measure and correlates", *Journal of Organizational Behavior*, Vol. 14, No. 2, 1993, pp. 103-118.

[159] Batey M, Furnham A and Safiullina X, "Intelligence, general knowledge

and personality as predictors of creativity", *Learning and Individual Differences*, Vol. 20, No. 5, 2010, pp. 532-535.

[160] Baumeister R F and Leary M R, "The need to belong: Desire for interpersonal attachments as a fundamental human motivation", *Psychological Bulletin*, Vol. 117, No. 3, 1995, pp. 497-529.

[161] Becker T E, Billings R S, Eveleth D M, et al., "Foci and bases of employee commitment: Implications for job performance", *Academy of Management Journal*, Vol. 39, No. 2, 1996, pp. 464-482.

[162] Bedi A, "A meta-analytic review of paternalistic leadership", *Applied Psychology*, Vol. 69, No. 3, 2020, pp. 960-1008.

[163] Belwalkar S, Vohra V and Pandey A, "The relationship between workplace spirituality, job satisfaction and organizational citizenship behaviors-An empirical study", *Social Responsibility Journal*, Vol. 14, No. 2, 2018, pp. 410-430.

[164] Cable D M and Derue D S, "The convergent and discriminant validity of subjective fit perceptions", *Journal of Applied Psychology*, Vol. 87, No. 5, 2002, pp. 875-884.

[165] Cai D, Cai Y, Sun Y, et al., "Linking empowering leadership and employee work engagement: The effects of person-job fit, person-group fit, and proactive personality", *Frontiers in Psychology*, Vol. 9, 2018, p. 1304.

[166] Cai Z, Huo Y, Lan J, et al., "When do frontline hospitality employees take charge? Prosocial motivation, taking charge, and job performance: The moderating role of job autonomy", *Cornell Hospitality Quarterly*, Vol. 60, No. 3, 2019, pp. 237-248.

[167] Cardon M S, Wincent J, Singh J, et al., "The nature and experience of entrepreneurial passion", *Academy of Management Review*, Vol. 34, No. 3, 2009, pp. 511-532.

[168] Chae H and Park J, "The effect of proactive personality on creativity: The mediating role of feedback-seeking behavior", *Sustainability*, Vol. 14, No. 3, 2022, p. 1495.

[169] Chen Y, Friedman R, Yu E, et al., "Supervisor-subordinate guanxi: Developing a three-dimensional model and scale", *Management and Organization Review*, Vol. 5, No. 3, 2009, pp. 375-399.

[170] Chen Y, Ferris D L, Kwan H K, et al., "Self-love's lost labor: A self-enhancement model of workplace incivility", *Academy of Management Journal*,

Vol. 56, No. 4, 2013, pp. 1199-1219.

[171] Chen Y, Zhou X and Klyver K, "Collective efficacy: Linking paternalistic leadership to organizational commitment", *Journal of Business Ethics*, Vol. 159, No. 2, 2019, pp. 587-603.

[172] Chen Z X and Aryee S, "Delegation and employee work outcomes: An examination of the cultural context of mediating processes in China", *Academy of Management Journal*, Vol. 50, No. 1, 2007, pp. 226-238.

[173] Chen Z X and Francesco A M, "The relationship between the three components of commitment and employee performance in China", *Journal of Vocational Behavior*, Vol. 62, No. 3, 2003, pp. 490-510.

[174] Chen Z, Lam W and Zhong J A, "Leader-member exchange and member performance: A new look at individual-level negative feedback-seeking behavior and team-level empowerment climate", *Journal of Applied Psychology*, Vol. 92, No. 1, 2007, pp. 202-212.

[175] Cheng B, Chou L and Farh J, "A triad model of paternalistic leadership: The constructs and measurement", *Indigenous Psychological Research in Chinese Societies*, Vol. 14, 2000, pp. 3-64.

[176] Cheng B, Chou L, Huang M, et al. , "A triad model of paternalistic leadership: Evidence from business organizations in mainland China", *Indigenous Psychological Research in Chinese Societies*, Vol. 20, 2003, pp. 209-252.

[177] Cheng B, Jiang D and Riley J H, "Organizational commitment, supervisory commitment, and employee outcomes in the Chinese context: Proximal hypothesis or global hypothesis?", *Journal of Organizational Behavior*, Vol. 24, No. 3, 2003, pp. 313-334.

[178] Cheng B, Chou L, Wu T, et al. , "Paternalistic leadership and subordinate responses: Establishing a leadership model in Chinese organizations", *Asian Journal of Social Psychology*, Vol. 7, No. 1, 2004, pp. 89-117.

[179] Cheong M, Spain S M, Yammarino F J, et al. , "Two faces of empowering leadership: Enabling and burdening", *The Leadership Quarterly*, Vol. 27, No. 4, 2016, pp. 602-616.

[180] Ciampa V, Sirowatka M, Schuh S C, et al. , "Ambivalent identification as a moderator of the link between organizational identification and counterproductive work behaviors", *Journal of Business Ethics*, Vol. 169, No. 1, 2021, pp. 119-134.

[181] Conner T and Silvia P, "Creative days: A daily diary study of emotion,

personality, and everyday creativity", *Psychology of Aesthetics, Creativity, and the Arts*, Vol. 9, No. 4, 2015, pp. 463−470.

[182] Cook K S, Emerson R M and Yamagishi G T, "Distribution of power in exchange networks: Theory and experimental results", *American Journal of Sociology*, Vol. 89, No. 2, 1983, pp. 275−305.

[183] Cronbach L J, "Coefficient alpha and the internal structure of tests", *Psychometrika*, Vol. 16, No. 3, 1951, pp. 297−334.

[184] Cropanzano R and Mitchell M S, "Social exchange theory: An interdisciplinary review", *Journal of Management*, Vol. 31, No. 6, 2005, pp. 874−900.

[185] Dagenais−Desmarais V and Savoie A, "What is psychological well−being, really? A grassroots approach from the organizational sciences", *Journal of Happiness Studies*, Vol. 13, 2012, pp. 659−684.

[186] Daniel T C and Vining J, "Methodological issues in the assessment of landscape quality", in Behavior and the natural environment. Springer, 1983, pp. 39−84.

[187] De Dreu C K W, Baas M and Nijstad B A, "Hedonic tone and activation level in the mood−creativity link: Toward a dual pathway to creativity model", *Journal of Personality and Social Psychology*, Vol. 94, No. 5, 2008, pp. 739−756.

[188] Duke A B, Goodman J M, Treadway D C, et al., "Perceived organizational support as a moderator of emotional labor/outcomes relationships", *Journal of Applied Social Psychology*, Vol. 39, No. 5, 2009, pp. 1013−1034.

[189] Eisenberger R, Huntington R, Hutchison S, et al., "Perceived organizational support", *Journal of Applied Psychology*, Vol. 71, No. 3, 1986, p. 500.

[190] Eisenberger R, Fasolo P and Davis−Lamastro V, "Perceived organizational support and employee diligence, commitment, and innovation", *Journal of Applied Psychology*, Vol. 75, No. 1, 1990, p. 51.

[191] Eisenberger R, Armeli S, Rexwinkel B, et al., "Reciprocation of perceived organizational support", *Journal of Applied Psychology*, Vol. 86, No. 1, 2001, pp. 42−51.

[192] Ellinger A D, Ellinger A E and Keller S B, "Supervisory coaching behavior, employee satisfaction, and warehouse employee performance: A dyadic perspective in the distribution industry", *Human Resource Development Quarterly*, Vol. 14, No. 4, 2003, pp. 435−458.

[193] Emerson R M, "Social exchange theory", *Annual Review of Sociology*, Vol 2, 1976, pp. 335−362.

［194］Ensher E A, Thomas C and Murphy S E, "Comparison of traditional, step-ahead, and peer mentoring on protégés' support, satisfaction, and perceptions of career success: A social exchange perspective", *Journal of Business and Psychology*, Vol. 15, No. 3, 2001, pp. 419-438.

［195］Farh J and Cheng B, "Paternalistic leadership in Chinese organizations: A cultural analysis", *Indigenous Psychological Research in Chinese Societies*, Vol. 13, 2000, pp. 127-180.

［196］Farmer S M, Tierney P and Kung-Mcintyre K, "Employee creativity in taiwan: An application of role identity theory", *Academy of Management Journal*, Vol. 46, No. 5, 2003, pp. 618-630.

［197］Feist G J, "Creativity and the big two model of personality: Plasticity and stability", *Current Opinion in Behavioral Sciences*, Vol. 27, 2019, pp. 31-35.

［198］Feng L and Zhong H, "Interrelationships and methods for improving university students' sense of gain, sense of security, and happiness", *Frontiers in Psychology*, Vol. 12, 2021, p. 729400.

［199］Ferris G R, Treadway D C, Kolodinsky R W, et al., "Development and validation of the political skill inventory", *Journal of Management*, Vol. 31, No. 1, 2005, pp. 126-152.

［200］Fishbein M, "An investigation of the relationships between beliefs about an object and the attitude toward that object", *Human Relations*, Vol. 16, No. 3, 1963, pp. 233-239.

［201］Fisher C D, "Happiness at work", *International Journal of Management Reviews*, Vol. 12, No. 4, 2010, pp. 384-412.

［202］Flynn F J, "How much should I give and how often? The effects of generosity and frequency of favor exchange on social status and productivity", *Academy of Management Journal*, Vol. 46, No. 5, 2003, pp. 539-553.

［203］Fornell C and Larcker D F, "Evaluating structural equation models with unobservable variables and measurement error", *Journal of Marketing Research*, Vol. 18, No. 1, 1981, pp. 39-50.

［204］Fredrickson B L, "What good are positive emotions?", *Review of General Psychology*, Vol. 2, No. 3, 1998, pp. 300-319.

［205］Fuller J B, Marler L E and Hester K, "Bridge building within the province of proactivity", *Journal of Organizational Behavior*, Vol. 33, No. 8, 2012, pp. 1053-1070.

［206］Furnham A and Bachtiar V, "Personality and intelligence as predictors of creativity", *Personality and Individual Differences*, Vol. 45, No. 7, 2008, pp. 613−617.

[207] Gouldner A W, "The norm of reciprocity: A preliminary statement", *American Sociological Review*, Vol. 25, No. 2, 1960, pp. 161−178.

[208] Gould−Williams J, "The effects of 'high commitment' HRM practices on employee attitude: The views of public sector workers", *Public Administration*, Vol. 82, No. 1, 2004, pp. 63−81.

[209] Graen G B and Uhl−Bien M, "Relationship−based approach to leadership: Development of Leader−Member Exchange (LMX) theory of leadership over 25 years: Applying a multi−level multi−domain perspective", *The Leadership Quarterly*, Vol. 6, No. 2, 1995, pp. 219−247.

[210] Grote G and Guest D, "The case for reinvigorating quality of working life research", *Human Relations*, Vol. 70, No. 2, 2017, pp. 149−167.

[211] Gu Y, Yang Y and Wang J, "Research on employee sense of gain: The development of scale and influence mechanism", *Frontiers in Psychology*, Vol. 11, 2020, pp. 568−609.

[212] Guest D E, "Is the psychological contract worth taking seriously?", *Journal of Organizational Behavior*, Vol. 19, No. S1, 1998a, pp. 649−664.

[213] Guest D E, "On meaning, metaphor and the psychological contract: A response to Rousseau (1998) ", *Journal of Organizational Behavior*, Vol. 19, 1998b, pp. 673−677.

[214] Halbesleben J R B, Neveu J, Paustian−Underdahl S C, et al., "Getting to the 'COR': Understanding the role of resources in conservation of resources theory", *Journal of Management*, Vol. 40, No. 5, 2014, pp. 1334−1364.

[215] Harrison D A, Price K H and Bell M P, "Beyond relational demography: Time and the effects of surface−and deep−level diversity on work group cohesion", *Academy of Management Journal*, Vol. 41, No. 1, 1998, pp. 96−107.

[216] Hayes A F, *Introduction to mediation, moderation, and conditional process analysis: A regression−based approach*, New York, NY, US: Guilford Press, 2013, p. 507.

[217] Hennessey B A and Amabile T M, "Creativity", *Annual Review of Psychology*, Vol. 61, No. 1, 2010, pp. 569−598.

[218] Hinkin T R, "A brief tutorial on the development of measures for use in survey questionnaires", *Organizational Research Methods*, Vol. 1, No. 1, 1998, pp. 104−121.

［219］Hobfoll S E, "Conservation of resources: A new attempt at conceptualizing stress", *The American Psychologist*, Vol. 44, No. 3, 1989, pp. 513-524.

［220］Hobfoll S E, "The influence of culture, community, and the nested-self in the stress process: Advancing conservation of resources theory", *Applied Psychology: An International Review*, Vol. 50, No. 3, 2001, pp. 337-370.

［221］Hobfoll S E, Halbesleben J, Neveu J, et al., "Conservation of resources in the organizational context: The reality of resources and their consequences", *Annual Review of Organizational Psychology and Organizational Behavior*, Vol. 5, No. 1, 2018, pp. 103-128.

［222］Hook J N, Hall T W, Davis D E, et al., "The enneagram: A systematic review of the literature and directions for future research", *Journal of Clinical Psychology*, Vol. 77, No. 4, 2021, pp. 865-883.

［223］Hosen M, Ogbeibu S, Lim W M, et al., "Knowledge sharing behavior among academics: Insights from theory of planned behavior, perceived trust and organizational climate", *Journal of Knowledge Management*, Vol. 27, No. 6, 2022, pp. 1740-1764.

［224］Hughes D J, Furnham A and Batey M, "The structure and personality predictors of self-rated creativity", *Thinking Skills and Creativity*, Vol. 9, 2013, pp. 76-84.

［225］Hughes D J, Lee A, Tian A W, et al., "Leadership, creativity, and innovation: A critical review and practical recommendations", *The Leadership Quarterly*, Vol. 29, No. 5, 2018, pp. 549-569.

［226］Hui L, Qun W, Nazir S, et al., "Organizational identification perceptions and millennials' creativity: Testing the mediating role of work engagement and the moderating role of work values", *European Journal of Innovation Management*, Vol. 24, No. 5, 2020, pp. 1653-1678.

［227］Hunter J A, Abraham E H, Hunter A G, et al., "Personality and boredom proneness in the prediction of creativity and curiosity", *Thinking Skills and Creativity*, Vol. 22, 2016, pp. 48-57.

［228］Ilies R, Aw S S Y and Pluut H, "Intraindividual models of employee well-being: What have we learned and where do we go from here?", *European Journal of Work and Organizational Psychology*, Vol. 24, No. 6, 2015, pp. 827-838.

［229］Jia H, Zhu L and Du J, "Fuzzy comprehensive evaluation model of the farmers' sense of gain in the provision of rural infrastructures: The case of tourism-oriented rural areas of China", *Sustainability*, Vol. 14, No. 10, 2022, p. 5831.

［230］Johari J, Tan F Y and Zulkarnain Z I T, "Autonomy, workload, work-life balance and job performance among teachers", *International Journal of Educational Management*, Vol. 32, No. 1, 2018, pp. 107-120.

［231］Joo B B, Mclean G N and Yang B, "Creativity and human resource development: An integrative literature review and a conceptual framework for future research", *Human Resource Development Review*, Vol. 12, No. 4, 2013, pp. 390-421.

［232］Kaiser H F and Rice J, "Little Jiffy, Mark IV", *Educational and Psychological Measurement*, Vol. 34, No. 1, 1974, pp. 111-117.

［233］Karimi S, Ahmadi Malek F and Yaghoubi Farani A, "The relationship between proactive personality and employees' creativity: The mediating role of intrinsic motivation and creative self-efficacy", *Economic Research-Ekonomska Istraživanja*, Vol. 35, No. 1, 2022, pp. 4500-4519.

［234］Kurtessis J N, Eisenberger R, Ford M T, et al., "Perceived organizational support: A meta-analytic evaluation of organizational support theory", *Journal of Management*, Vol. 43, No. 6, 2017, pp. 1854-1884.

［235］Lance C E, Butts M M and Michels L C, "The sources of four commonly reported cutoff criteria: What did they really say?", *Organizational Research Methods*, Vol. 9, No. 2, pp. 202-220.

［236］Law K S, Wong C, Wang D, et al., "Effect of supervisor-subordinate guanxi on supervisory decisions in China: An empirical investigation", *The International Journal of Human Resource Management*, Vol. 11, No. 4, 2000, pp. 751-765.

［237］Le H, Oh I, Robbins S B, et al., "Too much of a good thing: Curvilinear relationships between personality traits and job performance", *Journal of Applied Psychology*, Vol. 96, No. 1, pp. 113-133.

［238］Lee J, Peccei R, "Perceived organizational support and affective commitment: The mediating role of organization-based self-esteem in the context of job insecurity", *Journal of Organizational Behavior*, Vol. 28, No. 6, 2007, pp. 661-685.

［239］Lee T W, Ashford S J, Walsh J P, et al., "Commitment propensity, organizational commitment, and voluntary turnover: A longitudinal study of organizational entry processes", *Journal of Management*, Vol. 18, No. 1, 1992, pp. 15-32.

［240］Levinson H, Price C R, Munden K J, et al., *Men, management, and mental health*, Harvard University Press, 1962.

［241］Lewin A Y, Massini S and Peeters C, "Why are companies offshoring innovation the emerging global race for talent", *Journal of International Business Studies*, Vol. 40, No. 6, 2009, pp. 901-925.

[242] Liden R C, Sparrowe R T and Wayne S J, "Leader-member exchange theory: The past and potential for the future", *Research in Personnel and Human Resources Management*, 1997, pp. 47-119.

[243] Liu W, Zhang P, Liao J, et al., "Abusive supervision and employee creativity: The mediating role of psychological safety and organizational identification", *Management Decision*, Vol. 54, No. 1, 2016, pp. 130-147.

[244] Lo S and Aryee S, "Psychological contract breach in a Chinese context: An integrative approach", *Journal of Management Studies*, Vol. 40, No. 4, 2003, pp. 1005-1020.

[245] Luo J and Zhu K, "The Influential factors on the attraction of outstanding scientific and technological talents in developed cities in China", *Sustainability*, Vol. 15, No. 7, 2023, p. 6214.

[246] Luo Y, Liao C, Gu Y, "Stimulation and effectiveness of sense of work gain for scientific and technological innovators", *Social Behavior and Personality: An International Journal*, Vol. 52, No. 4, 2024, pp. 1-9.

[247] Luturlean B S, Prasetio A P and Saragih R, "Increasing employee's job satisfaction through the implementation of transformational leadership and work stress level management", *Journal of Management and Marketing Review*, Vol. 4, No. 3, 2019, pp. 209-217.

[248] Lvina E, Johns G and Vandenberghe C, "Team political skill composition as a determinant of team cohesiveness and performance", *Journal of Management*, Vol. 44, No. 3, 2018, pp. 1001-1028.

[249] Lynch P D, Eisenberger R and Armeli S, "Perceived organizational support: Inferior versus superior performance by wary employees", *Journal of Applied Psychology*, Vol. 84, No. 4, 1999, p. 467.

[250] March J G and Simon H A, *Organizations*, John Wiley & Sons, 1993.

[251] Mcallister D J, Kamdar D, Morrison E W, et al., "Disentangling role perceptions: How perceived role breadth, discretion, instrumentality, and efficacy relate to helping and taking charge", *Journal of Applied Psychology*, Vol. 92, No. 5, 2007, pp. 1200-1211.

[252] Meeker B F, "Exchange rules and goal structures", *Human Relations*, Vol. 32, No. 6, 1979, pp. 523-544.

［253］ Meyer J P and Allen N J, "A three-component conceptualization of organizational commitment", *Human Resource Management Review*, Vol. 1, No. 1, 1991, pp. 61-89.

［254］ Miao S, Komil Ugli Fayzullaev A and Dedahanov A T, "Management characteristics as determinants of employee creativity: The mediating role of employee job satisfaction", *Sustainability*, Vol. 12, No. 5, 2020, p. 1948.

［255］ Moorman R H, Blakely G L and Niehoff B P, "Does perceived organizational support mediate the relationship between procedural justice and organizational citizenship behavior?", *Academy of Management Journal*, Vol. 41, No. 3, 1998, pp. 351-357.

［256］ Morrison E W and Phelps C C, "Taking charge at work: Extrarole efforts to initiate workplace change", *Academy of Management Journal*, Vol. 42, No. 4, 1999, pp. 403-419.

［257］ Newman A, Thanacoody R and Hui W, "The effects of perceived organizational support, perceived supervisor support and intra-organizational network resources on turnover intentions: A study of Chinese employees in multinational enterprises", *Personnel Review*, Vol. 41, No. 1, 2011, pp. 56-72.

［258］ Ng T W H and Feldman D C, "Employee voice behavior: A meta-analytic test of the conservation of resources framework", *Journal of Organizational Behavior*, Vol. 33, No. 2, 2012, pp. 216-234.

［259］ Nijstad B A, De Dreu C K W, Rietzschel E F, et al., "The dual pathway to creativity model: Creative ideation as a function of flexibility and persistence", *European Review of Social Psychology*, Vol. 21, No. 1, 2010, pp. 34-77.

［260］ Oerlemans W G M and Bakker A B, "Motivating job characteristics and happiness at work: A multilevel perspective", *Journal of Applied Psychology*, Vol. 103, No. 11, 2018, pp. 1230-1241.

［261］ O'Malley M, *Creating commitment: How to attract and retain talented employees by building relationships that last*, John Wiley & Sons, 2000.

［262］ Parker S K and Collins C G, "Taking stock: Integrating and differentiating multiple proactive behaviors", *Journal of Management*, Vol. 36, No. 3, 2010, pp. 633-662.

［263］ Pedhazur E J and Schmelkin L P, *Measurement, design, and analysis: An integrated approach*, Psychology Press, 2013.

［264］ Preacher K J and Hayes A F, "Asymptotic and resampling strategies for assessing and comparing indirect effects in multiple mediator models", *Behavior Research Methods*, Vol. 40, No. 3, pp. 879-891.

［265］Qu G, Sun B, He D, et al., "A configurational analysis on career success of scientific and technological innovation talents in universities", *Frontiers in Psychology*, Vol. 13, 2022, p. 1068267.

［266］Raja U, Johns G, "The joint effects of personality and job scope on in-role performance, citizenship behaviors, and creativity", *Human Relations*, Vol. 63, No. 7, 2010, pp. 981-1005.

［267］Rhoades L and Eisenberger R, "Perceived organizational support: A review of the literature", *Journal of Applied Psychology*, Vol. 87, No. 4, 2002, pp. 698-714.

［268］Rhoades L, Eisenberger R and Armeli S, "Affective commitment to the organization: The contribution of perceived organizational support", *Journal of Applied Psychology*, Vol. 86, No. 5, 2001, pp. 825-836.

［269］Salas-Vallina A, López-Cabrales Á, Alegre J, et al., "On the road to happiness at work (HAW) transformational leadership and organizational learning capability as drivers of HAW in a healthcare context", *Personnel Review*, Vol. 46, No. 2, 2017, pp. 314-338.

［270］Seibert, Scott E, et al., "Proactive personality and career success", *Journal of Applied Psychology*, Vol. 84, No. 3, 1999, pp. 416-427.

［271］Settoon R P, Bennett N and Liden R C, "Social exchange in organizations: Perceived organizational support, leader-member exchange, and employee reciprocity", *Journal of Applied Psychology*, Vol. 81, No. 3, 1996, pp. 219-227.

［272］Shalley C E, Zhou J and Oldham G R, "The effects of personal and contextual characteristics on creativity: Where should we go from here?", *Journal of Management*, Vol. 30, No. 6, 2004, pp. 933-958.

［273］Shanock L R and Eisenberger R, "When supervisors feel supported: Relationships with subordinates' perceived supervisor support, perceived organizational support, and performance", *Journal of Applied Psychology*, Vol. 91, No. 3, 2006, pp. 689-695.

［274］Sheth J N and Parvatlyar A, "Relationship marketing in consumer markets: Antecedents and consequences", *Journal of the Academy of Marketing Science*, Vol. 23, No. 4, 1995, pp. 255-271.

［275］Shi K, Zhang Z and Zhang H, "Does sense of work gain predict team creativity? The mediating effect of leader–member exchange and the moderating effect of work smoothness", *Frontiers in Psychology*, Vol. 14, 2023, p. 1043376.

［276］ Shin Y and Kim M, "Antecedents and mediating mechanisms of proactive behavior: Application of the theory of planned behavior", *Asia Pacific Journal of Management*, Vol. 32, No. 1, 2015, pp. 289–310.

［277］ Shi Y and Zhang H, "Research hotspot and trend of employee creativity based on bibliometric analysis", *Frontiers in Psychology*, Vol. 13, 2022, p. 914401.

［278］ Shore L M and Barksdale K, "Examining degree of balance and level of obligation in the employment relationship: A social exchange approach", *Journal of Organizational Behavior: The International Journal of Industrial, Occupational and Organizational Psychology and Behavior*, Vol. 19, No. S1, 1998, pp. 731–744.

［279］ Shore L M and Wayne S J, "Commitment and employee behavior: Comparison of affective commitment and continuance commitment with perceived organizational support", *Journal of Applied Psychology*, Vol. 78, No. 5, 1993, pp. 774–780.

［280］ Singh S and Aggarwal Y, "Happiness at work scale: Construction and psychometric validation of a measure using mixed method approach", *Journal of Happiness Studies*, Vol. 19, No. 5, 2018, pp. 1439–1463.

［281］ Sluss D M, Klimchak M and Holmes J J, "Perceived organizational support as a mediator between relational exchange and organizational identification", *Journal of Vocational Behavior*, Vol. 73, No. 3, 2008, pp. 457–464.

［282］ Smidts A, Pruyn A T H and Van Riel C B M, "The impact of employee communication and perceived external prestige on organizational identification", *Academy of Management Journal*, Vol. 44, No. 5, 2001, pp. 1051–1062.

［283］ Sonenshein S, "How organizations foster the creative use of resources", *Academy of Management Journal*, Vol. 57, No. 3, 2014, pp. 814–848.

［284］ Sousa J M D and Porto J B, "Happiness at work: Organizational values and person – organization fit impact", *Paidéia (ribeirão preto)*, Vol. 25, 2015, pp. 211–220.

［285］ Spector P E, *Job Satisfaction: From Assessment to Intervention*, Routledge, 2022, p. 166.

［286］ Sutton A, Allinson C and Williams H, "Personality type and work-related outcomes: An exploratory application of the enneagram model", *European Management Journal*, Vol. 31, No. 3, 2013, pp. 234–249.

［287］ Tajfel H E, *Differentiation between social groups: Studies in the social psy-*

chology of intergroup relations, Academic Press, 1978.

［288］Tajfel H，"Social psychology of intergroup relations"，*Annual Review of Psychology*, Vol. 33, No. 1, 1982, pp. 1-39.

［289］Tekleab A G and Taylor M S，"Aren't there two parties in an employment relationship? Antecedents and consequences of organization-employee agreement on contract obligations and violations"，*Journal of Organizational Behavior*, Vol. 24, No. 5, 2003, pp. 585-608.

［290］Tierney P，Farmer S M，Graen G B，"An examination of leadership and employee creativity：The relevance of traits and relationships"，*Personnel Psychology*, Vol. 52, No. 3, 1999, pp. 591-620.

［291］Turner J C，Hogg M A，Oakes P J，et al.，"Rediscovering the social group：A self-categorization theory"，*Contemporary Sociology*, Vol. 94, No. 6, 1987.

［292］van Vianen A E M，Shen C and Chuang A，"Person-organization and person-supervisor fits：Employee commitments in a Chinese context"，*Journal of Organizational Behavior*, Vol. 32, No. 6, 2011, pp. 906-926.

［293］van Knippenberg D and Hirst G，"A motivational lens model of person×situation interactions in employee creativity"，*The Journal of Applied Psychology*, Vol. 105, No. 10, 2020, pp. 1129-1144.

［294］Vandenberghe C，Bentein K and Stinglhamber F，"Affective commitment to the organization, supervisor, and work group：Antecedents and outcomes"，*Journal of Vocational Behavior*, Vol. 64, No. 1, 2004, pp. 47-71.

［295］Wagner J P，*Nine lenses on the world：The Enneagram perspective*, Enneagram Studies and Applications, 2010.

［296］Wagner J P and Walker R E，"Reliability and validity study of a sufi personality typology：The enneagram"，*Journal of Clinical Psychology*, Vol. 39, No. 5, 1983, pp. 712-717.

［297］Wang A，Tsai C，Dionne S D，et al.，"Benevolence-dominant, authoritarianism-dominant, and classical paternalistic leadership：Testing their relationships with subordinate performance"，*The Leadership Quarterly*, Vol. 29, No. 6, 2018, pp. 686-697.

［298］Wang J，Gu Y，Luo Y，et al.，"The mechanism of the influence of coaching leadership behavior on subordinate's sense of gain at work"，*Leadership & Organization Development Journal*, Vol. 43, No. 4, 2022, pp. 638-652.

［299］ Wang X, Wang M and Xu F, "The role of synergistic interplay among proactive personality, leader creativity expectations, and role clarity in stimulating employee creativity", *Frontiers in Psychology*, Vol. 13, 2022. 699411.

［300］ Wang Y, "Emotional bonds with supervisor and co-workers: Relationship to organizational commitment in China's foreign-invested companies", *The International Journal of Human Resource Management*, Vol. 19, No. 5, 2008, pp. 916-931.

［301］ Westwood R, "Harmony and patriarchy: The cultural basis for 'paternalistic headship' among the overseas Chinese", *Organization Studies*, Vol. 18, No. 3, 1997, pp. 445-480.

［302］ Whitener E M, 2001. "Do 'high commitment' human resource practices affect employee commitment? A cross-level analysis using hierarchical linear modeling", *Journal of Management*, Vol. 27, No. 5, 2001, pp. 515-535.

［303］ Wong Y, Wong S and Wong Y, "A study of subordinate-supervisor guanxi in Chinese joint ventures", *The International Journal of Human Resource Management*, Vol. 21, No. 12, 2010, pp. 2142-2155.

［304］ Wright T A and Huang C C, "The many benefits of employee well-being in organizational research", *Journal of Organizational Behavior*, Vol. 33, No. 8, 2012, pp. 1188-1192.

［305］ Wu M, Huang X, Li C, et al., "Perceived interactional justice and trust-in-supervisor as mediators for paternalistic leadership", *Management and Organization Review*, Vol. 8, No. 1, 2012, pp. 97-121.

［306］ Xiao Z and Tsui A S, "When brokers may not work: The cultural contingency of social capital in Chinese high-tech firms", *Administrative Science Quarterly*, Vol. 52, No. 1, 2007, pp. 1-31.

［307］ Yang H and Zhou D, "Perceived organizational support and creativity of science-technology talents in the digital age: The effects of affective commitment, innovative self-efficacy and digital thinking", *Psychology Research and Behavior Management*, Vol. 15, 2022, pp. 2421-2437.

［308］ Yang Y, Li Z, Liang L, et al., "Why and when paradoxical leader behavior impact employee creativity: Thriving at work and psychological safety", *Current Psychology*, Vol. 40, No. 4, 2021, pp. 1911-1922.

［309］ Yao X and Li R, "Big five personality traits as predictors of employee creativity in probation and formal employment periods", *Personality and Individual Differences*, Vol. 182, 2021, p. 109914.

［310］Youssef C M and Luthans F，"Positive organizational behavior in the workplace：The impact of hope，optimism，and resilience"，*Journal of Management*，Vol. 33，No. 5，2007，pp. 774−800.

［311］Zhang A，Li X and Guo Y，"Proactive personality and employee creativity：A moderated mediation model of multisource information exchange and LMX"，*Frontiers in Psychology*，Vol. 12，2021. 552581.

［312］Zhang L，Bu Q and Wee S，"Effect of perceived organizational support on employee creativity：Moderating role of job stressors"，*International Journal of Stress Management*，Vol. 23，No. 4，2016，pp. 400−417.

［313］Zhou J and George J M，"When job dissatisfaction leads to creativity：Encouraging the expression of voice"，*Academy of Management Journal*，Vol. 44，No. 4，2001，pp. 682−696.